国家出版基金项目
NATIONAL PUBLICATION FOUNDATION

中國文學概論講話（上）

[日]鹽谷溫◎著
孫俍工◎譯

山西出版傳媒集團
山西人民出版社

圖書在版編目(CIP)數據

中國文學概論講話 / [日]鹽谷溫著；孫俍工譯. —太原：山西人民出版社，2015.12
(近代海外漢學名著叢刊 / 鄭培凱主編)
ISBN 978-7-203-09251-3

Ⅰ. ①中… Ⅱ. ①鹽… ②孫… Ⅲ. ①中國文學－文學概論 Ⅳ. ①I206

中國版本圖書館CIP數據核字(2015)第213313號

中國文學概論講話

叢刊主編　鄭培凱
著　　者　[日]鹽谷溫
譯　　者　孫俍工
責任編輯　王新斐

出 版 者　山西出版傳媒集團·山西人民出版社
地　　址　太原市建設南路21號
郵　　編　030012
發行營銷　0351-4922220　4955996　4956039
　　　　　0351-4922127(傳真)
天猫官網　http://sxrmcbs.tmall.com　0351-4922159(電話)
E-mail　sxskcb@163.com　發行部
　　　　　sxskcb@126.com　總編室
網　　址　www.sxskcb.com

經 銷 者　山西出版傳媒集團·山西人民出版社
承 印 廠　山西出版傳媒集團·山西人民印刷有限責任公司

開　　本　700mm×970mm　1/16
印　　張　39.5
字　　數　267千字
印　　數　1—2000册
版　　次　2015年12月　第1版
印　　次　2015年12月　第1次印刷
書　　號　ISBN 978-7-203-09251-3
定　　價　119.00圓(上、中、下)

近代海外漢學名著叢刊編委會名單

出版説明

近代海外漢學名著叢刊選取一九四九年以後未再刊行之近代海外漢學作品，編例如次：

一、本叢書遴選之作品在相關學術領域具有一定的代表性，在學術研究方嚮、方法上獨具特色。

二、爲避免重新排印時出錯，本叢書原本原貌影印出版。影印之底本皆經專家組審定，原書字體大小、排版格式均未做大的改變。

三、爲使叢書體例一致，本叢書前言、後記均采用繁體字排版。

四、個別頁碼較少的版本，爲方便裝幀和閱讀，進行了合訂。

五、少數作品有個別破損之處，編者以不改變版本内容爲前提，部分進行修補，難以修復之處保留缺損原狀。

六、原版書中個別錯訛之處，皆照原樣影印，未做修改。

由於叢書規模較大，不足之處，在所難免，殷切期待方家指正。

總序／温故而知新

晚清以來，西力東漸，西方文化思想的著作也大量譯成中文，最著名的如嚴復與林紓的譯著，影響了整個二十世紀中國的知識界與文學界，使得中國文化的思維脈絡爲之丕變。除了西方思想經典、文學與實證科學著作的翻譯，以實證方法系統化探討中國文史的域外漢學，也對中國學術思想界産生了莫大衝擊，改變了中國學術的著述方法與取嚮。

中國傳統的知識結構，是按經史子集四庫分類的，以儒家意識形態的經學爲文化知識的砥柱，以史學爲貫串歷史經驗的殷鑒，至於子部與集部，則是作爲保存文獻、擴大知識面的附帶知識，可以耽情冥想，可以悠遊玩賞，却都是邊緣化的知識，無關聖教的弘揚，無關文化精髓的宏旨。西方文藝復興之後的現代學術體系，在知識分類上，與中國傳統大相徑庭，講究系統分科，不同知識領域各有其客觀存在的價值，有其相對獨立的目的與標準。日本知識界在明治維新以來，鑒於東方文明落後於西方的船堅炮利，率先效法西方，在追求「文明開化」、「脱亞入歐」的過程中，爲日本學術發展循着現代西方的體例，建立了哲學、文學、歷史學、經濟學、法學、商學、物理學、化學、地質學、醫學、農學、工程學、植物學、動物學等等新型學科，企圖與西方學術齊頭並進，從而影響了中國近代學術體系的發展。

本叢刊選印二十世紀上半葉出版的漢學譯著近百冊，分爲三大類：「歷史文化與社會經濟」、「古典文獻與語言文字」、「中外交通與邊疆史」，反映民國時期學術界重視西方及日本漢學研究的成果，藉助他山之石，重新審視中國傳統歷史文化的意義，特别是開拓了傳統學術忽略的領域。五四新文化運動以來，中國學者如蔡元培、胡適都提倡「整理國故」，以理性實證的方法，對中國文化傳統做出系統化的研究，是與這些漢學譯著相輔相成的。這些譯著除了介紹域外漢學的成果，還引進了嶄新的學術研究方法與視角，有助於梳理中國文化傳統的脈絡，重新整合知識結構與學術體系。雖然這些學術著作不是中國學者的成就，無法納入二十世紀中國文史學術的主脈，但是從中文譯本的影響而言，起碼也應當視爲中國近代學術發展的支脈或潛流，不容忽視。可惜的是，到了二十世紀下半葉，因爲兩岸政治形勢的變化，這些漢學譯著，除了部分因王雲五重新入主臺灣商務印書館，而得以在臺灣做了少量的重印，在大陸的出版界，則完全受到遺忘，甚至在許多新成立的大學圖書館中也不見踪影。我們搜集了近百冊塵封的漢學譯著，呈現給二十一世紀的中國學術界，一方面是爲了銘記前人爲推展學術而做出的努力，另一方面也是爲了提醒新常態時期的學人，學術發展有其歷史累積的脈絡，可以從中汲取歷史經驗，温故而知新。

説到「温故知新」與這批早期漢學譯著的關係，可以從兩個方面來思考，以見翻譯域外漢學如何反映了時代精神，爲融匯東西方學術思維，重新闡釋中國文化傳承，做出不可磨滅的貢獻。一是域外漢學的研究對象，以中國歷史文化典籍爲主，屬於中西文化碰撞期間興起的「國學」範疇，與五四新文化人物提倡的「整理國故」運動若合符節。研究中國歷史文化，並賦予新的學術意義，是清末民初知識精英念茲在茲的心結。歷史發展走到一個環節，時代的狂風揚起了批判傳統的大旗，風中的英雄幫着推波助瀾，却又無時或忘自己民族文化主體的未來，糾纏於「傳統」能否「現代」的困境。域外漢學的出現，以西方實證方法研究中國歷史文化傳統，綜合東西方各種語言文字材料，擴大了研究國學的眼界，即使無法打開中國文化傳統是否走到盡頭的心結，至少是提供了一個解惑的方嚮，在大霧彌漫的夜晚，看到了依稀渺茫的星光。

二是翻譯域外漢學，有一種以子之矛攻子之盾的吊詭作用，逐漸化解了中國文化思維中的自大心理與封閉心態，讓唯我獨尊的國粹基本教義派解除武裝到牙齒的盔甲，轉而吸收並接受西方實證研究的學風。民國期間新式教育制度的推行、學術體系的變化、大學學術專業的創建，具體到北京大學國學門的成立，中央研究院規劃歷史、語言、考古的研究領域，都與翻譯域外漢學背後的旨意是息息相關的。因此，重新閱覽這批民國期間的漢學譯著，對二十一世紀的現代學人來説，温故而知新，不但可以窺知民國學人追求新知的心理狀態，也會刺激吾人反思，認真思考學術研究方法與中國學術發展的前景，更進一步，探索文化傳統的重新闡釋與新知介入的關係。知識體系的變化當然與傳統的重新闡釋有關，是外爍的影響大呢，還是内因變化的成分居多？

論語·爲政記載孔子説：「温故而知新，可以爲師矣。」歷代解經，對這個「爲師」的道理，有兩種相近似但又取嚮不同的解釋。朱熹四書集注説：「故者，舊所聞。新者，今所得。言學能時習舊聞而每有新得，則所學在我而其應不窮，故可以爲人師。若夫記問之學，則無得於心而所知有限，故學記譏其不足以爲人師，正與此意互相發也。」雖然朱熹把知識分爲「舊所聞」與「新所得」，强調的却是「學而時習之」，從中生發新的心得，也就是從詮釋舊典中得到新知。這個説法與朱熹在鵝湖之會以後，作詩唱和，寫給陸九淵的詩句，「舊學商量加邃密，新知涵養轉深沉」，异曲同工，是一個意思，萬變不離其宗，舊學與新知是同一個脈絡的知識學理。

然而，有些朱熹之前的經學家，解釋「温故知新」，却有不同的取嚮。皇侃論語義疏就説：「故，謂所學已得之事也。所學已得者則温尋之不使忘失，此是月無忘其所能也。新，謂即時所學新得者也。知新，謂日知其所亡也。若學能日知所亡，月無忘所能，此乃可爲人師也。」皇侃明確説到，「故」指的是過去所學的知識，而「新」則指的是新近學到的知識，新舊結合，相互發明，就可以「爲人師」了。邢昺論語注疏循着皇侃的思路，也説：「言舊所學得者，温尋使不忘，是温故也。素所未知，學使知之，是知新也。既温尋故者，又知新者，則可以爲人師也。」這裏講的「素所未知」，就不祇是研讀舊學，有了新的體會，從過去的傳統中發展出的「新知」，而是從來没聽過、没想過的新學問了。這種「素所未知」的新學問，結合「舊所聞」，對習以爲常的知識框架，就會産生巨大的衝擊，而出現飛躍性的結構變化。知識内容或許大體沿襲傳統，知識結構却得以重新整合，出現嶄新的認知系統，重新審視自己文化傳統的意義，打開文化傳承的新局面。二十世紀上半葉的漢學譯作，就發揮了這樣的作用，促使中國學者放棄自我中心的文化態度，從各種不同側面，探知中國歷史文化的光譜，以域外（或是全球）的角度觀測中國傳統，摇動了文化的萬花筒，看到七彩繽紛的中國。

嚴復在甲午戰争之後，改良變法思想風起雲涌之時，開始大量翻譯西方思想經典著作，是有感於國人（特别是傳統文化孕育的知識精英）思維系統封閉，企圖介紹實證新知，引進邏輯思維的方法，以破除儒學之道「一以貫之」與「放之四海而皆準」的虚妄。他翻譯天演論，在序文中提到，有人歸納東西方學術思想，認爲中國文化重精神，是形而上之學，立意高超，而西方文化重物質，是形而下之學，祇追求功利的回報。他認爲，這種自以爲是的蒙昧態度，陷入傳統舊學的框囿而不自知，没有自我反思的能力，無法吸收「素所未知」的新知識，也就無法開展並弘揚自己的文化傳統。嚴復非常清楚他翻譯西方經典的目的，是爲了介紹新知，打破中國傳統思維的封閉性，但是，作爲披荆斬棘的拓荒人，他深知思想封閉者的頑固心理，必須因勢利導，以免遭到盲目衛道之士的攻訐。嚴復有其防身的策略，不會像許褚戰馬超那樣赤膊上陣，而是以桐城文章譯述赫胥黎、斯賓塞、穆勒、亞當·斯密、孟德斯鳩，博得晚清知識精英的贊許，文章深閎而傳入了新知義理。從文化變遷的角度而言，通過翻譯，以迂迴戰術來介紹西方思想，得到巨大的成功，產生了改變傳統思維體系的實效，是中國近代思想史上影響深遠的大事。以此類推，民國時期大量翻譯域外漢學的影響，也是不容忽視的思想史課題。

關於清末民初西方學術思維衝擊中國知識精英，顛覆傳統文化的知識結構，錢穆在現代中國學術論衡的序言中，從中國文化本位的立場，發出深刻的感慨，做了籠統的批評：「文化异，斯學術亦异。中國重和合，西方重分別。民國以來，中國學術界分門別類，務爲專家，與中國傳統通人通儒之學大相違异。循至返讀古籍，格不相入。此其影響將來學術之發展實大，不可不加以討論。」錢穆所指出的問題，是傳統知識體系强調「通」，文史哲不分家，最崇尚通儒，而現代學術講究專業分科，各司其職，以至於讀不通古籍呈現的整體性知識思維。姚名達在撰寫中國目録學史的時候，對西力東漸，西潮帶來的翻譯著作及新知新學，也有類似的感慨：「四部分類法，不合時代也，不僅現代爲然。自道光、咸豐允許西人入國通商傳教以來，繼以派生留學外國，於是東西洋洋籍逐年增多。學問翻新，迥出舊學之外。目録學界之思想不免爲之震蕩。」這種對學術體系發生重大變化的觀察，反映了中國學人從晚清一直到民國，夾在東西方兩種不同思維體系的衝突中，身歷其境的切身感受，因此感觸良多。

二十世紀上半葉最能代表中國學術的通儒是王國維與陳寅恪，他們浸潤了經史子集的四部知識傳統，承繼乾嘉篤實的考據學風，却都經過西洋邏輯思維與實證科學的洗禮，參與中國知識結構的轉型。對西方現代知識結構如何在中國生根發芽，不但再三致意，并且以自己的學術實踐來努力促成。王國維早在一九〇二年就寫信給張之洞，反對把經學列爲大學分科之首，而主張效法西方與日本的大學，設立哲學科，明確指出知識結構的分類不可因循傳統，而必須另起爐竈。陳寅恪在一九二五年就清華大學建制的問題，寫了吾國學術之現狀及清華之職責，指出大學的職責在於學術之獨立，而中國學術界的情況令人十分不滿，必須認真效法西方學術的體制及實踐。他説：「蓋今世治學以世界爲範圍，重在知彼，絕非閉門造車者比。」這兩位國學大師，對西方與日本的漢學研究十分注意，都是以開放態度對待域外漢學研究，集思廣益，以成其大家。

再回到「温故知新」的歷代經解，説説文化傳承的闡釋學意義。劉寶楠在論語正義中指出，上古之時，文化知識是上層統治精英的家學，不再治理實際政事的長者可以傳遞德行的知識，可以爲人師。「温故而知新」，就顯示長者不忘舊時所學，且能吸收新知，繼承并發揚這種學術與政治合一的傳統。到了孔子之時，時代出現了變化，士大夫不見得能够謹守家法，弘揚德行，也不一定能够「爲師」了。孔子之後，世變日亟，「道術爲天下裂」，文化知識不再爲少數統治精英所壟斷，也不必然與治理政事有關，學術在民間百花齊放，百家争鳴。但是，學術知識發展的脈絡基本未變，仍然是要温故知新，進德修業。從劉寶楠不經意的闡釋中，可以看到時代變遷影響了學術文化的内容，改變了知識結構的體系，但其内在發展的理路仍舊，還是需要舊學與新知的融合，才能有所發展。

劉寶楠還引述了劉逢禄的解釋：「故，古也。六經皆述古昔、稱先王者也。知新，謂通其大義，以斟酌後世之製作，漢初經師皆是也。」劉寶楠贊成這個説法，並指出，漢唐人解釋「知新」，大多數都沿用此意。也就是説，舊學是傳統的知識結構體系，新知是時代變化出現的新知識，必須相互斟酌，才能發揮得宜。至於如何對舊學「通其大義」，就見仁見智，各有説法了。從這個通達的詮釋來討論近代西學東漸的情況，我們可以看到，「温故而知新」在民國學人的心底，是産生「傳統」與「現代」糾葛的心理陷阱，不易跨越。若依照朱熹的説法，「學能時習舊聞而每有新得，則所學在我而其應不窮」，雖然在哲理上可以模模糊糊説通，但在清末民初的具體歷史環節，西學的新知屬於完全不同的知識體系，在原有的舊學脈絡中，根本無從立足，如何「其應不窮」？所以，真要放之四海而皆準，提升「温故而知新」的普世意義，以理解域外漢學譯著與近代學術知識體系變遷的文化史意義，我們認爲，皇侃、邢昺，一直到劉寶楠的闡釋，是比較合適，並與現代文化闡釋學的説法相近。

伽達默爾（Hans-Georg Gadamer）在他的名著真理與方法中，説到認知理性與文化傳統的關係，特別指出，人們通過理性，來判斷歷史文化中事實的真相，但是人的理性與生存環境息息相關，與傳統所衍生的豐富文化底蕴有關，不可能完全超越文化傳統的思維脈絡。他認爲，人生活在文化傳統之中，就不可能「遺世獨立」，以全能超越的抽象思辨來認識傳統，甚至是批判或顛覆傳統。傳統是歷史文化延續與傳承的表徵，不會一成不變，而我們的認知理性也會因時代變遷，而不斷重新詮釋傳統。伽達默爾的闡釋學以西方文化傳統爲例，説明新知如何納入傳統，而使文化傳統生機不斷，生生不息，與中國歷代經學家的説法（朱熹除外），有异曲同工之效。以此觀照民國時期的漢學譯著，我們認爲，這批學術新知傳入中國，對中國文化傳統的繁衍與發展，實有承先啓後之功。

近代海外漢學名著叢刊的出版，最值得感謝的是南兆旭先生二十多年來搜羅的執着與努力。雖然這套叢刊不能窮盡民國時期的漢學譯著，但是，能滙集上百冊自一九四九年以來在國内不曾重印的學術著作，再度公之於世，總是功不唐捐的大功德。忝爲本叢刊的主編，我面對這批民國學術材料，先是感到紛雜無章，有些原作者的學術素養也難副當前的學術標準，甚爲猶豫。後轉念一想，這是上個世紀中國最紛亂時期的學術記録，也是民生凋敝，國勢隤危，内亂外患交加之際，仍有許多學者孜孜矻矻，戮力翻譯域外漢學，爲中國學術的傳承拓展新知的坦途，不禁肅然起敬，開始用心整理分類。掛一漏萬，在所難免，好在有學殖豐贍的諍友擔任分卷主編，並撰寫各分卷前言，實在是衷心銘感。有傅杰教授負責「歷史文化與社會經濟」、戴燕教授負責「古典文獻與語言文字」、霍巍教授負責「中外交通與邊疆史」，吾道不孤矣。在整理編輯過程中，周威先生費心最多，也是我要衷心感謝的。

道術之存亡，全在人心之嚮背。這批民國漢學譯著重新問世，對我們生長在承平之世的學人，應當有激勵的作用，爲學術研究多盡份力，讓中國學術發展更上一層樓。

鄭培凱

二〇一五年七月

前言

二十世紀三十年代是中國現代學術史上的一個黄金時期。從晚清的白話文運動，到白話文在民國初年被定爲現代國語，中國的語言也就是「漢語」本身便發生了一個很大的變化。在漢語的這一現代轉化過程中，「新文學」即白話文學、又或稱國語文學的异軍突起，又起到極爲重要的推進作用。因此，現代的漢語和文學，從一開始就如雙生子一樣關係密切，不可切分。

當然，白話文與白話文學的興起，原因不止一個，但不能否認的是，在漫長的從「邊緣」變爲「正統」的道路上，它們都受到過外來的語言和文學的刺激。這裏面既包括有現代漢語對「外來語」的吸納、新文學對外國文學的模仿，也包括了引入歐美日的方法，對漢語和文學加以研究。這個研究，還不單單是針對現代的漢語和文學，也針對古代的漢語和文學。

伴隨着漢語和文學自身的演變，而在語言學界及文學研究界發生的這些轉變，其實是中國學術在各個領域實現其現代轉型的一部分，也可以説是中國現代學術之建立的一個基礎。隨着對東洋、西洋從觀念到方法、從文獻到詮釋的全面開放，在一九三〇年前後，中國的語言學和文學研究也迎來了自己的黄金時代。

這個黄金時代出現的很多學術成果，都是當時中國學者在傳統學問的基石上，吸收外國的方法、結論得到的，如王力所説，那時的語言學，「始終是以學習西洋語言學爲目的」，文學研究也莫不如此。所以，要想説明這個學術上的黃金時代究竟是什麽樣的，又如何形成，勢必要對當時的國外漢學知其一二，尤其要對翻譯成中文出版的漢學書籍有一點瞭解。

語言學方面，自馬氏文通引入西方語法之後，在中國影響最大的恐怕就要數高本漢。從一九二七年的左傳真僞考及其他，到一九七二年的中國聲韻學大綱，他關於中國語言學的論著幾乎都有在中國（包括香港、臺灣）翻譯出版。據説早年間，在他的音韻學論文尚未譯成中文出版前，錢玄同就已經拿着其中幾頁，作上課的教材用。他的中國語言學研究的譯者賀昌群也曾説，在語言音韻學方面有所成就的學者，都是借高本漢之力。

文學方面，一個突出的現象是，日本漢學家的著作被翻譯出版最多。究其原因，大概是由於日本在歷史上受中國文化影響甚深，日本漢學家普遍有很好的漢學功底，到了明治維新以後，又先於中國接受歐美的思想、文化和學術，這兩方面的結合，促使日本漢學界産生出很多新的研究成果，其中就有像兒島獻吉郎、鈴木虎雄、本田成之、青木正兒、鹽谷温、梅澤和軒等人的著作。這些涉及中國古典文學、藝術、思想等領域的論述，兼有東西之長，比較容易爲中國學界理解和認同。因此，在現代中國的文學史、文學批評史、藝術史、哲學史等學科領域，日本的研究範式一度相當流行。

説到海外漢學的影響，還不得不提及海外漢學論著的翻譯出版，在二十世紀三十年代前後是又多又快，像成書於一九三二年的石田幹之助的歐人之漢學研究，一九三四年就有了中文譯本，就是典型的一例。這固然是由於當時的中國學界對於及時掌握海外漢學動嚮，有一種普遍的要求，可是不能忘記的是這些漢學論著的譯者，在這中間扮演了很重要的「驛騎」角色。

在這裏，也許不需要再去重復趙元任、羅常培、李方桂這一黃金組合翻譯高本漢中國音韻學研究的故事，不需要説明高本漢論著的大多翻譯者，如張世禄、賀昌群等，也都是很好的專業學者。就連最早的左傳真僞考及其他，也是經胡適推薦，由當年聲名鵲起的新鋭陸侃如、衛聚賢合作翻譯的。而在陸侃如看來，他們的譯介，就是爲了「東海西海互相印證」（譯跋）。

值得一説的，倒是譯過不少日本書籍、不限於漢學著作的孫俍工。孫俍工一九二四年赴日留學，他本來學的是德國文學，可是很快翻譯了鈴木虎雄的中國古代文藝論史、鹽谷温的中國文學概論講話、本田成之的中國經學史、兒島獻吉郎的中國文學通論，興趣完全轉到對中國古典的研究。他在各書的譯序中，談到過對中國衹有整理國故保存國故的口號、成績却不如日本的看法（中國古代文藝論史），談到過他要借翻譯來使人看到在被我們自己抛荒的文學園地裏，經别人代耕，而有怎樣一番禾黍芃芃的景象（中國文學概論講話），也談到過如本田成之對於孔子「别開途徑」的理解，可爲中國學者取法實多（中國經學史）。對中日學界當時情況的判斷，大概是他譯書的動機。據説他在一九二八年回國任教後，短短幾年就編出幾百萬字的書來，其中像中國文藝辭典、世界文學家列傳、中國語法講義等，有人説都涉嫌抄襲日人（彭燕郊那代人·關於孫俍工）。這也大可説明他心目中的日本學術，不光是漢學，何等優越。當然，他翻譯鈴木虎雄、鹽谷温的著作，按趙景深的説法，還是「對於中國文學的貢獻頗大」（文壇憶舊·文人印象·孫俍工）。

另外一位翻譯日文書極其勤奮的是王古魯。王古魯一九二〇年赴日讀的本來是英文系，一九二六年回國後也教過英文，但是他翻譯過的日本書籍，題材廣泛而雜駁，涉及小説與經史之學、語言文學、民族和對外關係，既有論述，也不乏考據。由於他對日本學界的追踪，與他對中日關係的觀察是聯繫在一起的，因此，他在一九三一年翻譯的田中萃一郎西人研究中國學術之沿革、一九三四年編譯的傅斯年等編著東北史綱在日本所生之反響、一九三六年編寫的最近日人研究中國學術之一斑，都在中國學界引起過强烈的反響。在他翻譯的文學論著中，最有名的恐怕就是青木正兒的中國近世戲曲史。吴梅早已表揚過他在翻譯中表現出的專業態度，即對青木正兒引書「無不一一檢校」，故「可爲青木之諍友」（序）。一九五六年他寫信給青木正兒，又説此書不僅獲得「我國各方面極爲重視」，還作爲「中文本」，與王國維宋元戲曲考等六種，入選蘇聯大百科全書的「中國戲曲」條目，説明譯作本身成了經典。而這一次的翻譯，大概也爲他後來到日本搜集古本小説、戲曲，最後成爲造詣頗深的中國文學史研究專家做了很好的鋪墊。

中國現代學術史也應該銘記這些譯者的功勞。

戴　燕

二〇一五年六月八日於復旦

作者簡介

著者

鹽谷温（一八七八年—一九六二年），號節山，是日本著名的中國學家，日本中國俗文學研究的開創者之一。他出生於學術世家，祖上三代都是漢學家，他本人二十八歲即成爲東京帝國大學（東京大學的前身）中國文學科的副教授，先後編著出版了中國文學概論講話、唐宋八大家文新鈔、中國小説研究等大量關於中國文學的書籍。

譯者

孫俍工（一八九四年—一九六二年），原名孫光策，又號孫僚光，湖南省隆回縣司門前鎮孫家壠村人，是我國近現代史上一位有影響的教育家、語言學家、文學家和翻譯家。他畢生從事著述，且擅長書法。縱觀孫俍工的著作，内容廣泛，包括有詩歌、小説、戲劇、散文、文藝理論及文藝史、國文教科書和文學翻譯等幾大方面。據統計，其抗日戰爭爆發以前出版的主要著作，就已達五百多萬字，算得上是一位多才多藝、著作豐盈的學者了。

原序

中國是文學底古國。有四千年的歷史，跨四百餘州底土地，人口之多實號稱四萬萬。泰華巍巍聳千秋，江河洋洋流萬古，天地底正氣鍾於此。三代底文化夙開，漢唐之世尊崇儒道，奬勵文教，濟濟多士，翺翔翰苑，吟詠風月，發揮詩賦文章底英華。及元明以降，戲曲小說勃興，對於國民文學產生了不朽的傑作，就中推漢文、唐詩、宋詞、元曲爲空前絕後。誠盛事哩！實際作家之數，篇什之量，在年代底久遠和種類底豐富這點上，世界底文學不見其比。試閱讀中國新聞，無論誰沒有不驚服其爲文字底國的。要之，中國文學史是縱地講述文學底發達變遷，中國文學概論是橫地說明文學底性質種類的。

昨夏東京文科大學開第一回夏季公開講演，余膺薦演述中國文學概論。雄辯會主野間君與余有舊，請以這筆記付印。余雖欣然應諾，但本不過是僅僅六回的演說，到底不足直以之問世，於是修正增補一年有半，要在主要地敘述戲曲小說底發展，欲以此補我中國文學界底缺陷。因前後詳略不同，故分爲上下二篇。

迴顧往昔在大學的時候，侍槐南森博士底講席，受詞曲之學，及其後遊學禹域，從葉煥彬先生究元曲底底蘊。歸國後雖專致力於斯，然森博士既歿，葉先生亦避亂鄉園，音信難通，從誰去質疑請教呢？徒掩卷投筆浩歎而已。他年積鑽研之功，升戲曲小說之堂，兼入詩賦文章之室，博通其精深究其奧完成中國文學概論，然後更進而編纂中國文學史，是余平生之願也。稿成因以一言弁諸卷端。

關於本講話底筆記，竹田文學士盡力的處所多，附記於茲以表謝意。

大正七年十二月二十三日

內田新序

中國是文字底古國文學底先進國。上下四千載興亡經八十餘朝，在這四百餘州內所開的文學之華，從詩賦文章起至戲曲小說之類止，都具有一種獨特的性質而放異彩於世界底文壇，以故時代不同國土相異的吾人閱讀理解已經是難事，何況深深地玩味，進而究明其特性，不更屬難事中的難事嗎？

鹽谷博士生於漢學世家，夙在大學專攻中國文學，深究其蘊奧。嘗遊學西歐及禹域，歸朝之後發表其研究之一端而著中國文學概論講話一書。在當時的學界敍述文學底發達變遷的文學史出版的雖不少，然說明中國文學底種類與特質的這種的述作還未曾得見，因此舉世推稱，尤其是其論到戲曲小說，多前人未到之境，篳路藍縷，負擔着開拓之功蓋不少。嗚呼盛哉！余平素是以中國文學底研究爲職志的一人，幸在大學侍博士底講席，得親受其學。

頃者孫俍工君譯述此書，求序於余。余受而讀之，以周密的用意逐語翻譯，雖片言隻字亦不忽略，行文亦頗平易而舒暢。竊思翻譯之困難勝於原著，已屢見有人慨歎了，況完全語脈懸異特別在素有難解之誹的我國文底譯述，敢嘗試其難，在這一書裏相信君之苦心決不少。

君湖南寶慶人，早在北京高等師範畢業，遊學我國既已三年，現在上智大學專攻德國文學，傍並當致意於其本國文學底研鑽；余喜因這篤學之士而恩師底著作得普遍紹介於鄰邦，不顧淺學短才，裁蕪詞以爲之序。

昭和三年二月九日　內田泉之助

譯者自序

我在一面自己煑飯洗衣掃地工作，一面照常去上智上課的時境中，以積日累月的工夫譯成日本鹽谷温先生這部大著，自己看了，覺得很喜悅，對於這種有意義的收穫。

我覺着人只要不偸懶地過着放浪的無秩序的生活，以中國之大與其歷史之長久，隨地隨時都有可耕的田土，可種的種子。誰也承認時代是進化的，歷史不過是過去的痕迹，但同時我們也應該知道在過去的痕迹上都是我們祖宗底生命底血，尤其是文學尤其是有着時代背景，帶着社會底生命與人生底預言的文學，雖是過去恆含着有永久的理想的光輝的將來在裏面，我們只要不留戀，只要不徘徊，只要不爲所蒙蔽所束縛，正要孳殖這樣的荒土以栽長成燦爛如錦的花讓人們採摘。在中國文學之國裏無論過去現

在荒土正多，想來我這種的翻譯工作也許不是完全無意義的罷！所以我底喜悅也就並

非偶然的了。

這書分爲六章：第一章音韻，第二章文體，第三章詩式，第四章樂府及塡詞，第五章戲曲，第六章小說。書中內容怎樣，讀者看了自然會知道，不待我贅說。要之中國文人向來論文都主『文以載道，』而視詩賦爲文人小技，鄙小說爲街談巷語道聽塗說，這書主張雜劇傳奇爲國民文學，戲曲宜以俗人爲對象，可算把向來那種迂腐的見解完全打破了。只這一點已足爲本書最重要的特色，無論怎樣是值得介紹的。又關於中國文學底研究的著述，照現在的情形看來，恰與內田先生所說日本數年前的情形同病，縱的文學史一類的書近年來雖出版了好幾部，但求如鹽谷先生這種有系統的橫的地說明中國文學底性質和種類的著作，實未曾見。這又是於值得介紹之外有必須介紹之一理由存在了。

我翻譯日本文的關於中國文學的著作，這是第二部。第一部就是鈴木虎雄先生底中國古代文藝論史（卽原著支那詩論史底上半部，北新出版。）我在那書底序文上曾說到中國人對於自己底文學不曾用力，譬之懶怠的子孫把祖宗遺下來的產業任意荒蕪，却要待別人來代爲耕耨，不能不使我臨筆而增慚的等等的話（大意如此。）這話到現在想來，雖然覺着有點說得太過，未免小覷了自己，但不知怎樣，所謂臨筆而增慚直至現在我譯這書猶覺着有這種的感想。總覺得好像本來是不爭氣的子孫似的倘光是朦着面，垂頭喪氣連外人代爲耕耘得好好的禾黍芃芃然的田疇曾不致一眼，那不更其是慚愧嗎？我們要克服慚愧只有努力。努力底結果也許能給我們一個再與之機運開成燦爛如錦的花。這又是我所以決譯此書之一因。

我於翻譯本非所長，勉力譯出自信除中有不甚關重要的一二處省略了以外都是逐句地翻譯的；惟譯筆生疏，詞不達意之處在所不免，要望著者與讀者原諒哩。

再本書脫稿時曾請鹽谷先生指正過，並承先生賜以最近影照和筆蹟，又承先生底高足武藏高等學校教授內田泉之助先生爲之代序，鹽谷先生並囑把先生自著的論明之小說三言及其他一論文和宋明通俗小說流傳表譯出附在本書後面以補成本書全璧，而內田先生更代借給我以登載這論文和表的雜志斯文四册：凡此都是本書底光榮而應志於此以表謝意的。

一九二八年二月十日　　偎工於東京上原

目次

上篇

第一章 音韻

下篇

第五章 戲曲

第六章 小說

附錄

附表

插圖

本書著者

以文會友
以友輔仁

孫君清鑒
節山書

著者筆蹟

蘭陵王

累泥底曙

林黛玉　　改七鄉畫

上编

第一章　音韻

第一節　中國語底特質

中國語由來是與西藏語、緬甸語、暹羅語等屬於同一系統，其特質是以單音而孤立的（Monosyllabic-isolating Language）。有名的德國底中國學者伽伯林教授（Prof. Gabelentz）在其著作漢文經緯（Chinesische Grammatik）底序論裏曾舉出印度中國語底三特質，說單音、孤立之外更是一種歌調的。

一　孤立語

把世界人類底言語從其形態上分類，可分爲孤立語、黏着語、屈折語三種。

（1）屈折語(Inflectional Language)　印度歐羅巴語屬於這種。這種語族底特性是能變化屈折。卽是以表現概念的主要部爲語根，因品詞底種類和文法底關係而成爲語頭語尾底曲折與語根母音底變化等的。例如在英語中的 to write(散動詞) wrote (過去), written (過去分詞), writing (現在分詞又名詞), writer (名詞) 是。

（2）黏着語 (Agglutinative Language)　這又可譯作接合語，還有譯作附加語的學者。卽是在主要語之外把獨立的附屬語附加於其前後以顯明文法上的關係的。普通都說烏拉爾阿爾泰語屬於這一種，但在這中間元有幾處的小差異。如日本語中的テ、ニ、ヲ、ハ恰是其適宜的例子。

（3）孤立語 (Isolating Language)　中國語卽屬於這一種。所謂孤立語是既不如歐洲語那樣的屈折變化，又不要如日本語那樣的テ、ニ、ヲ、ハ，句中的各語是全然孤立着的。以下就中國語底孤立語稍加以說明。

既不變化屈折又無テ、ニ、ヲ、ハ的中國語，以什麼來聯結文法上的關係呢？那就是在

一切的句中依據於各語底位次的。例如以代名詞『我』字而論，不問其在何格（Case），形與音總是同一的。如——

我讀書　第一格（主格）。

讀我書　第二格（所有格）。

贈我書　第三格（賓格）。

人愛我　第四格（賓格）。

然而在實際上也有用前置詞於、以、後置詞者、之、接續詞而、則、終止詞也、矣、等助詞以明示文法底關係的也頗多。如前例『贈我書』，要是明確地做成第三格的話，普通都寫作『贈我以書』，或『贈書於我。』

極端說來，在中國語裏，但見其單語很難立刻識辨其品詞底種類。再舉上字為例，

上喜　名詞（為句中的主語的緣故）

上天　形容詞（為天字底修飾語的緣故。）

上馬　動詞（爲述語且支配馬字的緣故）

以外如說『上有天』則又是表位置的副詞，如說『馬上』(On the horse) 則又是用作後置的介詞了。如這樣的實際品詞底種類實是由在各語底句中的部屬而定的，而且其部屬因其爲主語，述語與客語，句中的位次也就自然地排定了。在劉勰底文心雕龍裏說——

置言有位，位言曰句。（章句篇）

在馬氏文通裏也說——

凡字相配而辭意已全者曰句。（界說十一）

就是這個意思。句中的各語依據文法上的部屬而有一定的位次，因其不容易混亂，所以位次是極其要緊的。一經錯亂了句中的位次，則支離滅裂，更不成文理了。柏林大學教授格魯伯博士 (Prof. Grube) 設比喻以說明漢文文法說，『漢文中的品詞，與代數的未知數X相同，如解方程式以知道X底價值一樣，必先解明句意而後方能定品詞底種類的。』例如——

漢王解衣衣我，推食食我。（漢書）

欲定兩衣字和兩食字屬於何種品詞，則必須先解析句底意義以明其部屬。即是前兩字因爲是解、推底客語，所以是名詞，後兩字因爲是述語，所以知道是作爲動詞用的。下面的例也同樣。

求之與抑與之與——論語（一動詞，一助詞。）

訟獄者不之堯之子而之舜——孟子（一動詞，一後置介詞。）

陛下不善將兵而善將將——史記（上動詞，下名詞。）

這樣，在漢文裏不是依據文法以解文意，却是通了文意然後能了解文法的，與他國語底文法底研究比較可說是本末顚倒的。

試把孤立語、黏着語、屈折語圖示如左。

○○○○……孤立語

〇+〇+〇……………黏着語
〇+十〇〇+〇十……………屈折語

歐洲底學者每隨意地肯定以孤立語居在語言發達史底最下級，黏着語次之，歐洲語底屈折比黏着語更進一步，居最上級地位。黏着語底附屬部雖仍是獨立着的，但一成爲屈折語就完全失了獨立，附屬於語根而成爲屈折的了。例如日本語底テ、ニ、ヲ、ハ固可說爲君ハ，君ヲ，僕ハ，僕ヲ，而發音爲 Kimya, Kimyo。boka boko 的時候早已失掉了テ、ニ、ヲ、ハ底獨立而且有人說是屈折的了。又如英語在歐洲語中可算是屈折最簡單的（冠詞底種類，名詞底性格，形容詞底變化等，比較法德語是非常簡單的，若與希臘拉丁底古代語比較更加是如此）所以把彼說是近於孤立語也無妨，實與中國語很有類似之點。定說孤立語是最下級的語，似可不必。

西洋化的學者動輒視漢字爲野蠻，以爲是極不便利的東西，但實際如漢字那樣的上品而且是實用的却沒有。單用漢字也能做講義筆記，但用音符字究竟來不及。現在也很有人非難筆記制度但在日本能夠做到的；在西洋底學生中，要寫筆記，就非用速記術不可了。如今日一樣用飛行機去偵察敵情，從空中投以紙片以作爲報告的那樣的緊急的時候，用冗長的拼音與假名，不但寫讀都費時，而且紛亂得難堪的。爲甚不用寫起來簡單明快讀起來一目了然的漢字呢？這樣看來，又誰知道沒有西洋人採用漢字的時候到來哩。

二　單音語

單音語 (Monosyllabic Language) 是對**複音語** (Dissyllabic or Polysyllabic Language) 的稱謂，是因一語皆單綴音 (One syllable) 而成的。複綴音 (Dissyllable, Polysyllable) 的字是絕對沒有的。日本底音讀有フ、ツ、ク、チ、キ等語尾，在中國本是以k，p t 終了的入聲音 (促音)。如國字日本假名寫作コク，但實際發音並不是 Ko-ku 的二綴音，却是 Kok 的一綴音。

中國語因在單綴音之上在語頭之上都沒有如 cl, dr, sp, str 等的重子音，而語尾之子音僅有 m, n, ng 三種，所以字音底種類是很少的。現代北京官話所用字音不過四百左右。（在英國公使有名的 Thomas Wade 底語言自邇集裏分爲四百二十類）就是字音底種類最富的福州方言算來僅有八百音。雖在古代也與這無大差異。在康熙字典裏曾舉出四萬餘字。固然在其中有古字有方言也有普通所不用的文字，但今日通行之字猶不下一萬。因爲僅以八百乃至四百種的音欲爲四萬字乃至一萬字發音，結果就不免有多數的同音異字的事實發現了。爲區別那種同音中的語，於是產生了四聲。所謂四聲就是聲底高低底調法，與英語底 Accent 同。例如梨 (li^2) 李 (li^3) 栗 (li^4) 一樣，因以 li 的一音要區別同樣的三種果類，所以四聲是不能極其嚴格的說明的了。

舉北京官話爲例來說，以四百音分爲四聲，雖能區別爲一千六百種的聲音，但實際通用之音不過四分之三。此四百音，依着一千二百聲，欲把宇宙間的森羅萬象以及萬般的人世底思想感情明瞭地表白出來，實是至難的事了。試看書坊所銷行的中國發音字典，在含有最多數的語類的 Shih 的一音裏能舉出八十字，分成四聲，則有上平十五字（師、獅、詩、尸等）下平十七字（時、石、食等）上聲十字（史、使、始、矢等）去聲三十八字（事、世、是、市、士、飾、式、試、勢、誓、示、氏等）又如在一漢法字典裏南方音之 Shi 竟數至二百三十九字，計平聲五十四，上聲四十，去聲七十九，入聲六十六。把這等音寫成文字，雖能明確地辨識，但用口舌說出，就很難明示其意了。且四聲要是一語一語地說也還能明白地區別，但連綴多數之語於說話的時候就容易紛雜，不能區別得很清楚了。於是就產生了熟語。如前所說的梨、李、栗，於區別爲四聲之外，在俗語又讀作鳳梨、李、栗子。這樣一來，比用聲調來區別，較更爲明白了。本來熟語底發生，實在很早，在詩經和書經裏所見到的熟字底豐富與宏麗，其起原底淵遠，是容易想像的。詩經底開卷第一『關關雎鳩』之『關關』，卽是重言，『窈窕淑女』之『窈窕』，卽疊韻（同語尾韻的），『參差荇菜』之『參差』，卽雙聲（同語頭音的）。從巧妙地使用這種雙聲、疊韻之熟字上看，很足以證明詩經底修辭法底發達。這種修辭法，在爲單音而含有四聲的中國語裏，更覺其音調底和諧了。後世熟語愈盛行，在現在的中國語裏如名詞、動詞、形容詞，大抵是以二字的熟語合成的，其例實不勝舉。所以在實際上中國語已脫了本來的單音語底境地，而說是進了複音語也未嘗不可。

中國語底單音在孤立的特性底文學裏所發生的影響是：

(一)文章簡潔，

(二)便於造對語，

(三)音韻諧協。

中國語在發音多而流暢的上面，以四聲去分高低，且好用雙聲疊韻底熟語，故很覺着音韻底諧協的。例如：

『月落烏啼霜滿天』

之句，很有說這是一種歌語 (Singing Language) 的。中國詩文底特別尊重格調與節奏，就是本着這種特色。

第二節 四聲及百六韻

一 四聲

元來四聲，如前所述，是由字音差別底必要上起的，所以其起原極古。古代聲調究竟是何聲，這雖不容易知道，但總之聲調有長短、遲速、輕重底區別是很明確的。（參考1）至於後世，因而聲底區別漸漸複雜起來了。各地底方言，不但依據於平時底交通與戰時底轉移愈加混淆，而且加以魏晉以來戎狄入內地雜居的多，中原底音韻就大形混亂了。恰當是時佛典底翻譯偕天竺底聲明學傳來，整頓漢族底音韻之必要卻應時發生，學者底研究漸漸開始了。在隋唐底經籍志裏有：

魏李登……………聲類

晉呂靜……………韻集

等書目，可以看見。降至齊梁之際，大唱四聲之說，創作詩文都尊重音韻之調諧，(參考2)著述也加多起來了。如：

周顒……四聲切韻

沈約……四聲譜

王斌……四聲論

等都是。就中以沈約最爲有名，其所撰四聲譜，自詡爲入神之作，頗覺得意的。(參考2)自是以來，說四聲的皆主沈約，至於稱約爲四聲之祖。約等所著書雖今都不傳，但在唐宋之詩裏所用的四聲，說卽是本着沈約之說也可以的。

所謂四聲，就是平、上、去、入。康熙字典中說明其發聲底方法這樣說：——

平聲……平道莫低昂，

上聲……高呼猛烈強，

去聲……分明哀遠道，

入聲……短促急收藏。

卽是平聲是平坦的發聲，以英語爲例來說，是沒有 Accent 的。上聲是尾上的音，在語尾有 Accent 的，去聲是尾下的音在語頭有 Accent 的。例如喫驚的時候所發出『啊呀』底喊叫近於上聲，在愁歎的時候所發出『啊呀』是近於去聲的。入聲是促音，卽是忍着音底尾的，在聲音學上說來是含着 k，p，t 底語尾的一種發音。以上四聲之中，唯平聲是平平的發音，因沒有 Accent，故叫做平聲，以外的上去入三聲，因語頭語尾都有Accent，所以叫做仄聲。仄是傾側之義，爲平底反對。現在在詩裏所用的平仄卽是這個。

愛德金在其所著北京官話文典（Edkins: Mandarin Grammar. 1864）裏，說古代只有平與入，上聲是西曆前一千年（周初）時纔有，去聲是從西曆二百五十年（三國末）下平是從一千三百年（元代）纔創始的。說到上聲與去聲底起原，雖不明白其本原於何書，但下平起於元代實是定論。因到元代浸染胡語，中原底音韻爲此缺乏入聲，同時平聲中至生出陰與陽底分別來了。明王世貞在其藝苑巵言裏如是說：

大江以北，漸染胡語，時時採入，而沈約四聲遂缺其一。

元代底四聲字例，詳於元之周德清底中原音韻中。經明清及現行的北京官話也大體是由於周德清之韻。但是改平聲底陰陽說作上平，下平，分四聲爲上平、下平、上聲、去聲。且入聲已混入於下平、上、去三聲之中，獨一上平仍是在昔已然的純粹的平聲。其發音法僅是沒有入聲，上平、上、去三聲與在前的四聲並沒大差異，只是新加入了所謂下平的一聲而已。其調輕而高，雖是同樣的尾上的發音，但不如上聲那樣的緩而強。格魯伯教授曾取例於德語以說明北京官話底四聲。

上平……Der gleiche Ton.

下平……Der rasch steigende Ton. Wie?

上聲……Der langsam steigende Ton. nun!

去聲……Der fallende Ton. Ja. (Antwort)

這樣雖說是同樣的四聲，而北京官話底四聲，自與沈約底四聲不同了。作詩用的平仄，即沈約底四聲,與北京官話底四聲有異,是決不能混同的。

北京官話底四聲已如前述,但中國各地底方言底聲調是極其各式各樣的。試據柏林東洋語學校教授亞倫德底著作,雖有下面所記載的情形,但實際是怎樣的發音卻很難知道了。(Arendt: Nordchinesische Umgangssprache. 1891.)

南京	五聲	上平	下平	上聲	去聲	入聲				
客家	六聲	上平	下平	上聲	去聲	上入	下入	(廣東嘉應州)		
廈門	七聲	上平	下平	上聲	上去	下去	上入	下入		
汕頭	八聲	上平	下平	上聲	上去	中去	下去	上入	下入	
本地	九聲	上平	下平	上上	下上	上去	下去	上入	中入	下入 (廣東地方)

二 百六韻

從沈約底四聲譜始,見於隋書經籍志裏的古韻書,皆亡失而不傳於今日了,所以當時韻目分成多少，殊不能知道；至隋之陸法言等撰切韻，乃分類爲二百六。這自然是祖述沈約底四聲的。但沈是南朝人，以南音爲主；陸是定南北之韻，故頗有不同之點。其後在唐天寶之末，陳州司馬孫愐加以訂正，而改爲唐韻。宋之大中祥符元年（眞宗）更爲增損修訂，又改名爲大宋重修廣韻。切韻唐韻二書雖不得傳，但其二百六韻底分目，可因廣韻而看得出來的。仁宗底景祐中，命丁度等更編纂集韻，同時又撰禮部韻略，專供科試之用，纔許可韻之通用。於是唐以來的舊法雖爲之一變，但還沒有至於合併。至金底正大六年，平水（金縣名，今在山西絳州境）底王文郁乃併合舊韻底二三部通用的做爲一部，遂改二百六韻爲百七韻。南宋末（理宗淳祐十二年）劉淵得其書重刊，叫做壬子禮部韻略，專用於科試。所謂平水韻，就是此書。後來至元之大德中，陰時夫兄弟撰韻府羣玉，删上聲「拯」之一韻，改爲百六韻。分平聲三十部爲上平、下平，上聲二十九，去聲三十，入聲十七部。這就是現行的詩韻。其後明之太祖，以舊來之韻是由江左起的，失掉了許多的正音，命宋濂等更定之，合併四聲爲七十六部（平、上、去各二十二，入聲十部），名爲洪武正韻，雖頒行天下，竟不曾行於世。至今日止，在詩裏所用的韻，都是平水韻。平水韻既不是唐之韻，學唐詩不可依據這種韻的底議論也有，然而因為唐代底韻書已如前所說已經不傳了，所以沒有法子，不能不用平水韻了。現代人作詩還有用宋韻的，那更是笑話。特意用平水韻底四聲作用，現代底音讀，平仄既不相同，所以實際歌唱起來不合調子，也是當然的。這樣說來，如洪武正韻在當時既不通行，今用現行音作詩也不甚便，在今日作詩，實際不過是奉唐宋底古文學底典型而已。

二百六韻與百六韻底分合，以及其四聲底配置底構成，用左表說明。

第一表

	平聲	上聲	去聲	入聲
	東	董	送	屋
通用	東	董	送	屋
	冬 鍾	腫	宋 用	沃 燭
通用	冬	腫	宋	沃
	江	講	絳	覺
通用	江	講	絳	覺
	ng—k			

通用							通用					
		通用										
支脂之 支	微 微	魚 魚	虞模 虞	齊 齊	佳皆 佳	灰咍 灰	眞諄臻 眞	文殷 文	元魂痕 元	寒歡 寒	刪山 刪	先仙 先
紙旨止 紙	尾 尾	語 語	麌姥 麌	薺 薺	蟹駭 蟹	賄海 賄	軫準 軫	吻隱 吻	阮混狠 阮	旱緩 旱	潸產 潸	銑獮 銑
寘至志 寘	未 未	御 御	遇暮 遇	霽祭 霽	泰卦快夬 泰 卦	隊代廢 隊	震稕 震	問焮 問	願慁恨 願	翰換 翰	諫襉 諫	霰線 霰
							質術櫛 質	物迄 物	月沒 月	曷末 曷	黠轄 黠	屑薛 屑
							n—t					

通用			通用		獨用	通用			獨用
蕭（蕭宵）	肴（肴）	豪（豪）	歌（歌戈）	麻（麻）	陽（陽唐）	庚（庚耕清）	青（青）	蒸（蒸登）	尤（尤侯幽）
篠（篠小）	巧（巧）	皓（皓）	哿（哿果）	馬（馬）	養（養蕩）	梗（梗耿靜）	迥（迥）	拯（拯等）	有（有厚黝）
嘯（嘯笑）	效（效）	號（號）	箇（箇過）	禡（禡）	漾（漾宕）	映（映諍勁）	徑（徑證嶝）		宥（宥候幼）
					藥（藥鐸）	陌（陌麥昔）	錫（錫）	職（職德）	
					ng—k				

通用					
侵	覃談 → 覃	鹽添嚴 → 鹽	咸銜凡 → 咸	唐韻 五十七部	宋韻 三十部
寑	感敢 → 感	琰忝儼 → 琰	豏檻范 → 豏	唐韻 五十五部	宋韻 二十九部
沁	勘闞 → 勘	豔㮇釅 → 豔	陷鑑梵 → 陷	唐韻 六十部	宋韻 三十部
緝	合盍 → 合	葉帖業 → 葉	洽狎乏 → 洽	唐韻 三十四部	宋韻 十七部
m——p					

合計 唐韻 二百〇六韻（據禮部韻略）
宋韻 百〇七韻（平水韻百〇六韻）

古韻通

平聲

○東・冬・江 通用 ○支・微・齊・佳・灰 通用 ○魚・虞 通用 ○眞・文・元・寒・刪・先 通用 ○蕭・肴・豪 通用 ○歌・麻 通用 ○陽 獨用 ○庚・靑・蒸 通用 ○尤 獨用 ○侵・覃・鹽・咸 通用

（上聲・去聲・入聲 準此）

在表中有 m, n, ng 底語尾的稱金聲韻，沒有的稱石聲韻。但入聲却單是屬於金聲韻。要之，其脣音底 m 同樣成了脣音 p，舌音底 n 成了 t，牙音底 ng 變換爲 k 了。（但元時入聲沒有，在其混合於其他三聲中以後，恰相反對，都是屬於石聲韻的了。這是失掉了入聲底語尾 k, p, t 的緣故，看中原音韻便知。）

所謂東所謂冬，是舉作爲屬於其部的同聲同韻底字底代表者。在理論方面說，是屬於東——董——宋部的字，例如 Chung, Kung, Lung, Sung, Tung, Yung 等都是有 ung 底語尾的。東是其平聲，董是其上聲，送是其去聲，而屋部是其入聲。ng 不能不變爲 k。但實際並不這樣。試考屬於東部的字，同工、蔥、（——ung）之外，復有如中、風、窮等一樣的字，依北京官話底發音，「中」同樣是 Chung，但「風」却是 Fêng，「窮」却是 Chiung，這樣，在東部中顯明地能區別 ung, êng, iung 底三韻了。以外冬、江等均混合着二三種底韻的。這大概不是沈約等開始製韻譜時所有的事實罷。在

Volpicelli氏底 Chinese Phonology 裏研究廣韻二百六韻底發音，曾對照羅馬字列出一個表來。（第二表）但實際是怎樣地發音却不能容易區別。且二百六韻乃至百六韻之中相似之韻還是包含着的。

第二表

（韻目底字與前表不同的，那是依據禮部韻略，這是依據廣韻的緣故。）

	廣韻 平	廣韻 上	廣韻 去	廣韻 入		廣韻 平	廣韻 上	廣韻 去	廣韻 入
ung ………	東	董	送	屋	an…………	山	產	襇	鎋
(ung)?……	冬		宋	沃					
		腫			ĭn…………	先	銑	霰	屑
üng ………	鍾		用	燭	en…………	仙	獮	線	薛

aang	江	講	絳	覺
ĭ	支	紙	寘	
ói	脂	旨	至	
ei	之	止	志	
uói	微	尾	未	
ü	魚	語	御	
(ü)?	虞	麌	遇	
u	模	姥	暮	
ī	齊	薺	霽	
			祭	
			泰	
ui	佳	蟹	卦	
			怪	

io	蕭	篠	嘯	
co	宵	小	笑	
ao	肴	巧	效	
oo	豪	皓	號	
o	歌	哿	箇	
uo	戈	過	果	
a	麻	馬	禡	
cang	陽	養	漾	藥
oang	唐	蕩	宕	鐸
ang	庚	梗	映	陌
(uang)?	耕	耿	諍	麥
eng	清	靜	勁	昔
ing	青	迴	徑	錫

ai……………	皆	駭	夬	
uoi …………	灰	賄	隊	
oi ……………	咍	海	代	
			廢	
ên……………	眞	軫	震	質
uên …………	諄	準	稕	術
ăn……………	臻			櫛
uăn …………	文	吻	問	物
in……………	殷	隱	焮	迄
uen …………	元	阮	願	月

êng …………	蒸	拯	證	職
êng …………	登	等	嶝	德
eu……………	尤	有	宥	
ou……………	侯	厚	候	
iu……………	幽	黝	幼	
êm …………	侵	寑	沁	緝
om …………	覃	感	勘	合
(uom)? …	談	敢	闞	怗
em …………	鹽	琰	豔	葉
im …………	添	忝	㮇	怗

uên ………	魂	混	慁		am ………	咸	儼	釅	洽
				沒					
ên…………	痕	狠	恨		(1)	銜	豏	陷	狎
on…………	寒	旱	翰	曷	em ………	嚴	檻	鑑	業
uon ………	桓	緩	換	末					
uan ………	删	潸	諫	黠	uem ………	凡	范	梵	乏

(1) In these three groups it seems that the characters have been mixed up, as in the same line one finds the vowels e and a.

N. B.—Doubtful forms have been put in brackets.

百六韻既適合二百六韻中的通用韻，百六韻中更因其有東冬江底三個近似的韻，所以把這稱爲通韻，作古詩的時候是作爲同樣的韻使用的。關於通韻詳見清邵長蘅底古今韻略。因此無論說作上平說作下平，也同是平聲，決沒有四聲上的差異。因其屬於平聲韻的字最多便宜上分爲二部，從一東到十五刪呼作上平，從一先到十五咸呼作下平。猶之孟子底梁惠王章句上梁惠王章句下一樣。（參考3）但與北京官話底四聲底上平、下平自然有別。

以上是專論詩底韻，用於詞曲的韻却與此異。元之中葉周德清撰中原音韻，以當時通行的韻爲主，分爲十九部，把入聲字配置於其他三聲中，更分平聲爲陰與陽二種。即是把十九部區分爲平陰、平陽、上聲、去聲底四聲。這就是用於元曲的韻。

○東鐘　○江陽　○支思　○齊微　○魚模　○皆來　○眞文

○寒山　○桓歡　○先天　○蕭豪　○歌戈　○家麻　○車遮

○庚青　○尤侯　○侵尋（閉口韻）　○監咸（同上）　○廉纖（同上）

準此，則侵尋、監咸、廉纖底三部還保留着 m 底尾韻是很明白的了。在欽定曲譜裏曾說北曲宜準中原音韻，南曲宜準洪武正韻，但洪武正韻不流行，實際南北曲都是準則中原音韻。惟南曲中尙存入聲，只此可說是依據洪武正韻的了。

關於詞底韻有所謂詞林韻釋（詞學叢書）一書。說是紹興二年菉斐軒刊本，但實際不是南宋之物，恐是出於元明之際的東西。仍是分爲十九部，其所擧的與中原音韻無異。此外又有詞韻（詞學全書）和詞林正韻二書。都是分爲十九部的，但其中入聲韻有五部。在詞裏已把入聲區別了的緣故。而且把以外的十四部分爲平與仄，仄聲是上去通用的。

〔參考〕

（1）顧炎武音論（古人四聲一貫）

五方之音，有遲、疾、輕、重之不同。淮南子云『輕土多利，重土多遲；清水音小，濁水音大。』陸法言切韻序曰：『吳楚則時傷輕淺，燕趙則多重濁，秦隴則去聲爲入，梁益則平聲似去。』約而言之，即一人之身而出辭吐氣先後之間，已有不能齊者，其重其疾，則爲入爲去爲上，其輕其遲，則爲平，遲之又遲，則一字而爲二字，茨爲蒺藜，椎爲終葵是也。故注家多有疾言徐言之解，而劉勰文心雕龍謂『疾呼中宮，徐呼中徵。』夫一字而可以疾呼徐呼，此一字兩音三音之所繇昉已。

平上去入之名，漢時未有。然公羊莊二十八年傳曰：『春秋伐者爲客，伐者爲主。』何休注於『伐者爲客』下曰：『伐人者爲客，讀伐長言之，齊人語也。』於『伐者爲主』下曰：『見伐者爲主，讀伐短言之，齊人語也。』長言則今之平上去聲也；短言則今之入聲也。

(2) 音論(四聲之始)

南史陸厥傳曰：『永明末盛爲文章，吳興沈約、陳郡謝朓、琅邪王融，以氣類相推，汝南周顒，善識聲韻，爲文皆用宮商，以平上去入爲四聲，以此制韻，有平頭、上尾、蜂腰、鶴膝。五字之中，音韻悉異；兩句之內，角徵不同；不可增減，世呼爲永明體。……

同書沈約傳曰：『約撰四聲譜，以爲在昔詞人累千載而不悟，而獨得胸衿，窮其妙旨，自謂入神之作，武帝雅好焉。嘗問周捨曰：『何謂四聲？』捨曰：『「天子聖哲」是也。』然帝竟不尊用。

今考江左之文，自梁天監以前，聲以去入二聲同用；以後則若有界限，絕不相通，是知四聲之論起於永明，而定於梁陳之間也。

(3) 音論(唐宋韻譜異同)

廣韻平聲五十七韻，上聲五十五韻，去聲六十韻，入聲三十四韻，此唐與宋初人遵用之書。意所謂一東二冬三鍾者，乃隋唐以前相傳之譜，本於沈氏之作；而小字注云『獨用同用』，則唐人之功令也。書凡五卷，平聲以字多分上下二卷。又按宋魏了翁曰：『唐韻於二十八刪二十九山之後，繼以三十先，三十一仙，今平聲分上下以一先二仙爲下平之首，不知先字蓋自眞字而來。』據此似唐人無上下平之分，或雖分上下而不別起一二之序，然皆不可知矣。其曰平聲上、平聲下、不過以卷帙繁重而分之，猶孟子梁惠王上，梁惠王下，漢書五行志上之上，五行志上之中、五行志上之下也。昔人以上平爲宮，下平爲商，竊恐未然。至以上平始東終山，取日生於東沒於山，下平始先終凡取先輩傳與後輩者，尤穿鑿可笑。

第二章　文體

第一節　總說

文章因其措辭底形式可分為散文（Prose）與韻文（Verse）二種。又因作者底態度，即著意底工夫可別為主觀的與客觀的及合此兩者底三種。以形式為經內容為緯來作分類，如左表。

	（主觀的）	（客觀的）	（主觀的客觀的）
（散文）	議論文	敘記文	小說
（韻文）	抒情詩	敘事詩	戲曲

議論文與抒情詩是吐露自己底思想感情的，可以說是主觀文主觀詩，敘記文與敘事詩

是就人物事件以描寫其性質、狀態、動作、始末等的，所以完全是客觀的。至於小說、戲曲或事實（客觀）地描寫自己底思想（主觀），或把事實（客觀）任意改造以敍述自己底思想（主觀），所以這可以說是一種主觀的客觀或客觀的主觀。然而詩歌、文章按照其內容自然有記事與論說之別，或主觀的地陳述，或專客觀的地記載；但在敍事中也有插議論的，在議論中也有加入敍事的，因此使詩賦文章有一種縱橫變化之趣。所謂運用之妙存乎一心，純然的主觀文或純然的客觀文實際是很少的。不基於事實的議論，味如嚼蠟，不參以感想的敍記，是如死人一樣絕沒有生氣，怎能說是文章呢。絕妙是在兩者底參差調和。

把古今文體大概分別起來，原不過議論體與敍事體二類，不過其中還有幾種的小區分。以此等的體裁說都是胚胎於五經的，這是萬事尊古的漢人底意見。然而在文心雕龍裏這樣說：

論、說、辭、序、則易統其首，

詔、策、章、奏、則書發其源，
賦、頌、歌、贊、則詩立其本，
銘、誄、箴、祝、則禮總其端，
紀、傳、銘、檄、則春秋爲根。

在北齊顏之推底顏氏家訓裏也有與這同樣的說述。（參考1）故古人作文章沒有不以經書爲本的。曾國藩底經史百家雜鈔和經史百家簡編，在各體之首引用經、史底文章也是由乎此。然在唐以前，文章底體別還不見多。及唐宋八大家（韓愈、柳宗元、歐陽修、蘇洵、蘇軾、蘇轍、曾鞏、王安石）出，文章底體製漸漸整齊起來了。（參考2）自然，就是韓柳歐蘇其所學是在秦漢以前的，所以論到古文不能不迴溯秦漢了。譬之如家，秦漢是堂奧，而唐宋八家恰是其門戶。雖欲入家，不由門徑是不能進堂奧的。故後世學文章的均必由唐宋八家入門。如明代底李王（李攀龍、王世貞）與日本底物徂徠一派，雖唱古文辭，但擱下了唐宋，立欲逆溯秦漢，可說是把其順序次第錯誤了的。（參考3）

在中國最古的文集要算文選。在文選裏，雖把詩文底體製分爲三十七類，但不免粗漏。愈往後則文體底區分愈多，惡作劇似地增加其名目，明之吳訥底文章辨體分爲五十類，徐師曾底文體明辨分爲百有餘種。今日談詩文底體製的多據此二書，但此等的分類，畢竟不過是見到詩文底題目，作了一種皮相的觀察而已。仔細地審查其內容的時候，百有餘體中，其名目雖異而其性質相同，殆很難於區別的多。因此毛西河、朱竹垞之流不取是說。至桐城派底大家姚鼐編纂古文辭類纂，分部門爲十三類，這是今日一般所通行的分類。

論辯類　序跋類　奏議類　書說類

贈序類　哀祭類　詔令類　傳狀類

碑誌類　雜記類　箴銘類　頌贊類

辭賦類

論辯類即是論文，如論、說、辯、解等題目都屬於這類。序跋類主要是書籍底跋、序、書後之類。奏議類是由下告上的表、疏、上書之類，詔令類是由上告下的，書說類是同輩相告的，贈序類是本君子贈人以言之意，多用於送別之際以贈人的，雖創始於唐代，但其本原是從書啓出的。傳狀類是記人底事蹟的，但傳物的也有。碑誌類是碑文墓誌之類，說作墓誌的話，本來是埋於墓中的東西，在墓上的說作墓表、墓碑、神道碑等，其有銘的就叫做墓誌銘、墓碑銘及神道碑銘。至唐而大備。雜記類也創始於唐，在文選裏沒有記體，古代就是賦（如三都賦）、碑（如頭陀寺碑文）、序（如滕王閣序）之類。祠廟之記、亭閣之記、山水游記等雖也有，但山水游記以柳柳州著的爲最得意。以上是散文，其餘的四類皆是用韻文體的。箴銘是述自己所以警戒的意義，頌贊是褒美人底功德的，哀祭是悲人之死或祭神的，辭賦起於屈原底楚辭，爲從事於鋪敍敷張的韻文底一體。

以上十三類是很能得到要領的分類。曾國藩分爲十一門（經史百家雜鈔）與此也無大差異。只是從著筆上大概區別起來，畢竟不過議論體與記敍體兩種。例如論辯、奏議、書說、贈序、詔令、箴銘、哀祭等，性質上都是主觀的，屬於議論體；反之傳狀、碑誌、雜記、頌贊，性質上是客觀的，屬於敍記體；其他如序跋、辭賦，依作者底方寸，陳述主觀的可，陳述客觀的亦可。且就是議論文、敍記文，如前所述，在實際上記敍中宜加以感想，議論間也宜插入敍事，纔能使文章不流於單調，富於變化而多趣。

〔參考〕

（1） 顏氏家訓文章篇

文章者原出五經：詔、命、策、檄、生於書者也。序、敍、議、論、生於易者也。歌、詠、賦、頌、生於詩者也。祭、祀、哀、誄、生於禮者也。書、奏、箴、銘、生於春秋者也。

（2） 拙堂續文話卷二

文章之體，至唐宋而大備矣。間又有至於近世而定者，學者不可不遍觀取則也。彼侈口談秦漢者，豈識體裁哉。清人劉開云：『文莫盛於西漢，而漢人所謂文，但有奏對、封事，皆告君之體耳。書序雖有，不多見，至昌黎（韓）始工爲贈、送、碑誌之文，柳州（柳）始創爲山水雜記之體，廬陵（歐）始專精於敍事，眉山（三蘇）始窮力於策論，序經以臨川（王）爲優，記學以南豐（曾）稱首，故文之義法至史漢而已備，文之體製至八家而乃全，學者必先從事於此而後有成法之可循。」此言信矣。

韓柳諸公之文，皆原本經術，又各取其性所近者專治之，韓之孟子，柳之國語，歐之韓文，蘇之國策，曾之劉向是也。

（3）拙堂文話卷三

文當以唐宋為門階，秦漢為閫奧。不以唐宋為門階，則陷為艱澀矣；不以秦漢為閫奧，則流為平弱矣。

書必曰晉唐者，其人不工書；詩必曰盛唐者，其人不工詩。文章亦然。嚮者李王家言之行，人人蔑視唐宋以下，必曰「秦漢，秦漢！」觀其所自作，則篇章無法，意脈不貫。蓋其時世隔遠，學此者徒得其影響，而不能得其神髓，是以憒憒如此，未若學唐宋之善也。蓋諸文體裁，至唐宋大備，言秦漢者亦不得不相沿。且其開闔起伏，抑揚頓挫諸法，亦易尋求，故學文者不得不由於此。

第二節　辭賦類

一　楚辭

楚辭是一種楚國底文學。古代漢族底文明，最初是敷化於黃河底沿岸，所謂中原之地（黃河流域），文教早已開發了；只是南方揚子江流域王化所及甚遲。故詩經底十五國風之中找不到「楚風」，其有文學，實始於戰國之時詩星屈原。

原來楚國底先祖鬻熊，是周文王之師，所著鬻子二十篇，漢書藝文志列於道家，又在小說家之部門裏有鬻子說十九篇之目。但今日流傳的鬻子一書，是後人之僞撰，恐是補綴小說鬻子說底殘篇罷。總之，鬻子是周初的有道者，且有著述，這是的確的。其子熊繹，成王之時封於荊蠻之地，居於丹陽（今湖北宜昌歸州秭歸縣）；春秋之世，至武王始強大，文王移都於郢（荊州），成王與齊之桓公晉之文公爭衡於中原，至莊王而成爲五霸之一；由此楚國自武王以來顯然地強大起來了。從莊王至屈原大概三百年，其間與國力之發展相伴，文化也大有進步。凡物之生必各有其原因。如楚辭的雄大宏麗的文學，並不是突然生出的。必是鬻子在數百年前蒔的種子，在長久的時間中胚胎醞釀，至文教漸開，又爲左史倚相等所培養，遂產生如屈宋那樣的大文豪出來了。只惜舊史殘闕，文獻不足徵，屈子底先輩師傅不詳，頗覺遺憾耳。余（原著者）曾遊歷楚蜀，由宜昌溯江而至歸州秭歸縣。縣城門口豎了『楚大夫屈原故里』『漢昭君王嬙故里』二碑，城外雖有屈公祠，宋玉宅等古蹟，但究是溪山相逼，斷岸絕壁，奔湍激流，響如萬雷的山峽中的僻邑。縣境的屈家村、昭君村，卽屈大夫與王昭君底生地，從這樣的僻境產生了希世的文豪與絕代的美人，眞是不堪奇異的了。然山水靈淑之氣說是必生偉人，所以屈子底崇高的人格與其宏麗的文辭，以及王昭君底傾城傾國之貌，對於其搖籃地巴峽的山川所負的眞是極大了。

屈原名平，本是楚之王族（武王之子瑕底後裔）事懷王爲左徒，博聞強志，明於政治，嫻於辭令，入則與王相談國事，出則應接賓客，大得王之信任。然因爲爲同列的小人所嫉讒，王怒而疏貶屈原。其後懷王被欺赴秦，其子頃襄王立，又復被讒而遠放於江南。屈原因是一個多情多感的血性男子，所以雖遭貶謫，還是時常睠顧楚國，繫心懷王，冀王一旦省悟，俗一旦改善，憂愁幽思以作離騷；反覆申述其思君之意。然懷王在秦三年，遂客死了，原在外亦九年（哀郢篇有「至今九年而不復」之句），以懷王死的那一年自沉於汨羅。

屈原底著作，在漢書藝文志裏有二十五篇，卽今傳的離騷一，九歌十一，天問一，九章九，遠遊一，卜居一，漁父一等合成的。但卜居、漁父兩篇，一說不是屈原所作。關於「離騷」在史記裏解作『猶離憂也。』而無離字底解釋。而王逸說是離、別也，應劭解作離、遭也，這兩說都有贊成者。西洋底學者一般都從後說，譯作 Fallen into sorrow，但是解作離別的憂愁到覺直截明快。關於其文辭，在史記裏雖這樣地品評道：

屈平之作離騷，蓋自怨生也。國風好色而不淫，小雅怨誹而不亂，若離騷者，可謂兼之矣。

但畢竟是忠臣思君憂國的熱淚熱血所凝固而發生的東西。（參考1）

總之楚辭在詩底六義裏屬於賦體；因比興之義以設譬喻，以善鳥香草配忠貞之德，以惡禽臭物比讒佞之行，以美人譬君，且多引神話傳說以爲材料。因此富於想像，巧於譬喻，其局面之大，究竟在詩經三百篇底徒重規矩與温柔敦厚底一點是不可對抗的，其幽遠的想像，詭異的詞藻，雄大的篇章，當作詩看，遙在北方古詩之上哩。在論語裏說過，讀詩（經）能多識鳥獸草木之名，但還不及楚辭底天然物底豐富。（毛詩有草木鳥獸蟲魚疏二卷，並考證一卷，離騷則有草木疏四卷和草木辯證四卷。）實際一繙讀楚辭，則如夢化蝴蝶以遊於芳草之園一樣，或有一種乘鳳凰，駕飛龍，憑虛而上天的遐想。宜與莊子底文並讀哩。

至按其詩式，以兮字作爲一讀，章句底長短自由，韻律徐緩，與詩經底四言整齊大異其趣。例如湘夫人（九歌）底首章，其句法是長短不齊的。

帝子降兮北渚，目渺渺兮愁予；

嫋嫋兮秋風，洞庭波兮木葉下。

而且就是一種有系統的長篇也與如詩經一樣用了由二三章合成的短詩的漸層法那種構造大有分別。如離騷一篇，就是全篇含有十四篇四十七章的大作。（參考2）

其後宋玉、景差之徒，皆作辭賦，以閎博贍麗擅長。然僅學屈原底從容辭令，遂失了緊要的諷諭之義，例如屈原底賦美人是借以喻君的，但如宋玉底高唐賦、神女賦、登徒子好色賦等，以極筆描寫美人爲務，遂開司馬相如底美人賦和曹子建底洛神賦之端。這樣說，楚辭是後世的戀愛文學與神仙小說底濫觴也可以的了。

〔參考〕

（1） 王逸楚辭章句離騷序

離騷之文，依詩取興，引類譬喻：故善鳥香草，以配忠貞；惡禽臭物，以比讒佞；靈脩美人，以媲於君；（靈、神也，脩、遠也，能神明遠見者，君德，故以喻君）宓妃佚女，以譬賢臣；虬龍鸞鳳，以託君子；飄風雲霓，以爲小人。其詞溫而雅，其義皎而朗，凡百君子，莫不慕其清高，喜其文采，哀其不遇，而愍其志焉。

（2）離騷

帝高陽之苗裔兮，朕皇考曰伯庸；
攝提貞於孟陬兮，惟庚寅吾以降。
皇覽揆余於初度兮，肇錫余以嘉名；
名余曰「正則」兮，字余曰「靈均」。
紛吾既有此內美兮，又重之以脩能；
扈江離與辟芷兮，紉秋蘭以爲佩。
汨余若將不及兮，恐年歲之不吾與；
朝搴阰之木蘭兮，夕攬洲之宿莽。
日月忽其不淹兮，春與秋其代序；
惟草木之零落兮，恐美人之遲暮。

不撫壯而棄穢兮，何不改乎此度？
乘騏驥以馳騁兮，來吾導夫先路。

右第一節六章

靈氛既告余以吉占兮，歷吉日乎吾將行；
折瓊枝以爲羞兮，精瓊爢以爲粻。
爲余駕飛龍兮，雜瑤象以爲車；
何離心之可同兮，吾將遠逝以自疏。
邅吾道夫崑崙兮，路脩遠以周流；
揚雲霓之晻藹兮，鳴玉鸞之啾啾。
朝發軔於天津兮，夕余至乎西極；
鳳凰翼其承旂兮，高翱翔之翼翼。
忽吾行此流沙兮，遵赤水而容與；
麾蛟龍使梁津兮，詔西皇使涉予。
路脩遠以多艱兮，騰衆車使徑待；

路不周以左轉兮，指西海以爲期。
屯余車其千乘兮，齊玉軑而並馳；
駕八龍之婉婉兮，載雲旗之委蛇。
抑志而弭節兮，神高馳之邈邈；
奏九歌而舞韶兮，聊假日以媮樂。
陟陞皇之赫戲兮，忽臨睨夫舊鄉；
僕夫悲余馬懷兮，蜷局顧而不行。

右第十三節九章

就右例看，第一節起筆於家門之令譽，從自身底經歷以述善德底修養，有希望懷王一旦悔悟以得見用的意思。江蘺、辟芷、秋蘭、木蘭、宿莽、都是香草以譬美德，騏驥是良馬用喻忠臣的。第十三節述說雖以道之不行，言之不從，絕念欲離楚國，周遊海內仕於有道之君，但眷戀楚國有一種終不忍去之情意。崑崙、不周、赤水、西海、皇之赫戲都是神話底地名，駕飛龍、乘鳳凰也是本古傳說；原底逞其絕大的想像力的地方恰有讀荷馬底詩之感。乘便在此介紹 Prof. Legge 底所譯的這兩節底英譯於後。另外還有法譯、德譯，離騷實是世界的底有名的作品。

THE LI SAO POEM

Translation

SECTION 1. STANZAS 1 TO 6.

1. A descendant am I of the Ti Kao—yang.
My excellent deceased father was called Po-yung.
When Sheh-ti (=The planet Jupiter) culminated in the first month of spring,
On Kâng-yin (=The 27th cycle-day) I was born.

2. My father, in his first auspice at the inspection of me,
Commenced by giving me an auspicious name;
He named me "Correct Pattern,"
And afterwards styled me "Efficient Adjuster."

3. Largely gifted with those inward excellences,
I proceeded to add to them far-reaching ability.
I gathered and wore the angelicas of the streams, and those of the hidden vales;
I strung together the autumn orchids to wear at my girdle.

4, I hurried myself as if I could not reach the goal,
I was afraid the years would not wait for me.
In the morning I plucked the magnolias of Pi;
In the evening I gathered the evergreen herbage of the islands.

5. The days and months passed hastily on without delaying;
Spring and autumn succeeded to each other.
Considering how the grass and trees withered and lost their leaves,
I feared that the object of my admiration would be late in arriving.

6. He did not in his time of vigour put away his bad advisers,
Why did he not change his (erroneous) measures?
Why did he not yoke his grand steeds, and dash along,
And come to me to lead him in the way of the ancient (kings)?

SECTION XIII. STANZAS 85 TO 93.

85. As Ling-făn had told me in his auspicious oracle,
chose a fortunate day when I would go away.

I broke off a branch of the ch'iung tree for my food,
And boiled it as into the finest rice to be my nourishment..

86. There was yoked for me the team of flying dragons;
With the yâo jade and ivory the carriage was adorned.
How could there be union with those who were estranged from me in heart?
I Would go far away, and keep myself apart.

87. I turned my course to K'wăn-lun;
Long was the way, and far and wide did I wander.
Amidst the dark shade were displayed the rainbows in the clouds,
While there sounded the tinklings of the bells of jade about the equipage.

88. I started in the morning from the Ford of Heaven (in the sky),
And in the evening I arrived at the extreme west.
The male and female phoenix greeted me from there suporting flags,
One soaring on high, one floating along, in mutual harmony.

89. All at once I was walking over the Moving Sands,

And proceeded gaily along the course of the Red-river.
I motioned with my hand to the dragons to bridge over the fored,
And called western Sovereign to carry me across.
90. The way was long and beset with many difficulties;
I made all my carriages ascend (before me) and, going by by-ways, wait for one another.
(I would go by) Pû-châu (hill), and turn to the left;
And I appointed the western sea for our general (rendezvous).
91. I callected my carriages, a thousand in number:
Their linchpins were all of jade, and they raced on together,
To each one were yoked eight dragons, which glided, snake-like, on;
O'er them floated with easy grace the cloud-like banners.
92. I repressed my emotion and moderated my haste,
But my spirit was borne aloft very far.
I sang the Nine Songs (of yü), and danced the dance (of Shun).
Borrowing a day for enjoyment and pleasure.

93. I ascended to the glorious brightness of the great (sky),
And suddenly looked down askance on my old neighbourhood
My charioteer lamented; my horses longed far their old home.
The game was over; I looked round, and went no farther.

二 賦

賦雖說是「古詩之流」（文選兩都賦序）或「不歌而誦謂之賦」（漢書藝文志）；但在詩經裏賦原是六義（風、賦、比、興、雅、頌）之一，賦、比、興、是詩底體裁。比、興專是感物引譬而作的，但賦體却是直接地敍述思想感情。故朱子在詩經集註裏解作敷陳其事而直言之。周室東遷以後，王政不行，禮樂崩壞，歌詩的事漸漸廢弛。然春秋之世，列國底大夫，往來折衝於樽俎之間的時候，誦古詩底一章婉曲地述出己所欲說之意，尙很流行的。這就叫做賦詩。左傳之中有賦什麽什麽的就是謂此（如賦圻父，賦鴻之卒章之類）。班固就是本這意義而說明的。賦是古詩之一體，又是不歌的，誠然不錯，但迴溯其源流則全是從楚辭出的。故楚辭可以說是賦之祖。在文心雕龍裏也這樣說：

賦者鋪也，鋪采摛文體物寫志也；……賦也者，受命於詩人，拓字於楚辭也。

（詮賦篇）

屈原所作，如在王逸序裏說過的一樣，是專依詩以取興，好用譬喻以做成的，所以雖說是賦，却兼備所謂六義。不過其徒宋玉等所作，失掉了引喻比興之義，單務於敍事寫物，就純然成了賦體了。故文章緣起裏有『賦楚大夫宋玉所作』之說，其中風賦、高唐賦等是有名的。

到了漢代，賈誼、枚乘、司馬相如等皆好作賦，特別是司馬相如，競陳侈麗閎衍之詞，極其絢爛眩曜，遂把諷諭之義沒却殆盡了。或述天子底御苑底廣大，鳥獸底繁盛，畋獵底壯觀，或寫神仙底奇跡，美人底麗色，縱然其意在於諷諫，所謂靡麗之賦，勸百諫一，猶之馳騁鄭衛之聲，曲終而奏雅一樣，無論何人僅在其雄壯靡麗的趣味已把勝氣奪去了，那有人注意到那寓着箴規的最後的一節呢。以故却反而增加了人主底驕奢之慾。漢之武帝讀司馬相如底大人賦，說飄飄有凌雲而遊於天地間之氣態，又相如作美人賦，欲刺自己底好色，然終不能改，這是實在的事實。所以揚雄這樣說：

> 詩人之賦麗以則，辭人之賦麗以淫，如孔子之門用賦也，則賈誼登堂，相如入室矣，如其不用何。（揚子法言）

然揚雄之意，與其說所謂詩人是詩經底作者，所謂辭人之賦是指楚辭，毋寧說是以此看出楚辭與漢人之賦底比較是沒有牴牾的。揚雄又排斥賦爲雕蟲篆刻之小技（『或問吾子少好賦，曰，然，童子雕蟲篆刻，俄而曰，壯夫不爲也，』——法言）這實是指摘其弊害的。雖然，賦確是中國文學底一特色。司馬相如答人問說：

> 合綦組以成文，列錦繡而爲質，一經一緯，一宮一商，此賦之跡也。賦家之心，包括宇宙，總覽人物，斯乃得之於內，不可得而傳。（西京雜記）

晉之陸機也比較賦與詩這樣說：

> 詩緣情而綺靡，賦體物而瀏亮。（文賦）

所謂緣情就是言志，所謂體物就是陳事之意，主觀的與客觀的底相異而已。要之，賦底特性是鋪張。運用高大幽遠的想像駢比絢爛驚目的美辭排列鏗鏘瀏亮的佳句，爭一字之巧，競一韻之奇語大則包括宇宙總覽古文論細則品類萬物描寫形狀，誠適合於衒外觀、喜辭令、極其誇張的漢族底國民性哩。尤其是因為漢字保有象形的古體，精巧地排列同偏旁的文字時，光采陸離，恰如有一種開錦繡對繪畫的觀感。世目中國文學為用眼看的文學，就是為此罷。在後漢張衡底南都賦裏有列舉山、木、竹、川瀆、水蟲、鳥等的一段，是其很適合的例子，全是如遊於植物園與動物園一樣。又如繙閱熟字書只是音讀甚難，不能付印刷，不過僅舉其一節以為標本罷了。

其山則崆嶢嶱嵑、嵣嶍嶚剌、岝峉嶵嵬、嶔巇屹嶬、幽谷嶜岑、夏含霜雪……

其木則檉松楔㮨、槾柏杻橿、楓柙櫨櫪、帝女之桑、楈枒栟櫚、柍柘檍檀……

其鳥則有鴛鴦鵠鷖、鴻鴇駕鵝、䴏鶂鸊鷉、鷫鷞鵾鸕、嚶嚶和鳴、澹淡隨波……

文選底賦目錄分為京都、郊祀、耕藉、畋獵、紀行、遊覽、宮殿、江海、物色（風賦雪賦之類），鳥獸、志（閒居賦之類），論文、音樂、情（神女賦之類），等十四種，或敍事、或抒情、或說理，沒有不具備的。即爲後世底記體（山水遊記、樓閣記、祠廟記、學記等）。文體明辨因古今底沿革把賦體分爲左記的四品：（參攷1）

（一）古賦（兩漢）　兩漢之賦雖麗以淫，然尚不失古意。所謂古意，即是說發乎情止乎禮義。

（二）俳賦（六朝）　六朝原是尙文之世。從潘陸之徒著重修辭底技工起，六朝之賦多尙辭而失情。故單是排列些絢爛的文字，沒有能使讀者感奮與起的活力與妙趣。

（三）律賦（唐）　始於沈約底四聲八病，拘束於徐庾底對句，唐以後以科場韻爲限作爲取士之賦，僅以平仄協諧與對偶精巧爲工，置情與辭而不論。全是嵌入於一種模型之中，不問內容如何，與賦底本意不適合了。

（四）文賦（宋）　宋因爲是文章底全盛時代，所以宋人用散文之法作賦，專門抒情說理而不拘泥於字句。故讀起來很少詠歌底遺音。歐陽底秋聲賦，東坡底赤壁賦等即是其例，與漢代底賦一比較，全然是讀散文一樣了。大概是學楚辭底漁父、卜居的，究非賦底正體。

試引宋玉底神女賦以爲例。雖無屈原底熱血，且失引喻取義之意，全是專於鋪敍寫實的，然其文字底絢爛奪目，實是賦底特色，與秋聲賦或赤壁賦底散文化是未可同日而論的。

神女賦

夫何神女之姣麗兮，含陰陽之渥飾；被華藻之可好兮，若翡翠之奮翼。其象無雙，其美無極；毛嬙鄣袂，不足程式；西施掩面，比之無色。近之既妖，遠之有望；骨法多奇，應君之相；視之盈目，孰者克尚；私心獨悅，樂之無量；交希恩疎，不可盡暢；他人莫覩，王覽其狀。其狀峨峨，何可極言：貌豐盈以莊姝兮，苞溫潤之玉顏；眸子炯其精朗兮，瞭多美而可觀；眉聯娟以蛾揚兮，朱脣的其若丹；素質幹之醲實兮，志解泰而體閑；既姽嫿於幽靜兮，又婆娑乎人間；宜高殿以廣意兮，翼放縱而綽寬；動霧縠以徐步兮，拂墀聲之珊珊；望余帷而延視兮，若流波之將瀾；奮長袖以正衽兮，立躑躅而不安；澹清靜其愔嫕兮，性沈詳而不煩；時容與以微動兮，志未可乎得原；意似近而既遠兮，若將來而復旋；褰余幬而請御兮，願盡心之惓惓；懷貞亮之絜清兮，卒與我兮相難；陳嘉辭而云對兮，吐芬芳其若蘭；精交接以來往兮，心凱康以樂歡；神獨亨而未結兮，魂煢煢以無端；含然諾其不分兮，喟揚音而哀歎；頩薄怒以自持兮，曾不可乎犯干。於是搖珮飾，鳴玉鸞，整衣服，斂容顏，顧女師，命太傅，歡情未接，將辭而去；遷延引身，不可親附；似逝未行，中若相首；目略微眄，精彩相授，志態橫出，不可勝記；意離未絕，神心怖覆；禮不遑訖，辭不及究；願假須臾，神女稱遽；迴腸傷氣，顛倒失據；闇然而暝，忽不知處；情獨私懷，誰者可語；惆悵垂涕，求之至曙。

〔參考〕

（1）千金譜賦體纂論抄

按昔人云：「詩有六體，其一曰賦；」陸士衡有言：「詩緣情而綺靡，賦體物而瀏亮。」是賦與詩源同而派異矣。周末屈原作楚辭，不名爲賦，而宋景文則謂離騷實辭賦之祖，亦以其體段已具備耳。厥後宋玉衍爲賦體，漢魏因之，此古賦所由傳也。兩晉微兼俳辭，宋齊梁陳加以四六已屬賦體之變，然音節猶與古近；三唐應制，限以律賦，四聲八韻，專事駢偶，此又賦之再變，而法愈密者也。洎乎宋人以文體爲賦，雖用韻脚，宛同記序，非賦家正宗；元明無賦才，而留心帖括，其賦愈不逮唐矣。

第三節 駢體文

秦漢以前的文章叫做古文。是專以達意明快爲主，不受字句和聲律底拘束的一種自由自在的散文。唐宋八家所祖述的實是這種文體。所以今日在中國本地以及日本朝鮮等普通流行的漢文都叫做古文也無妨。(另外有所謂時文底名稱，是指制藝文或官文書新聞體等而說的，玆不具述。)

原來所謂駢體文是與古文相反，爲調和聲律，排列對語的韻文底一體，因其好用四字、六字之句所以又叫做四六文或四六駢儷。古文固然是雄大剛健的天地間的大文章，然四六文也是基於人聲底自然的宏麗流暢的宇宙間的美文辭。試觀宇宙間的森羅萬象，造化所賦的形，多是偶儷的，就可知道。天與地，陰與陽，男與女皆爲對偶。偶儷畢竟是自然界底大法則呵。人間底思想感情也是喜對偶的，所以美術上的製作品，好用對稱，文辭底修飾亦重對語。加以中國語底特色，採用對句非常便利。如前所述中國語既是孤立語，所以各語是完全孤立，既無屈折，又無テニヲハ，文法上的關係詞也未必需要。而且因其是單音語，所以一語是由一音一字而成的，又多用熟字名詞、動詞、形容詞、大抵是二字連用的。這緣故，在整齊字句，採用對偶方面是最便利的了。例如：——

天地　　花落　　落花　　山間之明月
山川　　鳥啼　　啼鳥　　江上之淸風

這等在日本語或歐洲語裏畢竟是不可能。且因爲含有四聲，在平仄底分別，調子底諧和，殊宜於耳；又因爲其文字保留着象形的古體，所以如松柏江河花草婆娑偏旁底整齊，同形的字底排列，於目也是非常美感的。其例在前所舉的南都賦裏已說明過了。這樣四六本來是出於人聲底自然，在中國語裏是一種最適當的修辭法，所以四六騈文底起於中國，不能不說是當然的事了。宜乎中國是文學之國，修辭法從早就發達，四六之調，騈儷之句，見於古書的實在不少。詩經是韻文不必說。在其他經書中，例如：——

詩言志，歌永言；百姓不親，五品不遜；（書舜典）

滿招損，謙受益；罪疑惟輕，功疑惟重；（書大禹謨）

同聲相應，同氣相求；水流濕，火就燥；雲從龍，風從虎；（易文言）

都是使辭偶儷，以和諧聲調，其中還有押韻之句。要之先秦諸子之文，以氣力剛健與議論縱橫勝，固然沒有在修辭上用工夫，但如論語底溫雅，道德經底高古，孟子底明快，莊子底變化，左傳底典麗，韓非子底深峭，均自帶有一種特色。其間且有用意以修飾文辭的痕跡。例如：——

君子喻於義，小人喻於利。（論語）

三軍可奪帥也，匹夫不可奪志也。（同）

大器晚成，大音希聲。（老子）

無名天地之始，有名萬物之母。（同）

或勞心，或勞力，勞心者治人，勞力者治於人。（孟子）

魚我所欲也，熊掌亦我所欲也。（同）

鷦鷯巢林，不過一枝；鼴鼠飲河，不過滿腹。（莊子）

布帛尋常，庸人不釋；鑠金百鎰，盜跖不掇。（韓非子）

君子務知大者遠者，小人務知小者近者。（左傳）

在諸子文中儷句底可指摘者已如斯，然尚不失渾厚之氣。如晉之呂相底絕秦書，樂毅底報燕惠王書，用儷句的處所頗多，降而至於秦底李斯底諫逐客書，專從事於華詞底點綴，古人之風遂漸失了。漢代是思想空乏之時，一般帶着敍事的傾向，特別從事敷張，遂成爲以麗辭爲主的賦的流行了，這時底文章與其說重內容，毋寧說是置重於外形。例如鄒陽底獄中上梁王書，又如枚乘、司馬相如等所作，喜列故事、用偶句的文愈加增多了。揚雄到晚年有欲矯其弊之意，殊更用艱奧之詞，要之也不能說是文之至極。到了後漢，元氣更加不振，班固底史筆究竟不是太史公之敵。其他張衡、蔡邕等皆長於賦，其文章專以華贍爲旨，四六對偶之調漸多，以故不滿人意。柳柳州也說文章至東漢已經衰頹了。（參攷1）所謂八代之衰就是在這時開始的。八代是指漢魏六朝。在文學上與秦漢相連的時候是指西漢，接續漢魏的時候是指東漢。西漢與東漢文章是大不相同的。又所謂六朝，在歷史上是說建都於南京而保其江南半壁的吳晉（東晉）宋齊梁陳，在文學上是概稱從魏晉起經南北朝而至於隋止的那時期。卽是指漢與唐之間。以魏置爲六朝之主的是鄴下（鄴是魏之都，今河南彰德）底詞風，崇尚華麗已開六朝纖弱的風氣了。

魏底陳思王（曹植），以曠世的逸才，專唱偶儷之文，鄴下七子之徒奮而和之，其後陵夷至於晉，陸機潘岳等喜模倣之，終把六朝四六橫流之世現出了。南渡之後，文氣日流於卑弱，齊梁之際，因聲韻之學發生，所以文體愈加豔麗浮靡了，至陳而達於極點。在這樣的四六旺盛之中，不染其風卓然而超拔時流的有諸葛亮、陳壽、杜預、陶淵明等，古文底命脈欲斷而終賴以不絕。陳末姚察，有博學給聞之稱，奉命撰梁書（至唐其子姚思廉始完成），專用散文單行，以勁氣銳筆達意明快爲主旨，斷然排四六，一洗六朝纖弱的餘習，這是所謂物窮則變之理罷。自是在北朝有西魏底宇文泰，素尊崇儒術，患時文底纖縟，欲革其弊，使其臣蘇綽擬周書大誥作詔以示羣臣，並說從今以後文章宜都依此體。其文甚森嚴，很中時弊。至是四六受了一大頓挫。而隋之李愕也上書痛擊四六之弊。有一節這樣說：

江左齊梁，其弊彌甚！貴賤賢愚唯務吟詠，遂復遺理存異，尋虛逐微，競一韻之奇，爭一字之巧，連篇累牘，不出月露之形，積案盈箱，唯是風雲之狀。

雖排斥四六，然自己還是用的四六體，可知其風習底不容易脫。這樣，四六漸漸爲有識之士所厭棄，這傾向至是愈加明白了。這等的文人實可說是開唐代古文復興底氣運的。

在唐之初猶流行駢體文。唐初四傑（王勃、楊烱、盧照鄰、駱賓王等）所作都是這種的體裁。如王勃底滕王閣序中的——

落霞與孤鶩齊飛，
秋水共長天一色；
潦水盡而寒潭清，
煙光凝而暮山紫；

駱賓王討武氏檄中的

一抔之土未乾，
六尺之孤何託；

都是極其有名的句子。其後陳子昂出著復古的先鞭，至韓柳繼起，天下愈加知道古文之可重了。然至唐末，文章復衰，從五季到宋又流行四六，如有名的范仲淹底岳陽樓記就不免有傳奇體底誹聲。至尹師魯出又開古文底先路，尋及歐陽三蘇曾王輩出，古文終於通行天下。以故後世論古文，沒有不祖唐宋八大家的。有淸桐城派底文士，其所尊奉的是歐陽公和曾南豐。至是而文章實是不朽的盛事了。尤其是在韓文裏雖好用儷句（如進學解及上于襄陽書，）但這所謂雙關文法（參攷2）其本源還是在於孟子。其與駢體文相異的，是在重思想而不徒拘於形式這一點上。以上所說是從四六底起源，經過漢魏六朝唐宋，駢體文盛衰底一斑。（參看漁村文話）

總之，四六是修辭上的美文底一體，原不是宜擯斥的，然而捨棄了能夠自由發揮各種底思想的自然的散文，採用了拘束多的駢四儷六的文體，終不堪其濫用之弊哩。文既害意，又缺乏外形與內容底調和，華而不實，甚不能貫徹主旨，其所說爲何，到底還是不得分曉。這樣看來，其弊害是很可厭棄的了。至其長所也很有可尊重之點。在元陳繹曾底文章歐冶裏有這樣一段說：

四六之興，其來尙矣。自典、謨、誓、命，已加潤色，以便宜讀。四六其語，諧協其聲，偶儷其辭，凡以取便一時，使讀者無聱牙之患，聽者無詰曲之疑耳。

四六之用，是字句整齊，用對偶，調平仄，以便宜讀，且使聽者無障耳之感，從來詔勅、表箋之類多用四六，大概就是這個緣故罷。

茲依「四六文章圖」舉普通的四六文一二首於後以爲例。

陋室銘　　劉禹錫

山不在高，……………………………………有仙則名。

水不在深，有龍則靈◎。
斯是陋室，惟吾德馨◎。
苔痕上堦綠，草色入簾青◎。
談笑有鴻儒，往來無白丁◎。
可以調素琴，閱金經◎。
無絲竹之亂耳，無案牘之勞形◎。
南陽諸葛廬，西蜀子雲亭◎。
孔子云：「何陋之有！」（◎押韻之句）

春夜宴桃李園序 李白

夫
天地者，萬物之逆旅；

光陰者，　　百代之過客。
而
浮生若夢；　　爲歡幾何；
古人
秉燭夜遊。　　良有以也。
況
陽春召我以煙景；　　大塊假我以文章；
會桃李之芳園。　　序天倫之樂事。
羣季俊秀；　　皆爲惠連。
吾人詠歌。　　獨慚康樂。
幽賞未已；　　高談轉清。
開瓊延以坐花。　　飛羽觴而醉月。

不有佳作；何仲雅懷；
如詩不成；罰依金谷酒數。
（。平聲，・仄聲）

〔參考〕

（1）漁村文話續

柳子厚曰：『文之近古而尤壯麗，莫若漢之西京。』

又曰：『殷周之前，其文簡而野，魏晉以降，則蕩而靡，得其中者漢氏，漢氏之東，則既衰矣。』（柳宗元西漢文類序）

（2）雙關文法底例

士之能享大名、顯當世者，莫不有先達之士負天下之望者爲之前焉；
士之能垂休光照後世者，亦莫不有後進之士負天下之望者爲之後焉。
莫爲之前，雖美而不彰；
莫爲之後，雖盛而不傳。
是二人者，未始不相須也。

（韓文與于襄陽書）

〔附錄〕對聯

對聯亦是中國文學底特產物。原是發生於宋代，至明以後纔盛行。今日無貴賤上下之別，在門或樓柱上面沒有不揭聯句以爲裝飾的。茲舉二三例如次。

日月光天德，
山河壯帝居。（宮門）

帝德乾坤大，
皇恩雨露深。（官署）

柳營春試馬，
虎帳夜談兵。（兵房）

洪範五福先言富，
大學千言半理財。（商店）

一代精忠縣日月，
千秋正氣壯山河。（關帝廟）

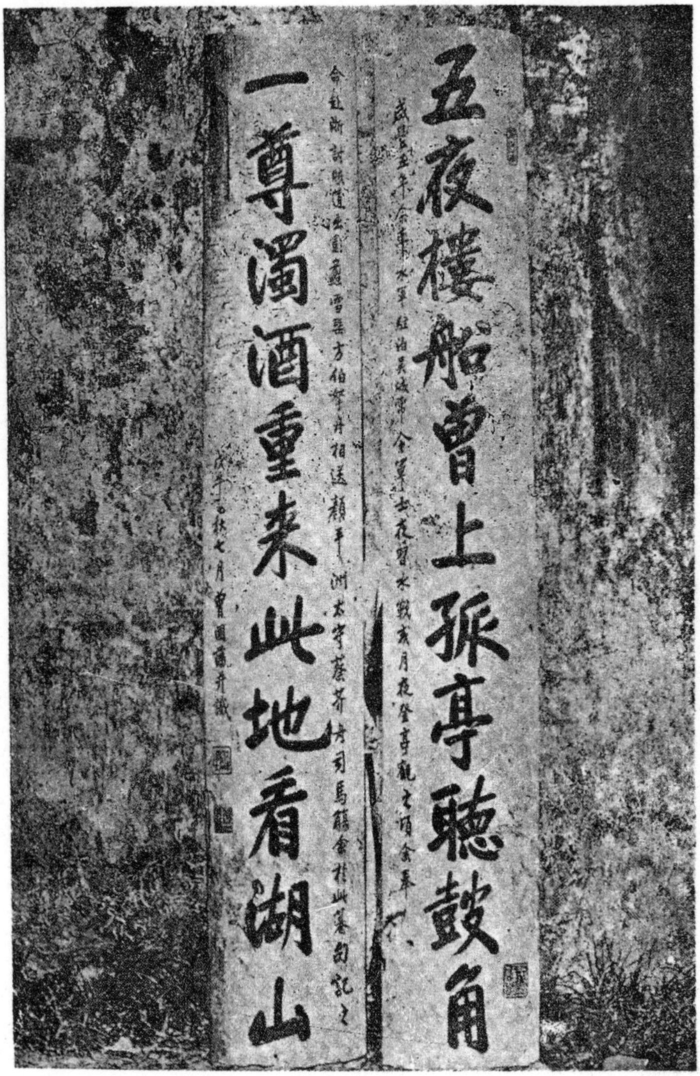

曾國藩望湖亭聯

門闢九霄，仰步三天勝蹟，
階崇百級，俯臨千嶂奇觀。（泰山南天門）

「日月光天德，山河壯帝居，」是趙子昂題宮城應門的名句，很有一種雄大的氣象溢乎其間。把班固底兩都賦，駱賓王底帝京篇底千言萬語僅在十字之間便包括了。對子之妙實在於斯。

天高地迥，覺宇宙之無窮；
興盡悲來，識盈虛之有數。（滕王閣序）

第三章 詩式

第一節 總說

詩歌與散文原是不同的。因其最尊重音律底諧協所以不能不有一定的規則。其規則卽詩式，是以各國國語底性質爲根柢的。西洋底詩是 Meter（音律之調）底整齊，和歌是單算字數的卽是其例。然而適應於單音而爲孤立語的中國語的規則却有左列的四條件：

(一)句數定限，

(二)一句底字數底整齊，

(三)句中各字底平仄底調諧，

（四）句尾押韻。

基於此種的原則，遂產生了古體、近體、五言、七言等詩式。

無論何代必有詩歌。無論何國必有舞樂。詩歌底起原實很古的。因詩歌出於人情底自然，必與舞樂相伴而起。故樂記曾說『詩言其志，歌詠其聲，舞動其容』三者底關係。書經底舜典與詩經底大序也說：

詩言志歌永言，聲依永，律和聲。（舜典）

詩者志之所之也，在心爲志，發言爲詩；情動於中而形於言，言之不足，故嗟嘆之；嗟嘆之不足，故永歌之；永歌之不足，不知手之舞之，足之蹈之也。（詩序）

卽是觸景感物，喜怒哀樂之情卽動於中，借律語底形式以表現於外的就是詩了。其所謂詩是能按着調子而歌的，在歌的時候，合着樂器，歌與一昂奮時就至於連着手拍子，足拍子而舞而跳。這就是詩底起原，詩與歌本來是一件東西。其分開是漢以後的事。

然在上代四聲底區別不明，其詩式是四言；至漢代五言、七言底新體詩出，經六朝而漸發達，遂產生對句之法，發明聲韻之學；及唐而詩法更加嚴密，定近體律詩底圖式，詩底面目遂從茲一新了。自是遂以按着一定的平仄圖的律詩、絕句爲近體；不從此者爲古體；或叫做古詩。茲列表於左。

- 詩
  - 古體
    - 古詩
      - 四言
      - 五言
      - 七言
    - 樂府 — 長短句
  - 近體
    - 律詩
      - 五言
      - 七言
    - 絕句
      - 五言
      - 七言

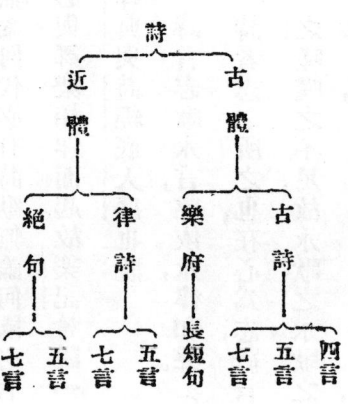

第二節 古體

一 四言古詩

四言是古代底詩式。有正確的出典的古詩，舉例起來不能不先數載於書經益稷篇的舜與皐陶底賡歌了。

股肱喜哉，元首起哉，百工熙哉。（帝舜）

元首明哉，股肱良哉，庶事康哉。（皐陶）

元首叢脞哉，股肱惰哉，萬事墮哉。（皐陶）

這樣的四言是以三章組成的，每章主句底名詞是同樣的，只是述語底動詞、形容詞變化，用了所謂漸層法，且取每句押韻之形式，君臣相戒飭互相頌德責善，其意頗敦厚其辭亦簡古，逼眞上古的作品。如世傳爲上古所作的擊壤歌（帝王世紀），南風歌（孔子家語），出典不但不確實，而且前者近於老莊底思想後者似楚聲底句讀，都很難信是唐虞之作。夏殷之詩遺傳於後世的極少。但及周代，詩運遂勃然而興了。其風骨珊珊，神韻縹緲，百代底詩法都淵源於玆。這些的詩盡搜輯在詩經之中。古代底詩集，正確的不能不推詩經三百篇了。古詩有三千，孔子刪爲三百十一篇（中六篇沒有辭），這在史記裏可以見到的。但刪詩之說古來懷疑的學者不少。總之所謂三千是大概的數目。從唐虞至夏殷二代約經過千年，因文明底進步而詩歌產出甚多，是無可疑的。如三百篇底詩一樣的格調形式都齊備的詩，原不是一朝一夕所能做成的。由單簡的舜與皋陶底賡歌起至粲然的關雎之詩止，其間有很多的進步與發達的段階，其數決不止三千，然只是因爲是在上古記錄的方法不備，且又多是俚謠之類，隨起隨亡，至孔子底時代止，完全保存的其數不過三百

光景耳。故概稱爲三百，所謂詩三百實是當時的成語

在詩經三百五篇之中，除掉商頌五篇，餘皆周代之作。上自文王、武王，下及春秋，其地限於黃河流域（中原諸侯之國）不到南方楚地，且作者多不能考知了。詩卽是當時底樂章，分爲風、雅、頌三類。所謂風，卽是十五國底國風俚謠。（周南、召南、邶、鄘、衞、王、鄭、齊、魏、唐、秦、陳、檜、曹、豳。）雅雖有大雅、小雅之別，然要是朝廷底樂章。頌是在宗廟底祭祀裏所用的樂章。要之，風、雅、頌三百篇之詩均是合樂器而歌的。左傳（襄公二十九年）曾載有吳季札聘於魯，以聞周樂的事。又在論語裏有所謂

吾自衞反魯，然後樂正，雅頌各得其所。（子罕）

的話。由是以觀，詩與樂元是不相離的，其分離是在漢以後的事。（參樂府節。）

原來詩經底詩底正體就是四言：

關關雎鳩◎　在河之洲◎　窈窕淑女　君子好逑◎。

參差荇菜　左右流之◎　窈窕淑女　寤寐求之◎
求之不得・　寤寐思服・　悠哉悠哉　輾轉反側・　（關雎二章）

這就是詩經開卷第一的國風周南之詩。離開了學究的底解釋一讀起來，不過是一首抒寫男女戀愛之情的俚謠，非常率直純樸，所謂「樂而不淫」「思無邪」之意很在其間表現出來了。關關是重言，窈窕是疊韻，參差是雙聲，求之是疊句法。仔細觀察，在修辭上也是加以種種的技工的，與那「股肱喜哉」……相比較便覺有雲泥之差了。

呦呦鹿鳴◎　食野之苹◎　我有嘉賓　鼓瑟吹笙◎
吹笙鼓簧◎　承筐是將◎　人之好我　示我周行◎　（小雅鹿鳴）

伐木丁丁。 鳥鳴嚶嚶。 出自幽谷。 遷於喬木。
嚶其鳴矣。 求其友聲。 相比鳥矣 猶求友聲。
矧伊人矣 不求友生。 神之聽之 終和且平。
（小雅伐木）

右爲小雅之例。鹿鳴篇是天子饗羣臣時用的樂歌，伐木篇是燕朋友故舊時用的樂歌。誠是能副詩人溫柔敦厚之意的作品。其他如：——

桃之夭夭 灼灼其華。 之子于歸 宜其室家。
桃之夭夭 其葉蓁蓁。 之子于歸 宜其家人。
（周南桃夭）

燕燕于飛 差池其羽。 之子于歸 遠送于野。

瞻望弗及　泣涕如雨·

（邶風燕燕）

昔我往矣　楊柳依依◎　今我來思◎　雨雪霏霏◎

行道遲遲◎　載渴載飢◎　我心傷悲◎　莫知我哀◎

（小雅采薇）

都是情景都到，餘韻嫋嫋到底，非後世詩人所能企及的。加之押韻的方法又是多樣的，隔句韻以外還有用每句韻或換韻的，眞個自由自在。又修辭法也很發達，好用重言、雙聲、疊韻底熟字，且有用疊句、對句、隔句對等的。所以如果詳細地一研究詩經三百篇，可知後世底詩法實以此爲淵源了。至古韻底研究至清儒而始盛。顧炎武曾把古韻分類爲十部，江永分爲十三部，段玉裁分爲十七部。

四言雖是三百篇底正體，但此外還有三言、五言、雜言等體式。如：——

螽斯羽　詵詵◎兮　宜爾子孫　振振◎兮（周南螽斯）

誰謂雀無角　何以穿我屋•　誰謂女無家
何以速我獄•　雖速我獄•　室家不足•（召南行露）

殷其靁3　在南山之陽◎5　何斯違斯　莫敢或遑◎
振振君子　歸哉歸哉（召南殷其靁）

爰采唐◎矣　沬之鄉◎矣　云誰之思　美孟姜◎矣
期我乎桑中◎　要我乎上宮◎　送我乎淇之上◎矣7（鄘風桑中）

這等的樣式可說是例外。

春秋之後，周室益衰，采詩之事廢；降至戰國，在兵馬倥偬之際，弦歌之聲為鼙鼓所壓；詩亡樂廢，至是已極。但如散見於諸書的當時的俗謠，猶多四言體。

甌窶滿篝　汙邪滿車。五穀蕃熟　穰穰滿家。（史記）

天下穰穰。皆為利往。天下熙熙。皆為利來。（六韜）

楚雖三戶・亡秦必楚。（史記）

寧為雞口・無為牛後。（戰國策）

在漢之初，高帝底鴻鵠歌，（參攷1）唐山夫人底安世房中歌，韋孟底諷諫詩，東方朔底戒子詩等，都是用四言的形式。在梁底任昉底文章緣起裏說：『四言詩前漢楚王傅韋孟諫楚夷王戊詩』即因其敘事布詞自成一體，爲漢魏以後的師法的緣故，然至武帝之世，五言底新體出，四言漸漸衰微起來了。只是樂府依然流行四言體，就中以魏武帝最長於四言詩，（參攷2）自稱於三百篇之外得聞奇響。

〔參考〕

（1）鴻鵠歌　漢高帝

鴻鵠高飛，一擧千里；羽翼已就，橫絕四海。
橫絕四海，又可奈何？雖有繒繳，將安所施？

（2）短歌行　魏武帝

對酒當歌，人生幾何？譬如朝露，去日苦多。
慨當以慷，幽思難忘；何以解憂？惟有杜康。
青青子衿，悠悠我心；但爲君故，沈吟至今。
呦呦鹿鳴，食野之苹。我有嘉賓，鼓瑟吹笙。

明明如月，何時可掇？憂從中來，不可斷絕。
越陌度阡，枉用相存；契闊談讌，心念舊恩。
月明星希，烏鵲南飛，繞樹三匝，何枝可依？
山不厭高，海不厭深。周公吐哺，天下歸心。

二　五言古詩

五言詩和七言詩，是起於漢代的新體詩。遠尋其源，在詩經中，不能說是沒有五言七言之句，只是沒有以完全的五言七言做爲一章的能了。在南方楚辭中五言七言底格調發見得多。如前所引的

帝子降兮北渚，目眇眇兮愁予；
嫋嫋兮秋風，洞庭波兮木葉下。（湘夫人）

就是很好的例子。楚漢之際，英雄多起自南方，所以一時楚聲非常流行。及漢統一天下，定

禮樂制度，在文學方面，北方的古詩與南方的楚辭並用，至於更創出五言七言底新體詩。四言之詩，上二下二，有過於整齊，缺乏變化之憾。五言是上二下三，七言則是上四下三，頗有流宕之趣。且四言字數少，迨思想漸漸複雜，把來發表，不但字數不足，感着拘束；而且因是在前代已經爛熟了的東西，所以人情追逐新奇，而五言七言底新體詩遂乘時流行了。不過七言以上的詩太失流暢，且人聲有限量，在歌的時候未免嫌其過長耳。這是沒有發生七言以上的新體詩底所以。

在文章緣起裏說五言詩創於蘇（武）李（陵），後世雖也相信，但果爲蘇李底原作與否還是疑問。且在其前已有枚乘、李延年等作過五言之詩，載在玉臺新詠裏了。在文選裏有名的古詩十九首被稱爲詩母，但其作者不能盡知。其中枚乘所作在玉臺新詠裏是明記着的。武帝之時，漢興方百年，文物制度，燦然齊備，且新開外國底交通，輸入印度、希臘底文明，特設樂府以起新聲，其乘此盛世以產生出流調清麗的五言新體詩，是當然的了。在這里或稍有胡樂底影響。從此以後，經漢魏六朝，五言是詩底正體了。在文體明辨裏論到五言詩說：

逮漢蘇李，始以成篇，嗣是汪洋於漢魏，汗漫於晉宋，至於陳隋而古調絕矣。

在文心雕龍裏說：

若夫四言正體，則雅潤爲本；五言流調，清麗居宗；華實異用，唯才所安。

這是評論五言詩的名論。現在從文選和玉臺新詠裏舉出數首以供參考。

古詩十九首（錄二）

行行重行行，與君生別離；相去萬餘里，各在天一涯。
道路阻且長，會面安可知；胡馬依北風，越鳥巢南枝。
相去日已遠，衣帶日已緩；浮雲蔽白日，遊子不顧返。
思君令人老，歲月忽已晚；棄捐勿復道，努力加餐飯。（其一枚乘作）

迢迢牽牛星，皎皎河漢女，纖纖擢素手，札札弄機杼。終日不成章，泣涕零如雨。

河漢清且淺，相去復幾許；盈盈一水間，脈脈不得語。

（其十枚乘作）

詩四首（錄一）　蘇武

結髮爲夫妻，恩愛兩不疑；歡娛在今夕，燕婉及良時。征夫懷遠路，起視夜何其；

參辰皆已沒，去去從此辭。行役在戰場，相見未有期，握手一長嘆，淚爲生別滋。

努力愛春華，莫忘歡樂時；生當復來歸，死當長相思。

（其三留別妻）

與蘇武詩三首（錄一）　李陵

攜手上河梁，遊子暮何之；徘徊蹊路側，悢悢不能辭。行人難久留，各言長相思；

安知非日月，弦望自有時。努力崇明德，皓首以爲期。

（其三）

三　七言古詩

七言詩也是從楚聲起的。楚漢之際，項王底垓下歌，高帝底大風歌都是七言。這等實是漢代七言詩底濫觴。其他武帝底秋風辭、瓠子歌，及烏孫公主底悲愁歌等，都是七言而帶楚聲的。

悲愁歌

漢書西域傳，元封中遣江都王建女細君爲公主，以妻烏孫昆莫；昆莫年老，言語不通，公主悲，乃自作歌。

吾家嫁我兮天一方◎　遠託異國兮烏孫王◎
穹廬爲室兮氈爲牆◎　以肉爲食兮酪爲漿◎
居常土思兮心內傷◎　願爲黃鵠兮歸故鄉◎

在文章緣起等裏曾說七言詩是創始於武帝底柏梁聯句，但柏梁臺聯句之詩明明是僞作的。漢代其例很少，僅後漢張衡底四愁詩有七言底意味。這也是學楚辭之作。

我所思兮在泰山。　欲往從之梁父艱。　側身東望淚霑翰。
美人贈我金錯刀。　何以報之英瓊瑤。　路遠莫致倚逍遙。
何爲懷憂心煩勞。　（其一）

經漢魏六朝爲五言橫流的時候，所以七言詩僅用於樂府歌行。如魏文帝底燕歌行，陳琳底飲馬長城窟行，晉傅玄底車遙遙篇，無名氏底白紵舞歌詩、隴上歌、宋鮑照底行路難，代白紵舞歌辭，梁武帝底東飛伯勞歌等，都是傑出之作。然余獨愛斛律金底敕勒歌底自然而高古。

敕勒歌

北史北齊神武使斛律金唱敕勒自和之。

敕勒川、陰山下；天似穹廬，籠蓋四野。
天蒼蒼、野茫茫，風吹草低見牛羊。

至唐而五言詩漸衰，七言詩大盛了。號稱唐初四傑的王、楊、盧、駱，以婉轉流麗爲宗，盛唐底李、杜兩大家，極其逸宕縱橫，中唐底韓、白各揮其如椽之筆，唐底七言詩遂現出空前的盛況。近體律詩雖是新興於唐，但豪傑之士不趁時好，務學古風，並不爲律格所拘束，逞其自由縱橫之筆，而用力於雄深豪宕底大作。這就是稱李、杜、韓、白爲大家的緣由。

然而唐底古詩與六朝底古詩是自異其趣的。六朝底古詩還是當近體律詩底圖式未定以前的作品，而唐人底古詩則是出於律詩底圖式整備了之後，所以務避掉陷於律

格。其與近體律詩底法則不同之點是

（一）句數不限定；

（二）避掉律格；

（三）押韻法底多式；

（四）允許換韻；

（五）允許通韻。

押韻、換韻之法詳於古詩韻範，通韻在前表裏已明白了。換韻格四傑常好使用，殆成爲古詩底通則。也有一韻到底的；杜韓兩家多用之，而有平韻與仄韻底分別。換韻格及仄韻底到底格，與律詩底押韻法是完全不同的，所以句中的平仄，就是準律詩底平仄也無妨礙，但在平韻底到底格，因押韻法與律詩相似的緣故，所以其平仄不能不避掉陷於律格之嫌了。這是王漁洋底古詩平仄論底學說。作古詩的第一不能不注意到這一點。試與李白山中答人一詩以爲例。

問余何事棲碧山（孤平）

笑而不答心自閑（孤平）

桃花流水杳然去

別有天地非人間（平三連）

這詩第四字都是用仄聲，把押韻句底第五字用平聲，仄字句底第五字用仄聲，又把第四句做爲接連用三個平聲，這樣就完全不同於律詩、絕句底法則了。

第三節 近體

一 律詩

詩本來是歌詠的東西。在漢以後，雖完全與樂府分歧，好似成爲不是歌詠的一樣，但已經使用律語，遂沒有不尊重聲律底諧協底理由了。以故詩人特別注意於修辭法而用了種種的工夫。漢魏之詩專尙質，但至六朝而趨重華豔，晉之陸機、潘岳出，一變而開排偶之端，至宋之謝靈運、顏延年，齊之謝朓，再變三變而儷句遂愈加多起來了。詩藪裏這樣說：

晉宋之交，古今詩道之大限乎。魏承漢後，雖浸尙華靡，而淳樸餘風，隱約尙在；……士衡、安仁一變而排偶開矣；靈運、延年再變而排偶盛矣；玄暉三變而排偶愈工，淳樸愈散，漢道盡矣。

今舉一二例於後。如——

白雲抱幽谷——綠柳媚淸漣（過始寧墅）

池塘生春草——園柳變鳴禽（登池上樓）

這是謝靈運詩中有名之句。

江南佳麗地　金陵帝王洲　逶迤帶綠水　迢遞起朱樓　飛甍夾馳道

垂楊蔭御溝　凝笳翼高蓋　疊鼓送華輈　獻納雲臺表　功名良可收

這是謝朓底入朝曲，幾乎全篇都是儷句了。

迨齊梁之際，四聲之論起，沈約等論詩底八病而主張作詩應整理平仄。至陳之徐陵、周之庾信，體例漸嚴，成爲唐詩底先驅。其中所用平仄殆與唐詩無甚區別。

擬詠懷　　庾信

蕭條亭障遠　悽愴風塵多

關門臨白狄 城影入黃河
秋風別蘇武 寒水送荊軻
誰言氣蓋世 晨起帳中歌

至唐而聲律對偶之法益加嚴格，沈佺期、宋之問等愈努力於研鍊精切，穩順聲勢，以定五七言八句之式，號爲律詩。於是平仄底圖式遂完全定了。故後世稱沈宋爲律詩之祖。

茲揭五言仄起的圖式如左：

正格（仄起）

起聯
●●○○●
○○●●○ 韻

頷聯
○○○●●
●●●○○ 韻

春望 杜甫

國破山河在
城春草木深◎
感時花濺淚
恨別鳥驚心◎

頸聯 ●●○○●
　　 ○○●●○
尾聯 ○○○●●
　　 ●●●○○

烽火連三月
家書抵萬金
白頭搔更短
渾欲不勝簪（平聲侵韻）

右圖中第一句第二字用仄聲，故名爲仄起；第二字用平聲的，名爲平起。在五言中仄起是正格；平起爲偏格。然七言與此相反，平起爲正格；仄起是偏格。

偏格（平起）

登岳陽樓　杜甫

起聯 ○○○●●
　　 ●●●○○韻
頷聯 ●●○○●
　　 ○○●●○韻

昔聞洞庭水
今上岳陽樓
吳楚東南坼
乾坤日夜浮

頸聯 ○○○●● ●●●○○韻

尾聯 ●●○○● ○○●●○韻

親朋無一字
老病有孤舟
戎馬關山北
憑軒涕泗流（平聲尤韻）

七言律詩全是唐人創的體裁。與五言不同，第一句以押韻的爲通則。這在七言絕句也相同。茲揭七言律詩平起並仄起底圖式於左。

正格（平起）

起聯 ○○●●●○○韻 ●●○○●●○韻

頷聯 ●●○○○●● ○○●●●○○韻

野望　杜甫

西山白雪三年戍
南浦清江萬里橋
海內風塵諸弟隔
天涯涕淚一身遙

頸聯
○○●●○○●
●●○○●●○ 韻

尾聯
●●○○○●●
○○●●●○○ 韻

唯將遲暮供多病
未有涓埃答聖朝
跨馬出郊時極目
不堪人事日蕭條（平聲蕭韻）

偏格（仄起）

起聯
●●○○●●○ 韻
○○●●●○○ 韻

頷聯
○○●●○○●
●●○○●●○ 韻

頸聯
●●○○○●●
○○●●●○○ 韻

蜀相　杜甫

丞相祠堂何處尋
錦官城外柏森森
映階碧草自春色
隔葉黃鸝空好音
三顧頻煩天下計
兩朝開濟老臣心

尾聯 ○○●●○○●　出師未捷身先死
　　 ●●○○●●○韻　長使英雄淚滿襟　（平聲侵韻）

至律詩底規則，約有七條，茲略述於次。

（一）二四不同、二六對　造句之法：在五言則上二下三，在七言則上四下三，四、即由二、二合成的。二字底平仄第二字比第一字重要；三字底平仄中間一字重要，所以在一句之中以二、四、六底平仄最重要。即是在五言詩裏二、四、不同，在七言詩裏二、六、加對。因而一與三底平仄比較地輕，除了不是孤平，隨便怎樣做都可以。但押韻句底第五字以仄爲原則，作爲○●○的是例外。如『月落烏啼霜滿天』是又把仄字句底○●●轉爲●○●也可以。如『宮女如花滿春殿』便是其例。然把○○●作爲●○●，雖對於二六對底法則沒有錯誤，但總是違例的。如『春潮帶雨晚來急；野渡無人舟自橫』之句，上句爲●○●，次句爲○●○，在音律底協調方面算是煞費苦心了。與前例杜詩底『自春色；空好音』底造句法是一樣。

(二)粘法　第一句底第二字若爲平，則第二句底第二字必爲仄；以下第三句底第二字用仄；第四句底第二字用平來承接。這就叫做『粘，』否則叫做『不粘。』即是，如——

1 × ○

2 × ●

3 × ●

4 × ○

是，粘，如——

1 × ○ (●)

2 × ○ (●)

或

1 × ○

2 × •
3 × ○
4 × •

都是不粘。有把這叫做『拗體』的。古詩底平韻到底格底平仄，避掉陷於律格，殊不注意這種粘或不粘底法則；又押韻句底第五字也常是平。

（三）押韻法 在五言裏二、四、六、八底隔句押韻，在七言更在第一句也押韻，這是原則。韻就是平韻，但有在五言底第一句押韻，在七言底第一句不押韻的，這是變調。五言絕句很有用仄韻爲例的，但在律詩裏却沒有。

（四）前聯與後聯 以一、二兩句爲起聯或起句，三、四爲頷聯或前聯，五、六爲頸聯或後聯，七、八爲尾聯或結句。凡起聯先發表全篇底旨意，以頷聯承之，以頸聯轉前意，用尾聯綜合全體之意以作結，與絕句底起、承、轉、結法同（參看絕句）。起尾兩聯不必用對句，前聯與後聯必定要用對句。這在律詩裏是極要緊的。對句譬如門底雙扇，車底兩輪，必整齊地

把字句左右對稱地排列起來這在單音而孤立的中國語裏實是最適當的修辭法。例如

氣蒸雲夢澤

波撼岳陽城

在這對句裏氣與波是名詞、蒸與撼是動詞、又雲夢澤與岳陽城共爲固有名詞，恰整齊地相對平仄也相互反對排列，一點的錯誤都沒有其意雄大，其調嚴正，實唐詩中有數的名句。又如白樂天底

三五夜中新月色

二千里外故人心

也是最膾炙人口的對句。

(五)不用相同的字　在五律四十字，七律五十六字中，不可復用相同的字。但也有例外。如崔顥底黃鶴樓之詩『昔人已乘黃鶴去，此地空餘黃鶴樓，黃鶴一去不復返，白雲千載空悠悠。』和學這句法的李白底鳳凰臺之詩『鳳凰臺上鳳凰遊，鳳去臺空江自流，』

等句，疊用黃鶴與鳳凰底字面，這是此二篇出色之點，後人所由贊賞不置的。

還有最應避忌的是孤平與下三連。

(六)孤平 所謂孤平就是如●○●●一樣在上下仄字之間夾入一個平聲。但這頗有很多違例的。

(七)下三連 下三用全平或全仄的即叫下三連。這也有很多的例外。如前所舉的『黃鶴一去不復返；白雲千載空悠悠；』和王維底酌酒與裴迪底後聯『草色全經細雨溼；花枝欲動春風寒』之類，這都叫作拗體詩。

律詩是要依如上面所說的極嚴格的規則的。然不依圖式的其例正不少，那就是變格，叫作拗體例如——

酌酒與裴迪　　王維

酌酒與君君自寬　人情翻覆似波瀾。

白首相知猶按劍　朱門先達笑彈冠
草色全經細雨濕　花枝欲動春風寒
世事浮雲何足問　不如高臥且加餐（平聲寒韻）

粘法完全不合圖式，爲不粘格。又如王勃底滕王閣序底詩——

滕王高閣臨江渚　佩玉鳴鸞罷歌舞
畫棟朝飛南浦雲　朱簾暮捲西山雨（上聲麌韻）
閒雲潭影日悠悠　物換星移幾度秋
閣中帝子今何在　檻外長江空自流（平聲尤韻）

初讀覺着好似律詩，但仔細看來，粘法、押韻、對句等完全不合規則。這就是所謂七言古詩。

〔附錄〕排律

排律又叫做長律，是律詩引伸的一種體裁。以整對偶、粘平仄，布置有序、首尾貫通爲要務。平仄是四句一粘，雖排列至百韻也可以，但大抵是十六韻二句或八韻十六句的。五言排律是唐時科場取士之制。以一、二爲起聯，三、四爲頷聯，五、六爲頸聯，七、八爲腹聯，九、十爲後聯，若是還有的話可以此聯補足二句或四句，末二句叫做尾聯。無論六韻、八韻、十二韻，其法則都是一樣。用情、景、事把起結、鋪敘、轉折、展拓精心結構，總以沒有頭重尾大之弊爲妙。七言排律其例甚少，詳細可參朱飲山千金譜。茲舉王維送祕書晁監還日本一詩以爲五言排律之例。

積水不可極　安知滄海東◎
九州何處遠　萬里若乘空◎
向國惟看日　歸帆但信風◎
鰲身映天黑　魚眼射波紅◎
鄉國扶桑外　主人孤島中◎
別離方異域　音信若爲通◎

祕書晁監卽阿部仲麿仲麿以留學生赴唐遂仕於唐改姓名爲晁衡官祕書監。後欲跟從遣唐使歸時，王維贈之以詩。然仲麿遭颶風飄泊於安南，再仕於唐空留『三笠山』底吟名而爲唐土之鬼誠千秋的恨事哩！

二 五言絕句

絕句也是唐代底新體詩，是按着律詩底法則的一種五七言短詩。在文體明辨裏說：

> 唐初穩順聲勢，定爲絕句。絕之爲言截也，卽律詩而截之也。故凡後兩句對者是截前四句；前二句對者是截後四句；全篇皆對者是截中四句；皆不對者是截首尾四句。故唐人絕句皆稱律詩。觀李漢編昌黎集，絕句皆入律詩，蓋可見矣。

這是把絕句解作爲截律詩的。就圖式說，雖是不錯的議論，但總不免是蔑視歷史上的發展的謬見。在律詩未發生以前，漢魏六朝以來，已有五七言四句的短詩了。市河寬齋在其所著談唐詩選（參攷1）中，曾說絕句之義是截取聯句。卽是從聯句底全篇裏把各人所

作的四句截取下來收入自己底集中。然這也是牽強之說。宇野士朗又解作一句一絕之義。這也許是以陶淵明底

春水滿四澤；　夏雲多奇峯；
秋月揚明輝；　冬嶺秀孤松。

等詩爲例而說的，但此說也不穩妥。總之是對於長句的一種短詩底稱謂，取一篇斷絕的意思。古來沒有定說。詩藪說：

> 絕句之義，迄無定說，謂截近體首尾或中二聯者，恐不足憑。

蓋五言絕句是從漢魏底小樂府變化來的。其初不過是用隱語，寓諧意，以述戀愛的情懷的。在玉臺新詠裏錄有古絕句四首，其一是：

藁砧今何在(夫)？　山上復有山(出)。
何當大刀頭(還)？　破鏡飛上天(弦月)。

在這詩裏每句都用隱語。藁砧是斬藁的臺，因斬的東西是鈇，所以就聯想到鈇之義，且因

鈇與夫同音，所以就把藁砧假託夫底意義了。山上有山爲出字。前二句是說夫之外出。大刀底頭是環，環與還是同音假借，取了歸還的意思。破鏡是一片破月。所以後二句是說其夫在月之十日頃可以還鄉的意思。不過是一種發抒男女相思之情的俚謠，其質實之處極有妙趣。四首都是漢代之作，爲後世五言絕句底濫觴。但在當時還沒有絕句之名。故玉臺新詠底選者陳之徐陵冠以古絕句底題目。

到了六朝，此種短詩愈加多起來了。例如晉孫綽底情人碧玉歌，

碧玉破瓜時，相爲情顛倒；
感郎不知羞，迴身就郎抱。

和王獻之底情人桃葉歌，

桃葉復桃葉，渡江不用楫。
但渡無所苦，我自來迎接。

等皆是。尤其是子夜吳歌（屬樂府詩集淸商曲辭）非常流行。所謂子夜是晉代一女子

名，吳人始作此聲，但因哀遠，而動人心，極投時好，所以後人和之，更創四時行樂之歌，而叫作『子夜四時歌。』這些盡是戀歌，其中也有用隱語的。

春林花多媚。 春鳥意多哀。
春風復多情 吹我羅裳開。 （春歌）
青荷蓋綠水 芙蓉發紅鮮。
下有並根藕 上生同心蓮。 （夏歌）
憐歡好情懷 移居作鄉里。
桐樹生門前 出入見梧子。 （秋歌）
淵冰厚三尺 素雪覆千里。
我心如松柏 君情復何似。 （冬歌）

這中間如蓮與憐同音，通戀字，梧子是吾子底假借字。降而至於齊梁之際，名家之作不少。例如——

玉階怨　（齊）謝朓

夕殿下珠簾，流螢飛復息。
長夜縫羅衣，思君此何極。

夜夜曲　（梁）簡文帝

愁人夜獨傷，滅燭臥蘭房。
祇恐多情月，旋來照妾牀。

別詩　（梁）范雲

洛陽城東西　長作經時別。
昔去雪如花　今來花如雪。

相送　（陳）何遜

客心已百念　孤遊重千里。
江暗雨欲來　浪白風初起。

這等都是有名之作。其格調殆與唐底絕句無異。只在當時平仄還未調，黏法還未定，至唐聲韻之學開，詩律之法式定，五七言絕句底體製也於茲確立了。茲揭五言絕句底平仄圖式於左。

正格（仄起）　秋浦歌　李白

起 ●●○○●
承 ○○●●○ 韻
轉 ○○○●●
結 ●●●○○ 韻

白髮三千丈
緣愁似個長
不知明鏡裏
何處得秋霜（平聲陽韻）

偏格（平起）

田家春望　高適

起 ○○○●●
承 ●○●○○ 韻
轉 ●●○○●
結 ○○●●○ 韻

出門無所見
春色滿平蕪
可歎無知己
高陽一酒徒（平聲虞韻）

五言絕句大抵是這兩個格式。但有在第一句押韻或用仄韻的，那是變調。

易水送別　　駱賓王

此地別燕丹　壯士髮衝冠
昔時人已沒　今日水猶寒（平聲寒韻）

春曉　　孟浩然

春眠不覺曉　處處聞啼鳥
夜來風雨聲　花落知多少（上聲篠韻）

這兩例都可以說是拗體。

〔參考〕

（1）市河寬齋談唐詩選（七言四句稱絕句辨）

律卽法，一篇底法度森嚴，故叫作律體。然把五七言四句底詩名爲絕句，其義殊不明白。元之范德機說是截取律詩之一半，或截取律詩之中的四句使成爲絕句，其說非是，胡應麟也說其所言無據。近世宇士朗說是一句一絕之義，但這是據陶淵明底『春水滿四澤』等詩而說的，也欠穩妥。按在六朝人底詩集裏曾把五言四句底詩，或題爲絕句，或題爲斷句，或題爲截句。六朝既有了此種名稱，那決不是始於唐代，且不是截取律詩而來的了。我以爲必是截取聯句之一半。聯句之體古來有一人一句或一人二句的，宋梁之間陶淵明何遜之輩所作聯句，都是一人四句。詩至四句，必定起結照應而可成爲一首。後人截取之編入其人底集中，以其從聯句截取而來的，故稱爲截句、斷句、或絕句。由是，凡是四句底詩都稱爲絕句。在杜少陵底集子裏也有絕句底題目，恐怕就是這意義。七言絕句如古樂府底挾瑟歌、烏棲曲、怨詩行等皆唐之藍本。但其時並不見稱此爲絕句。至唐初聲調諧和，人皆喜作這種體裁的詩。五言四句久已稱爲絕句，故沒有人另標題目，實是因五言而纔有這名稱的。

三 七言絕句

七言絕句也是從六朝底樂府出的。但漢魏六朝因是五言底世界，所以七言遠在五言之後。在詩藪裏這樣說。

品彙謂挾瑟歌、烏棲曲、怨詩行爲絕句之祖。余考烏棲曲四篇，篇用二韻，正項王垓下格，唐人亦多學者。江總怨詩卒章俱作對結，非絕句正體也。惟挾瑟歌雖音律未諧，而體裁實協，唐絕句咸所自來，然六朝殊少繼者。

烏棲曲載在樂府詩集，屬於淸商曲辭西曲歌。所謂『西曲歌，』是荊郢樊鄧間的流行歌，地在今湖北底西邊，與江南地方底吳歌底調子有異。烏棲曲在玉臺新詠，載有梁之簡文四首，梁之元帝四首，蕭子顯三首，陳之徐陵一首。茲舉簡文底一首以爲例。

青牛丹轂七香車◎　可憐今夜宿倡家◎
倡家高樹烏欲棲。　羅帷翠帳向君低。

這詩中車與家同韻，棲與低屬另一韻，是用二句換韻之法的。梁沈約底春日白紵曲也同樣。

蘭葉參差桃半紅。飛芳舞縠戲春風。
翡翠群飛飛不息。願在雲間長比翼。

然至陳江總底怨詩（樂府詩集相和歌辭楚調曲）和北齊魏收底挾瑟歌（同上雜歌謠辭）乃在第一句第二句和第四句上押相同的韻。

挾瑟歌　　魏收

春風宛轉入曲房。兼送小院百花香。
白馬金鞍去未返。紅妝玉筯下成行。

這詩在平仄上雖未曾諧協，但頗近於近體底格調了。其他還有如齊湯惠休底歌思引，梁武帝底白紵曲，簡文帝、元帝及蕭子顯底春別等都是七言四句，而且是三句押韻的。

歌思引　　湯惠休

秋寒依依風過河◎　白露蕭蕭洞庭波◎
思君末光光已滅　眇眇悲望如思何◎

春別　　蕭子顯

翻鶯度燕雙比翼◎　楊柳千條共一色◎
但看陌上攜手歸　誰能對此空相憶◎

這樣，七言不同五言一樣須遠溯漢魏，却是到了齊梁底時候纔發生的。因為偶遭六朝底末運不能廣行於世，所以在陳隋諸名家作中還不曾多見。至隋末纔有一無名氏底作品。

楊柳青青着地垂，楊花漫漫攪人飛。
柳條折盡花飛盡，借問行人歸不歸。

這詩中黏法非常嚴整，宛然如唐調。王右丞底『春草年年綠，王孫歸不歸』是完全學這詩的。到了唐，聲律調整、平仄穩順，始確立七言絕句底法則。所以在詩藪裏說：

七言雜歌，始於垓下。梁陳以降，作者坌然。第四句之中，二韻互叶；轉換既迫，音調未舒。至唐諸子，一變而律呂鏗鏘，句格穩順。語半於近體，而意味深長過之；節促於歌行，而咏嘆悠永倍之，遂爲百代不易之體。

至七言絕句底圖式與律詩同樣。

正格（平起）

起 ○○●●●○○韻
承 ●●○○●●○韻
轉 ●●○○○●●
結 ○○●●●○○韻

偏格（仄起）

起 ●●○○●●○韻
承 ○○●●●○○韻
轉 ○○●●○○●
結 ●●○○●●○韻

早發白帝城　李白

朝○辭○白●帝●彩●雲○間◎
千○里●江○陵○一●日●還◎
兩●岸●猿○聲○啼○不●住●
輕○舟○已●過●萬●重○山◎　（平聲删韻）

別董大　高適

千●里●黃○雲○白●日●曛◎
北●風●吹○雁●雪●紛○紛◎
莫●愁○前○路●無○知○己●
天○下●誰○人○不●識●君◎　（平聲文韻）

七言絕句押仄韻的極少。但第一句不押韻的叫作蹈落爲一般所許可的。例如——

九月九日憶山東兄弟　　王維

獨在異鄉爲異客　每逢佳節倍思親◎
遙知兄弟登高處　遍插茱萸少一人◎（平聲眞韻）

這詩中第一句客字是蹈落。又如他底有名的渭城曲是拗體。

送元二使安西　　王維

渭城朝雨浥輕塵◎　客舍青青柳色新◎
勸君更盡一杯酒　西出陽關無故人◎（平聲眞韻）

總之七言絕句是唐代底新體詩，然因專是把來歌之於管絃中的，所以自然以高華清麗流調宛轉爲宗，特別崇尚半含半吐神韻縹緲的作品故沈德潛評論道：

七言絕句以語近情遙含吐不露爲主，只眼前景口頭語而有絃外音、味中味、使人神遠，太白有焉。

所以太白底飄逸，王昌齡底優婉，共稱七言絕句底神品。唐詩是中國文學底精華，而七言絕句又是唐詩中的精華。在那如雲之作者裏如雨之作品裏以哪一個人底哪一篇可以壓卷，這是極其有興味的問題，是誰也所欲知道的。在沈氏底說詩晬語裏這樣說：——

李滄溟推王昌齡『秦時明月』爲壓卷，王鳳洲推王翰『葡萄美酒』爲壓卷，本朝王阮亭則云必求壓卷，王維之『渭城』，李白之『白帝』，王昌齡之『奉帚平明』，王之渙『黃河遠上』，其庶幾乎。而終唐之世亦無出四章之右者矣。滄溟鳳洲主氣，阮亭主神，各自有見。愚謂李益之『回樂峯前』，柳宗元之『破額山前』，劉禹錫之『山圍故國』，杜牧之『煙籠寒水』，鄭谷之

『揚子江頭，』氣象稍殊，亦堪接武。

這中所謂『渭城』與『白帝』已在前面引過了，故從略，茲把其他傑作舉列於此。

涼州詞　王翰

葡萄美酒夜光杯，欲飲琵琶馬上催。
醉臥沙場君莫笑，古來征戰幾人回？

出塞　王昌齡

秦時明月漢時關，萬里長征人未還。
但使龍城飛將在，不教胡馬渡陰山。

長信秋詞　前人

奉帚平明金殿開，且將團扇暫徘徊。
玉顏不及寒鴉色，猶帶昭陽日影來。

涼州詞 王之渙

黃河遠上白雲間，一片孤城萬仞山，
羌笛何須怨楊柳，春風不度玉門關。

夜上受降城聞笛 李益

回樂峯前沙似雪，受降城上月如霜。
不知何處吹蘆管，一夜征人盡望鄉。

酬曹侍御過象縣見寄 柳宗元

破額山前碧玉流，騷人遙駐木蘭舟。
春風無限瀟湘意，欲採蘋花不自由。

石頭城　　劉禹錫

山圍故國周遭在，潮打空城寂寞回。
淮水東邊舊時月，夜深還過女牆來。

泊秦淮　　杜牧

煙籠寒水月籠紗，夜泊秦淮近酒家。
商女不知亡國恨，隔江猶唱後庭花。

淮上與友人別　　鄭谷

揚子江頭楊柳春，楊花愁殺渡江人。
數聲風笛離亭晚，君向瀟湘我向秦。

〔附錄〕六言詩

六言四句的短詩不過是詩人底餘暇所業，普通不甚流行。平仄對偶多依律詩底格調。以外還有一種如三五七言一樣的雜言體，原也是詩人底遊戲。

田園樂　王維

桃紅復含宿雨，柳綠更帶朝煙。
花落家僮未掃，鳥啼山客猶眠。

三五七　李白

秋風清，秋月明。
落葉聚還散，寒鴉棲復驚。
相思相見知何日，此日此夜難爲情。

第四章　樂府及塡詞

第一節　樂府

所謂樂府就是樂章。文心雕龍說：『詩爲樂心，聲爲樂體。』這與舜典底『詩言志，歌永言』同意。按照詩歌底起源，因詩卽是歌，所以與音樂有不可分離的關係。中國底音樂極古的，見於文心雕龍有所謂『鈞天九奏，葛天八闋』（樂府）之名。前者出於史記，後者出於呂氏春秋。鈞天是天上的舞樂。又葛天氏之樂說是三人摻牛尾，投足而歌，這自然是舞蹈底樂章了。歌、樂、舞、三者是不能相離的。其他黃帝之樂叫做『咸池』，帝嚳之樂叫做『六英』。這等的古樂雖不可信，但黃帝底樂師伶倫取崑崙山之竹制定十有二律，大舜命夔典樂，使諧八音，自己作歌以度曲，孔子也稱舜之樂韶爲盡善盡美，所以從唐虞經三代音樂愈益發達，這是無可致疑的。且詩經實是古代底詩集、樂章。試看其詩底分科，如所謂風是諸國之樂，雅是朝廷之樂，頌是宗廟之樂，皆是把來譜於絲竹而歌唱的，如前所述已很曉然了。左傳（襄公二十九年）載有吳公子季札遊魯的時候，聞十五國之樂以評論其國勢的事實，可見在春秋之世還遺留有歌詩的樂譜。還有在左傳裏曾記下有當時諸侯大夫聘問燕饗之時，常賦古詩底章句以諷示己志是很流行的事，這樣當時已經開了口誦詩句的風氣是可想像的了。其後周室陵夷而至於戰國之世，兵馬倥傯之際，絃歌之聲爲鼙鼓之響所壓倒，詩遂以亡失而樂遂廢弛了。然當戰國底中葉有所謂楚辭的新體詩崛起於南方。原來楚國是荊蠻之地，文化比中原後，所以詩經中不載有楚風。迨屈原宋玉等出，楚國底文學方纔萌芽。屈原所作二十五篇中如離騷九章等都是詠志的，不能歌唱，但如九歌因是一種用於祭祀的歌辭，所以是把來譜於樂律而歌唱的。王逸底楚辭註裏說：——

九歌者屈原之所作也。昔楚國南郢之邑，沅湘之間，其俗信鬼而好祠，其祠必作樂歌鼓舞以樂諸神。屈原放逐，竄伏其域，懷憂苦毒，愁思沸鬱，出見俗人祭祀之禮，歌舞之樂，其詞鄙陋，因爲作九歌之曲。

這樣與言志之詩和永言之歌漸漸分離起來了。故詩藪裏說：

> 抑三百篇薦郊廟，被絃歌，詩卽樂府，樂府卽詩，猶兵寓於農，未嘗二也。詩亡樂廢，屈宋代興，九歌等篇以侑樂，九章等作以抒情，途轍漸兆；至漢郊祀歌十九章，古詩十九首，不相爲用，詩與樂府，門類始分，然厥體未甚遠也。

漢興而樂有制氏。世世居太樂之官，又叔孫通就秦之樂人新作宗廟之樂。都汲收北方古詩之流。然漢高帝起於豐沛之間，因本是楚人，故好楚聲，自作大風歌。史記載有『酒酣，高祖擊筑，自爲歌詩，令兒皆和習之，高祖乃起舞』的事蹟。大風歌底氣象雄大與項王垓下歌底悲壯慷慨並稱。

垓下歌

力拔山兮氣蓋世◎ 時不利兮騅不逝◎
騅不逝兮可奈何◎ 虞兮虞兮奈若何◎ (二句換韻)

大風歌

大風起兮雲飛揚◎ 威加海內兮歸故鄉◎
安得猛士兮守四方◎ (每句押韻)

跟着高帝而起的漢之功臣多楚人，所以在漢初楚聲非常流行。武帝底秋風辭，瓠子歌，烏孫公主底悲愁歌皆是學楚辭的。惠帝之時以夏侯寬爲樂官，使司樂律，但專習舊樂，別無增改的處所。至武帝漢興正百年，因外則征服了蠻夷，威及海外，內則各種的制度漸漸整備了以出現太平之世，所以旋流於驕奢淫逸，擅意於聲色，新設樂府，廣取齊楚趙代地方底歌謠，任李延年爲協律都尉，舉司馬相如等數十人使作詩章，論律呂，諧樂律，鼓吹洋洋而起實極一時之盛。惟武帝嫌雅樂，愛新聲，延年承其意旨以曼聲協律，相如等以騷體製歌，競新奇，誇豔麗，所以其樂復非舊樂，至於失了典雅優美之風。(參考1)試看李延年所歌，因是極其挑撥的，故武帝聞歌常大嘆息。由是平陽公主以延年底女弟進。帝召見之，見其妙麗善舞，遂得寵幸。這就是有名的李夫人。以此可以知道當時樂府底情形底一斑了。

漢書延年性知音律，善歌舞，武帝愛之，延年起舞而歌云云，上歎息曰，世豈有此人乎。平陽主因言延年有女弟。上召見之，妙麗善舞，由是得幸。

北方有佳人，　絕世而獨立，
一顧傾人城，　再顧傾人國。
寧不知傾城與傾國，　佳人難再得？

這樣一來，就把在樂府所製定的歌體叫做樂府。從此詩與樂府就分了家，詩僅止於吟咏，歌曲專在樂府通行。

且當時漢底威力振於四方的結果，與西域交通頻繁，因而西方胡樂輸入於中國本部，這是的確的事實。東漢以後佛教傳來，同時外國底樂律益多傳入，經六朝而至隋唐，胡樂遂非常流行起來了。東漢底明帝分樂爲四品。

（一）太子樂……………用於郊廟上陵的，

（二）雅頌樂……………用於辟雍饗射的，

（三）黃門鼓吹樂………用於天子燕羣臣的時候的，

（四）短簫鐃歌樂………用於軍中的。

但其說雖具而其制不傳，詳細無從得知了。從魏晉至南朝，樂府愈加流行，新聲日繁。降至於唐，因近體律詩底法則定，所以唐人好似是專以絕句爲歌，歌唱，漢魏六朝古樂府底調法遂漸漸衰廢了。只詩人取了古樂府底題目以作長短句。這雖叫做擬樂府，但實際並不是歌唱的。至是樂府完全成爲古詩底一體了。後世如楊鐵崖、尤西堂底詠史樂府皆此類。日本山陽底日本樂府也是學這個的。

在文體明辨裏把樂府分爲九類。

(一)祭祀……用於郊廟的，

(二)王禮……用在大朝會底儀式的，

(三)鼓吹……用於宮中的宴會軍樂也屬於這類；

(四)舞樂……用於舞的，

(五)琴曲……用於琴的，

(六)相和……因相和而歌故多民間俚謠；

(七)清商……一名清樂爲九代底遺聲，江南之吳歌，荊楚之西曲屬這一類；

(八)雜曲……古歌謠之類，

(九)新曲……唐八新作。

在郭茂倩底樂府詩集裏雖分爲十二類，然大致不錯。（郊廟歌辭、燕射歌辭、鼓吹曲辭、橫吹曲辭、相和歌辭、清商曲辭、舞曲歌辭、琴曲歌辭、新曲歌辭、近代曲辭、雜謠歌辭、新樂府辭。）

樂府底命題有種種，有加以歌（如挾瑟歌、襄陽歌，）行（如君子行、兵車行，）歌行（如短歌行、燕歌行，）引（如箜篌引、丹青引，）曲（如烏棲曲、明妃曲，）吟（如梁父吟，古長城吟）等名稱的，也有不加名稱的（如折楊柳、將進酒、行路難。）所謂歌所謂行畢竟是題名底不同，却無體製上的差別。說詳文體明辨。（參考2）

又樂府底體裁有三言、四言、五言、六言、七言、雜言等分別。（參考3）而與詩不同的處所是在於以聲調爲主，所以其佳妙處是在於使用長短錯雜之句。試把古詩與樂府底適例一比較，兩者底區別就很顯明了。

古詩十九首（其十五）

生年不滿百，常懷千歲憂；
晝短苦夜長，何不秉燭遊！
爲樂當及時，何能待來茲！
愚者愛惜費，但爲後世嗤。
仙人王子喬，難可與等期。

西門行（樂府）

出西門，步念之；今日不作樂，當待何時！（一解）
夫爲樂，爲樂當及時；何能坐愁怫鬱，當復待來茲！（二解）
飲醇酒，炙肥牛；請呼心所歡，可用解愁憂。（三解）
人生不滿百，常懷千歲憂；
晝短苦夜長，何不秉燭遊！（四解）

自非仙人王子喬，計會壽命難與期；

自非仙人王子喬，計會壽命難與期。（五解）

人壽非金石，年命安可期；

貪財愛惜費，但爲後世嗤。（六解）

就這例看來，西門行是完全源本古詩，把其句前後割裂，另插入他種句子，長短錯雜，極盡節奏之妙。在樂府詩集裏是屬於相和歌辭瑟調曲的。後來絕句與塡詞的關係恰與此同。玆再舉有名的數篇如後，但其中也有用散聲、送聲、和曲之類的。

上邪（漢鐃歌）

上邪，我欲與君相知，長命無絕衰。山無陵，江水爲竭，冬雷震震夏雨雪，天地合，乃敢與君絕。

有所思 (同)

有所思，乃在大海南。何用問遺君？雙珠玳瑁簪，用玉紹繚之。聞君有他心，拉雜摧燒之。摧燒之，當風揚其灰，從今已往，勿復相思，相思與君絕。雞鳴狗吠，兄嫂當知之；妃呼豨，秋風肅肅晨風颸，東方須臾高知之。

臨高臺 (同)

臨高臺以軒，下有清水清且寒。江有香草目以蘭，黃鵠高飛離哉翻。關弓射鵠，令吾主壽萬年，收中吾。

薤露歌 (漢相和曲)

薤上露，何易晞？露晞明朝更復落，人死一去何時歸。

蒿里曲（同）

蒿里誰家地？聚斂魂魄無賢愚。鬼伯一何相催促，人命不得少踟躕。

江南（同）

江南可採蓮，蓮葉何田田，魚戲蓮葉間。魚戲蓮葉東，
魚戲蓮葉西，魚戲蓮葉南，魚戲蓮葉北。

採蓮曲（清商曲辭） 梁武帝

古今樂錄曰：采蓮曲，和云，蓮渚窈窕舞佳人，

遊戲五湖採蓮歸。發花田葉芳襲衣。爲君儂歌世所希。

世所希　有如玉◎　江南弄　採蓮曲◎

前題　　　　昭明太子

和云採蓮歸。綠水好沾衣。

桂檝蘭橈浮碧水◎　紅花玉面兩相似◎　蓮疎藕折香風起◎

香風起　白日低◎　採蓮曲　使君迷◎

楊叛兒

古今樂錄曰：楊叛兒送聲云：叛兒。教儂不復相思。

歡欲見蓮時，　移湖安屋裏。

芙蓉繞牀生，　眠臥抱蓮子。

上邪與有所思二曲，都是漢代底鐃歌，卽屬於軍樂。其本意是借男女底關係以述君臣之義的，其字句長短極盡錯雜。原來五言雖是漢魏六朝底詩底正體，但一成爲樂府就以歌爲主，所以不必以五言爲限了。要之字句整齊反失之單調，因欲以抑揚緩急的調子爲有趣的緣故，特用長短句以使字句不齊的。其中臨高臺底收中吾，有所思底妃呼豨是用散聲或者餘聲之句，是完全無意義的。蓋後世塡詞之所因而起的根由。相和曲是衆人相和而歌之曲。薤露蒿里本是田橫底門客傷其自殺而作的悲歌，武帝之時李延年分之爲二曲，說是薤露是葬王公貴人，蒿里是送士庶人的時候使挽柩的人歌的。卽是一種挽歌，使挽柩車的人合唱的歌。江南曲是一人一唱了上三句，衆人和和而唱「魚戲蓮葉東」以下的四句。在梁之武帝和昭明太子底江南弄採蓮曲裏有和曲，亦是這種的遺聲。又楊叛兒是一種子夜體底短詩，在這裏面便有送聲。所謂送聲是因終曲附加於其後而歌的，又如「西烏夜飛」是和與送聲兩樣都有的。這樣樂府底歌法加以種種的研究就瞭然了。

〔參考〕

(1)文心雕龍（樂府）

暨武帝崇禮，始立樂府。總趙代之音，撮齊楚之氣，延年以曼聲協律，朱馬以騷體製歌，桂華雜曲，麗而不經，赤雁羣篇，靡而非典。河間薦雅而罕御，故汲黯致譏於天馬也。

(2)文體明辨（樂府）

按樂府命題，名稱不一，蓋自琴曲之外，其放情長言，雜而無方者曰歌·步驟馳騁，疏而不滯者曰行·兼之曰歌行·述事本末，先後有序，以抽其臆者曰引·高下長短，委曲盡情以道其微者曰曲·吁嗟慨歎，悲憂深思，以呻其鬱者曰吟·因其立辭之意曰辭·本其命名之義曰篇·發歌曰唱·條理曰調·憤而不怒曰怨·感而發言曰歎·又有以詩名者，以弄名者，以章名者，以度名者，以樂名者，以思名者，以愁名者，……

(3)詩藪（古體雜言）

世以樂府爲詩之一體，余歷考漢魏六朝唐人詩，有三言、四言、五言、六言、七言、雜言、近體、排律、絕句、樂府皆備有之。練時日、雷震震等篇三言也；箜篌引、善哉行等篇四言也；鷄鳴、隴西等篇五言也；烏生、雁門等篇雜言也；妾薄命等篇六言也；燕歌行等篇七言也；紫騮、枯魚等篇五言絕也；皆漢魏作也。挾瑟歌等篇七言絕也；折楊柳、梅花落等篇五言律也；皆齊梁人作也。虞世南從軍行、耿湋出塞曲五言排律也；沈佺期盧家少婦、王摩詰居延城外七言律也；皆唐人作也。五言長篇則孔雀東南飛，七言長篇則木蘭歌，是樂府於諸體無不備有也。

第二節　絕句底歌法

至唐而歌唱漢魏古樂府的調子漸亡失，新聲遂因之而發生，已如前所述。玄宗人都知道是英明之君，且又是極其擅長音樂的人，選演藝者三百人親在禁苑底梨園教習宮女數百人也是梨園底弟子。(參看後章唐之梨園樂)恰如在漢武帝時的李延年一樣的名工李龜年爲梨園底樂長，黃旛綽、雷海靑、李謩等相集而論律呂宮調，盛大地研究新樂。又六朝以來與西域交通頻繁，所以在隋唐之際，西方胡樂輸入頗多。樂府底標題用『伊州』、『甘州』、『涼州』等邊陲地名的，卽是取了從其地傳來的胡樂底調子。因長恨歌而有名的『霓裳羽衣曲』，傳說是玄宗夢遊月宮學得來的，然實際是西涼府都督楊敬述所獻的天竺婆羅門之曲。(參考1)

原來合新樂而歌的樂章卽是五七言底絕句。律詩、絕句是唐代新起的近體，平仄押韻的規則極其嚴格音律是很諧協的特別絕句僅限於五七言四句且不如律詩一樣爲對聯所束縛所以使合於樂律而歌是極其適當的倘若因曲調之便以四句失之太短時，則連結數首也是極便利的。故在梨園所奏的大曲和在酒席間所唱的小令，其歌辭多是絕句。絕句實是唐代底樂章哩。例如高適、王昌齡、王之渙底三詩星在酒樓以歌妓所歌在三人中以何人底詩最多來定詩名之高下，這是有名的逸話見於唐人底小說中的。否定此事的考證家雖有，（莊嶽委談）但姑無論其事實底有無，總之歌唱當代名家底作品的風氣是流行的這很可知道了。（參考2）如白樂天一樣每出一篇詩則長安底名妓競爭新奇，從事傳學，以增其聲價。宣宗底輓聯說『童子解吟長恨曲，胡兒能唱琵琶篇。』

李太白底清平調是七絕三首。傳云，玄宗與楊貴妃設燕賞沈香亭底木芍藥，以梨園舊曲無趣，急召翰林李白於宮中賦詩，命李龜年按譜，帝自吹玉笛以調曲，每曲遍將換則緩其聲以味其餘韻。（參考3）又霓裳羽衣凡十三疊。宋沈括底夢溪筆談說：

霓裳曲凡十三疊，前六疊無拍，至第七疊方謂之疊遍，自此有拍而舞作。

(但碧鷄漫志說作十二疊)這卽是舞曲，而不歌的。故白樂天底長恨歌裏有『驚破霓裳羽衣曲』和『恰似霓裳羽衣舞』之句。其演奏方法詳於宋王灼底碧鷄漫志。這也可以看做在曲之終了把聲引長的一種東西。(參考4)

論到大曲底組織，在碧鷄漫志裏也說明過了。

凡大曲有散序、靸、排遍、攧、正攧、入破、虛催、實催、滾拍、遍歇、殺滾，始成一曲，此謂大遍。

這雖是樂家底專門，門外漢很難懂得，但總之是有始有終組成緩急虛實底節奏而爲段的。後來元曲底套數也是從這里所生。以外的大曲，水調歌頭是從十一遍，伊州歌是從十遍，陸州歌是從七遍而成立的。其一遍是用五七言底絕句。在宋胡苕溪底漁隱叢話裏說：——

蔡寬夫詩話云：大抵唐人歌曲，不隨聲爲長短句，多是五言或七言詩歌者，取其辭與和聲相疊成音耳。予家有古涼州、伊州辭，與今遍數悉同，而皆絕句也。

豈非當時人之辭爲一時所稱者，皆爲歌人竊取播之曲調乎？

但實際歌唱絕句的時候是怎樣一種歌法，樂譜不傳，無從知道。但既然是歌，總不外把一句複誦，或剽竊一字，或在句間句末插入和聲或散聲，調以妙趣橫生的節調而歌唱着罷了。所謂和聲是用音樂底餘聲引長的聲，散聲是曲譜以外的器樂底吹奏。

茲把絕句底歌法就所知聊舉二三例於次。

陽關曲　　王維

渭城朝雨浥輕塵，客舍青青柳色新；
勸君更盡一杯酒，西出陽關無故人。

這詩本來是送人使於西安的，但因其極有名，後來就一般作爲送別的歌而歌唱着，叫做陽關三疊。其三疊底方法有種種的說法，有人以爲是僅把結句唱三次而稱爲三疊的。此說殊非是，原是說僅是第一句單誦，第二句以下每句須複誦的。（參考5）後世元底北曲有題爲陽關三疊的曲，屬於大石調。其歌法雖然極複雜，但以此可以尋出古法三疊底面影，故覺得很愉快。

陽關三疊（北曲大石調）

渭城朝雨浥輕塵。（韻）更灑遍客舍青青，（句）弄柔凝千縷，（句）更灑遍客舍青青，（句）弄柔凝翠色，（句）更灑遍客舍青青，（句）弄柔凝柳色新。（韻）休煩惱，（句）勸君更盡一杯酒，（句）人生會少，（句）富貴功名有定分；（句）休煩惱，（句）勸君更盡一杯酒，（句）舊遊如夢，（句）只恐怕西出陽關眼前無故人。（韻）休煩惱（句）勸君更盡一杯酒（句）只恐怕西出陽關眼前無故人（韻）

又有所謂『竹枝』『採蓮子』等歌曲。這等都見於萬紅友底詞律。

竹枝

後唐　皇甫松

門前流水竹枝白蘋花，女兒　岸上無人竹枝小艇斜。女兒
商女經過竹枝江欲暮，女兒　散拋殘食竹枝飼神鴉。女兒

採蓮子

皇甫松

菡萏香連十頃陂，舉棹·　小姑貪戲採蓮遲。年少·
晚來弄水船頭溼，舉棹·　更脫紅裙裹鴨兒。年少·

「竹枝」是巴歈，「採蓮子」是吳歌，都屬俚謠。王昌齡、劉禹錫、白居易等底集子裏也有「竹枝」「楊柳子」等題目，但不載「竹枝」「女兒」等底拍子或器樂吹奏。原來詩集是以詩句爲主，所以不特別記載歌法，大概是在實際歌唱時各各加入散聲以定拍子

的。劉底『竹枝』底序裏說：

『竹枝』巴歈也巴兒聯歌，吹短笛擊鼓以赴節，歌者揚袂睢舞，其音黃鐘羽，末如吳聲，含思宛轉，有淇濮之豔焉。

所謂『竹枝，』所謂『女兒，』即是歌唱時衆人相隨和的聲。在詞律這樣註釋的。大概『竹枝』是歌者手拿竹枝以取拍子的。又『採蓮子』是舟遊山底曲。吳是水國，所以多做採蓮之遊。其散聲叫做「舉棹」的，即是時常把採在手裏的舉起來的意思。所謂『女兒』與『少年』雖覺得卑俗，但原是戀歌，田婦野老羣集的遊戲，用了這樣的散聲更覺添興趣了。誦了這種歌辭，頗令人聯想到日本底『盆踊』底風俗。

〔參考〕

（1）漁隱叢話、碧鷄漫志

霓裳羽衣曲，說者多異。予斷之曰，西涼創作，明皇潤色，又爲易美名。其他飾以神怪者皆不足信也。唐史云：

河西節度使揚敬述獻，凡十二遍。白樂天和元微之霓裳羽衣曲歌云：由來能事各有主，楊氏創聲君造譜。自注云：開元中西涼節度使楊敬述造。鄭嵎津陽門詩註，亦稱西涼府都督揚敬述進。予又考唐史突厥傳，楊敬述白衣檢校涼州事，鄭嵎之說是也。劉夢得詩云：開元天子萬事足，惟惜當年光景促；三鄉陌上望仙山，歸作霓裳羽衣曲。李肱霓裳羽衣曲詩云：開元太平時，萬國賀豐歲；梨園進舊曲，玉座流新製；鳳管迭參差，霞裳競搖曳。元微之法曲詩云：明皇度曲多新態，宛轉浸淫易沈著；赤白桃李取花名，霓裳羽衣號天樂。夫西涼既獻此曲，而三人者又謂明皇製作，予以爲西涼創作，明皇潤色也。

(2)集異記碧鷄漫志

開元中詩人王昌齡、高適、王渙之詣旗亭飲，梨園伶官亦招妓聚燕。三人私約曰：我輩擅詩名，未第甲乙，試觀諸伶謳詩分優劣。一伶唱昌齡二絕句，一伶唱適絕句。渙之曰：佳妓所唱，如非我詩，終身不敢與子爭衡；不然，子等列拜床下。須臾妓唱渙之詩。渙之揶揄二子曰：田舍奴，我豈妄哉。以此知唐伶妓以當時名士詩句入歌曲，蓋常事也。

(3)太眞外傳

開元中禁中重木芍藥，即今牡丹也。得數本紅紫淺紅通白者，上因移植於興慶池東沈香亭前。會花方繁開，上乘照夜白，妃以步輦從。詔選梨園弟子中尤者，得樂十六色。李龜年以歌擅一時之名，手捧檀板，押衆樂前，將欲歌之。上曰：賞名花，對妃子，焉用舊樂詞爲。遽命龜年持金花牋，宣賜翰林學士李白立進清平樂詞三篇。白欣承詔旨，猶苦宿酲未解，因援筆賦之。龜年捧詞進。上命梨園弟子略約詞調，撫絲竹，遂促龜年以歌。妃持玻璃七寶杯，酌西涼州葡萄酒，笑領歌意甚厚。上因調玉笛以倚曲，每曲遍將換，則遲其聲以媚之。妃飲罷，斂繡巾再拜。上自是顧李翰林尤異於他學士。

(4)碧鷄漫志

樂天和元微之霓裳羽衣曲歌云：磬簫箏笛遞相攙，擊擫吹彈聲邐迤。注云：凡法曲之初，衆樂不齊，惟金石絲竹，次第發聲，霓裳序初亦復如此。又云：散序六奏未動衣，陽臺宿雲慵不飛，中序擘騞初入拍，秋竹吹裂春冰拆。注云：散序六遍無拍，故不舞；中序始有拍，亦名拍序。又云：繁音聲節十二遍，跳珠撼玉何鏗錚，翔鸞舞了却收翅，唳鶴曲終長引聲。注云：霓裳十二遍而拍終。凡曲將終，皆聲拍促速，惟霓裳之末，長引一聲。

(5)漁隱叢話(陽關霓裳)

東坡云：舊傳陽關三疊，然今世歌者每句再疊而已。若通一首言之，是四疊，皆非是。或每句三唱，以應三疊之說，則叢然無復節奏。余在密州，有文勛長官，以事至密，自云得古本陽關，其聲宛轉淒斷，不類，乃知唐本三疊蓋如此。及在黃州，偶讀樂天對酒詩云：相逢且莫推辭醉，聽唱陽關第四聲。註云：第四聲，勸君更盡一杯酒。以此驗之，若一句再疊，則此句爲第五聲，今爲第四聲，則一句不疊審矣。

第三節　填詞

關於填詞底源流，如在詩藪和文體明辨裏所說：

樂府之體，古今凡三變漢魏古詞一變也唐人絕句一變也宋元詞曲一變也。

六朝聲偶變唐之漸乎。五季詩餘變宋之漸乎。（詩藪）

按詩餘者，古樂府之流別，而後世歌曲之濫觴也。（文體明辨）

則填詞雖是古樂府底流別，却是直接從唐之絕句生出的。因漢魏底樂府漸漸亡失，故唐人專以絕句爲歌。在絕句底歌法裏所用的和聲、散聲、偸聲等卽是詞底所由起。絕句是五七言四句底短章很整齊的，因而少變化、之興味。所以在實際歌唱的時候在一句之中偸去一字或塡入一字，或於句間句尾加以和聲或散聲使成爲長句，以此調節抑揚緩急的調子。所以如其聲底含蓄或伸張而按譜以塡字的卽是詞了。朱子說：（參考1）

古樂府只是詩中泛聲。後人怕失那泛聲，逐一添箇實字，遂成長短句，今曲子便是。（雨村曲話）

這一說很可以供我們的參考。

塡詞是從唐之中葉起的。例如張志和底漁歌子，劉禹錫底瀟湘神，無論從詞體說，從時代看，可斷說是塡詞底嚆矢。

漁歌子 五句二十七字四韻

○●○○●●○ 首句平韻起 ◓○○●●○○ 二句平叶

○●● 三句 ●○○ 四句平叶 ○○◓●●○○ 五句平起

本意 張志和（中唐）

西塞山前白鷺飛，桃花流水鱖魚肥。

青箬笠，綠簑衣，斜風細雨不須歸。

瀟湘神 五句二十七字四韻

○●○ 首句平韻起　○●○ 疊上三字　◐○◐●●○○ 三句平叶

●●●○○●● 四句　◐○◐●●○○ 五句平叶

本意　劉禹錫(中唐)

斑竹枝，斑竹枝，泪痕點點寄相思。

楚客欲聽瑤瑟怨，瀟湘深夜月明時。

憶王孫 五句三十一字五韻

◐○◐●●○○ 首句平韻起　◐●○○◐●○ 二句平叶

◐●○○◐●○ 三句平叶　●○○ 四句平叶

◐●○○◐●○ 五句平叶

春景　　　　　　　　李重元（五代）

萋萋芳草憶王孫，柳外樓高空斷魂。

杜宇聲聲不忍聞。欲黃昏，雨打梨花深閉門。

這幾例是詞式中的最原始的。漁歌子底第三第四句及瀟湘神底第一第二句如其作爲絕句看，是把七字句中的一字偸去而分爲每三字一句的二句；又憶王孫底第四句是塡入和聲而成爲三字句的。平仄押韻雖稍有不同，但要之與詩相隔僅一間而已。由是而漁歌子、瀟湘神、憶王孫底平仄圖式定，後來就成爲詞體底定名，與詞中的意味遂完全分離了。用漁歌子底體裁以賦送別之意也可以，題還是叫做『漁歌子。』唯據本來的意思而作的時候則說作『本意。』文體明辨說：

詩餘謂之塡詞，則調有定格，字有定數，韻有定聲。

按照圖式把字塡入去，所以叫作塡詞；一叫作詩餘；爲詩底末流之意。

俗傳塡詞是李太白所創，但這不過是借太白之名以增重詞底起原罷了。號稱他底作品的菩薩蠻、憶秦娥二詞却頗複雜，到底不是原始的詞體。且起初沒有生出這樣的體裁底理由，所以在胡氏筆叢裏說是晚唐人底作品。(參考2)

塡詞在開始是非常簡單的，與流行相並，其形式漸次複雜，至於產生各種體裁。有把同樣的調子重疊起來的叫做雙調，也有前後同段的，又有把後段之首換了的。這叫作換頭，或者也有把前後全然不同的格式重疊起來的，或者也有至於三疊四疊的。因而字句加長，由是有小令、中調、長調之目。依據詞律則以在五十八字以內的作爲小令，五十九字至九十字止爲中調，九十一字以上的爲長調。然是亦不通之說，必定拘執於字數是沒有關係的。詞式底最簡單的從「十六字令」底十六字起，最長到「鶯啼序」底四疊二百四十字之多，據欽定詞譜總共實達八百二十六調，二千三百〇六體，那樣可觀的數目。因此不同詩式那樣的簡單，要想暗記是很難的。然平仄嚴格，可以想見作者底苦心。玆舉雙調數例如左。

長相思（前後同段）

◐◐○首句平韻起　◐◐○二句平叶　◐●○○◐●○三句平叶

◐○◐●○四句平叶

錢唐

白居易（中唐）

汴水流，泗水流，流到瓜州古渡頭，吳山點點愁。

思悠悠，恨悠悠，恨到歸時方始休，月明人倚樓。

相見歡（雙調換頭）

◐○◐●○○首句平韻起　●○○二句平叶　◐●◐○○●三句　●○○

四句平叶

◐◐●起句仄韻換　◐◐●二句仄叶　●○○三句平叶

◐●◐○○● 四句 ●○○ 五句平叶

秋閨

李後主(南唐)

無言獨上西樓，月如鉤；寂寞梧桐深院，鎖清秋。

剪不斷，理還亂。是離愁 別是一般滋味，在心頭。

菩薩蠻

(前後不同)

◐○◐●○○● 首句仄韻起 ◐○◐●○○● 二句仄叶 ◐●●○○ 三句平韻換 ◐○◐○○ 四句平叶

◐○○●● 起句仄韻三換 ◐○●○● 二句三仄叶 ◐●●○○ 三句平韻四換 ◐○◐●○ 四句四平叶

閨情

唐無名氏(李白)

平林漠漠煙如織；寒山一帶傷心碧。暝色入高樓；有人樓上愁。

玉階空佇立；宿鳥歸飛急。何處是歸程？長亭更短亭。

憶秦娥

○◐● 首句仄韻起　◐○◐●○○● 二句仄叶　○○● 三句疊上三字

◐○◐● 四句　●○○● 五句仄叶

◐○◐●○○● 起句仄叶　◐○◐●○○● 二句仄叶　○○●

三句疊上三字　◐○◐● 四句　●○○● 五句仄叶

本意　唐無名氏（李白）

簫聲咽；秦娥夢斷秦樓月；秦樓月；年年柳色，灞陵傷別；

樂遊原上清秋節，咸陽古道音塵絕。音塵絕，西風殘照，漢家陵闕。

就這幾例看，說是菩薩蠻與憶秦娥之體在漁歌子與瀟湘神之前總不覺得以爲然的。李後主底換頭，『剪不斷，理還亂』二句是極其有名的。總之，詞是起於中唐，大流行於晚唐五代之間，至宋而極呈盛況。徽宗雖是亡國之君，然多藝而精通音律，以周邦彥領大晟樂府，比切聲調，盛作新聲。因這原由，所以宋人大概都巧於塡詞。歐陽公、蘇東坡等皆作詞，其中秦少游底詞，婉麗綺靡，最膾炙人口，遠方女子有好之至死的，其感動人心之深，很可想見塡詞底流行底程度了。至南宋而姜白石、張玉田等名家輩出，更極一時之盛。

宋詞有南北兩派。南派是柳耆卿、周邦彥等，以婉約爲主；北派是蘇東坡、辛稼軒等，以豪放爲主。詞原來是歌曲，所以原於人情，崇尙詞底婉麗，調底流暢，宜以婉約的南派爲宗派，豪放的北派寧可說是別格。在文體明辨裏說得好：

> 要之樂府詩餘，同被管絃，特樂府以皦逕揚厲爲工，詩餘以婉麗流暢爲美，此其不同耳。

又進一步說：

> 論其詞則有婉約者，有豪放者，婉約者欲其辭情醞藉；豪放者欲其氣象恢弘；

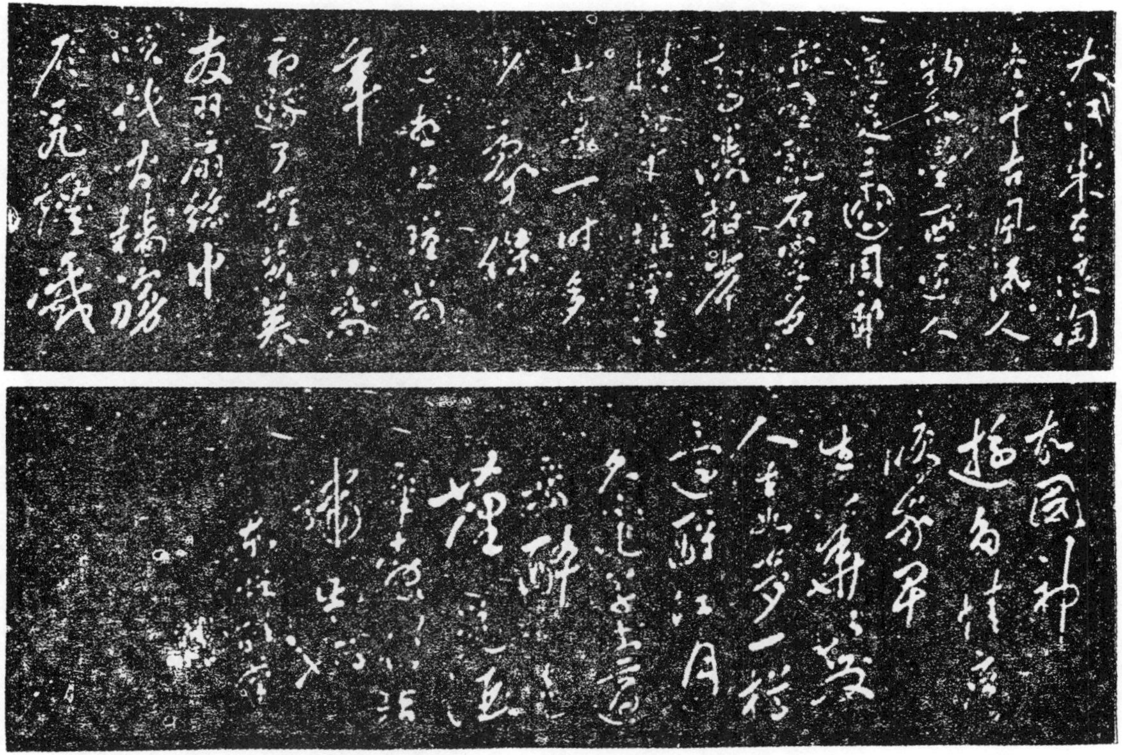

蘇東坡書大江東去詞

蓋雖各因其質，而詞貴感人，要當以婉約爲正。否則雖極精工，終乖本色，非有識之所取也。

這種斷案，誠爲篤論。（參考3）最後引一笑談於此，以說明南北兩派底不同。詞話云：東坡居翰林院時，幕士中有善歌的人。東坡因問自己底詞與柳耆卿底詞底比較怎樣。那人底回答是，柳郎中之詞宜於只十七八歲女郎，按着紅牙拍而歌『楊柳岸曉風殘月，』學士之詞適於關西大漢，執着鐵綽板而唱『大江東去。』東坡爲之絕倒。一是女性的，一是男性的，這很可以說明南北兩派底比較了。『楊柳岸曉風殘月』爲柳之名句，『大江東去』爲東坡得意之作。

雨霖鈴（雙調）　秋別　柳耆卿

寒蟬凄切，對長亭晚，驟雨初歇。都門悵飲無緒，方留戀處，蘭州催發。執手相看淚眼，竟無語凝咽。念去去千里煙波，暮靄沈沈楚天闊。

多情自古傷離別；更那堪冷落清秋節。今宵酒醒何處？楊柳岸，曉風殘月。此去經年，應是良辰，好景虛設。便縱有千種風情，更與何人說。

念奴嬌（雙調） 赤壁懷古 蘇東坡

大江東去，浪淘盡千古風流人物。故壘西邊，人道是三國周郎赤壁。亂石穿空，驚濤拍岸，捲起千堆雪。江山如畫，一時多少豪傑。遙想公瑾當年，小喬初嫁了，雄姿英發；羽扇綸巾，談笑間檣艣灰飛煙滅。故國神遊，多情應嘆我早生華髮。人生如夢，一樽還酹江月。

【參考】

（1）夢溪筆談

詩之外又有和聲，則所謂曲也。古樂府皆有聲有詞，連屬書之，如曰，賀賀賀，何何何之類皆和聲也。今管絃之中纏聲亦其遺法也。唐人乃以詞填入曲中，不復用和聲。

（辭源纏聲音樂中之餘聲也。古作和聲。）

(2)筆叢（莊嶽委談）

今詩餘名「望江南」外，菩薩蠻、憶秦娥稱最古。以草堂二詞出太白也。近世文人學士或以實然。余謂太白在當時，直以風雅自任，即近體盛行，七言律鄙不肯爲，寧屑事此。且二詞雖工麗，而氣衰颯，於太白超然之致，不啻霄壤。藉令眞出青蓮，必不作如是語。詳其意調絕類溫方城輩，蓋晚唐人詞，嫁名太白。若懷素草書，李赤姑孰耳。原二詞嫁名太白，有故。草堂詞，宋末人編，青蓮詩亦稱「草堂集」，後世以二詞出唐人，而無名氏，故僞題太白以冠斯編耶。

(3)藝苑卮言

詞雖婉轉綿麗，淺至儇俏，挾春月煙花於閨幨內奏之，一語之豔，令人魂絕，一字之工，令人色飛，乃爲貴耳。至於慷慨磊落，縱橫豪爽，抑亦其次，不可作耳。作則寧爲大雅罪人，勿儒冠而胡服也。

(4)四庫全書提要（東坡詞）

詞自晚唐五代以來，以清切婉麗爲宗，至柳永而一變，如詩家之有白居易；至蘇軾而又一變，如詩家之有韓愈：遂開南宋辛棄疾等一派，尋源溯流，不能不謂之別格。然謂之不工則不可。故至今日尚與「花間」一派並行而不能偏廢。（花間詞集名。）

国家出版基金项目
NATIONAL PUBLICATION FOUNDATION

中國文學概論講話（中）

[日]鹽谷溫◎著
孫俍工◎譯

山西出版傳媒集團
山西人民出版社

下編

第五章 戲曲

第一節　敍說

詞至南宋極盛，遂一轉而爲元曲，在中國文學史上放一燦爛的光彩。文學史家是把漢之文、唐之詩、宋之詞、元之曲並稱，以此四者而誇爲可以代表其時代的所謂"Epock-making"的大文學的。然而在我國（指日本）從來漢文與唐詩底研究雖非常盛行，至於宋詞與元曲底研究却付等閒。我國底詞曲研究者前有田能村竹田，後僅先師森槐南博士。竹田編塡詞曲譜且自作詞；槐翁少年之作有補天傳奇深草秋等之曲；被稱爲比較清儒黃遵憲是具體而微的，又曾在大學編了詞曲底講義。到了近年，中國本國也曲學勃興，曲話及傳奇底刊行不少，吾（著者）師長沙葉煥彬先生及海寧王靜安君同是斯界底泰斗。尤其是王氏有戲曲考原曲錄古劇脚色考宋元戲曲史等有益的著述王氏遊寓京都時，我學界也穴受刺激從狩野君山博士起久保天隨學士、鈴木豹軒學士、西村天囚居士、亡友金井君等都對於斯文造詣極深，或對曲學底研究吐卓學，或競先鞭於名曲底紹介與翻譯，呈萬馬駢鑣而馳騁的盛觀。先是明治三十年笹川臨風學士發表中國小說戲曲小史，接着幸田露伴博士作元曲選底解說，森川竹磎氏底詞律大成二十卷是煞費苦心之作，今關天彭氏又著中國戲曲集。余也曾留學禹域，從葉先生學得名曲數種底句讀，然總之，與唐宋八家底達意明快的文章不同，其字句底絢爛，故事底堆疊，加之以風俗習慣文物制度底難知，到底不是容易的事業。唐宋八家底文章恰如米穀爲民生不可缺的，詞曲如珍饈百味，僅可供富貴之家賞玩。看見太牢珍饈不能禁制食指之動，茲不過嘗其一臠的肉而已。

原來所謂元曲即是雜劇，由曲、白、科三者組成的。俳優底登場搬演叫做科；說話叫做白。這與日本底能、狂言、西洋底歌劇或滑稽歌劇差不多。北京話說觀劇爲聽戲，在西洋歌劇也說聽。總之，曲是中國劇底中心，是合管絃以歌唱的。其曲卽是塡詞。但與向來之詞音韻格調自異，與詞譜（欽定詞譜、塡詞圖譜）相對別有所謂曲譜（太和正音譜、欽定曲譜），雖是同題名的塡詞，詞譜與曲譜是完全不同體的。例如：

醉花陰（小令 雙調 前後同段） 詩餘譜

◐◐◒◒○◐●（韻七字句） ◐●◐○●（叶五字句） ◐●●○○（五字句）
◐●◒○◐●○○●（叶九字句）

重陽 李淸照

薄霧濃雲愁永晝，瑞腦噴金獸。佳節又重陽，寶枕紗廚，半夜秋初透。
東籬把酒黃昏後，有暗香盈袖。莫道不銷魂，簾捲西風，人似黃花瘦。

醉花陰（黃鍾宮） 北曲譜

平上平平去平上（韻七字句） 去平平平去上（叶六字句） 上平去去平平（叶六字句） 去去

平平（四字句）平去平平去上（叶六字句）

〇 丹丘先生

無始之先道何祖，太極初分上古。兩儀判，混元舒，四象方居，一氣爲天地母。

在詞只是單分平仄，曲則須把平、上、去三聲一一區別，這其間的差異很可想見了。但入聲在元之北曲裏已亡失了。

抑演劇濫觴於唐之梨園。今日優伶還供祀玄宗偶像，即其表徵。且元代戲曲直接創始於宋金，所以先述唐宋古劇底一斑，然後及於金元底雜劇。

第二節　唐宋的古劇

一　唐之梨園樂

六朝之間，古樂大壞，雅俗混淆，始無差別。迨隋之文帝滅陳而得其樂，嘆賞爲這是華夏底正音後始分音樂爲雅俗二部。唐興，音樂仍隋之舊，武德（高祖年號）以後，設內教坊於禁中使專司俗樂，在祭祀、大朝會等國家大典用太常（樂官）底雅樂，宮中燕樂時就用教坊底俗樂。俗樂失了徵聲，一起是四聲二十八調。

自周陳以上，雅鄭淆雜而無別。隋文帝始分雅俗二部。至唐更曰部當。凡所謂俗樂者二十有八調：正宮、高宮、中呂宮、道調宮、南呂宮、仙呂宮、黃鐘宮爲七宮，越調、大食調、高大食調、雙調、小食調、歇指調、林鐘商爲七商，大食角、高大食角、

雙角、小食角、歇指角、林鐘角、越角爲七角，中呂調、正平調、高平調、仙呂調、黃鐘羽、般涉調、高般涉爲七羽。（唐書禮樂志）

玄宗尤精通音樂，置內教坊於蓬萊宮之側，獎勵散樂倡優之伎，挑選坐部伎（有坐部與立部二種。前者坐於堂上，後者立於堂下以奏樂的）底弟子三百人於梨園，天子親自教以音樂。其學生卽叫做皇帝梨園弟子，宮女數百人也是梨園弟子，居於宜春北院底梨園。（參考1）按宜春院恐怕就是內教坊底所在地。又內教坊之外有外教坊，而說作左右教坊。（參考2）當時名伶有李龜年、李謩、雷海青、黃旛綽、賀懷智、馬仙期之徒，是很明白音曲，精工歌舞的。又舞底種類有軟舞、健舞等，如楊貴妃是最長於歌舞的，有名的霓裳羽衣曲卽是舞曲之一。且在歌舞音曲之外又有戲劇，大面、撥頭、踏謠娘、蘇中郎、窟礧子、參軍戲等名是散見於各書上的。（參考3）

（一）大面　又叫做代面，原是從北齊起的。北齊底蘭陵王長恭，才武而勇敢善戰，但容貌非常美麗如同婦人。因嫌其不足以威敵，乃刻木作假面，常著之以臨陣，曾破周師於金墉城下，勇冠三軍，齊人壯之而作此舞，以模擬其指麾擊刺之狀，稱爲『蘭陵王入陣曲』。唐之大面戲卽是這個戲者被可怕的大面，身著紫衣，腰帶金粧刀，手執鞭而舞。（參看卷首插畫）

（二）撥頭　一叫做缽頭，原出於西域。一胡人爲猛虎所噬殺，其子上山尋見父屍而慟哭，遂以退虎而報了父仇，是這樣一個故事。戲者披髮、著素衣，扮着喪事裝束和哭喪的臉。王國維以爲撥頭是在北史西域傳裏的拔豆國底譯音，此戲原是發生於拔豆國，經龜茲等國而傳入中國的。（宋元戲曲史）

（三）踏謠娘　在北齊有所謂蘇姓的人，實未嘗作官，而自號『郎中』，齇鼻而嗜飲，但酒性甚惡，醉則毆其妻。妻美而工歌唱，乃含悲作怨苦之辭而訴之於隣里。這是此劇底所本。演者作婦人的裝束，徐步入場，且行且歌，每一疊，旁人齊和之云：『踏謠和來，踏謠娘苦和來。』（所謂踏謠卽是因其一面走一面歌之謂。）旋其夫來，始作夫婦吵鬧底樣式以博笑樂。在唐代也有女優扮演『踏謠娘』的事。

(四)蘇中郎 後周人有名蘇葩的，嗜酒，落魄而自號『中郎，』不論哪裏有宴會，就走進去獨自乘興舞跳。此劇演者著緋衣、帶帽面塗赤色以表醉狀。按『踏謠娘』與『蘇中郎』共姓蘇，雖一號郎中，一號中郎，恐怕就是一個人而從夫妻兩方面分別寫的。在這裏還有一可注意的事就是『蘇中郎』劇把代面進了一步，直用塗面，後世底臉譜實是濫觴於此的。

以上是以舞樂爲主的。唐樂早就傳至日本，即是今日還流行的雅樂。其中有所謂『陵王、』『拔頭、』『胡飲酒』等。陵王即蘭陵王，拔頭即撥頭，鉢頭底音譯。胡飲酒恐怕就是『蘇中郎』底故事。

(五)窟礧子 這是一種木偶之戲，其起原有幾說。或以爲原是喪家之樂，或說是陳平所創，又有說是郭禿的。但莫衷一是。想來傀儡大概是漢代從西域傳來的罷！從窟礧、魁礧、傀儡等字音相當的處所看來，大概是譯音來的。至宋這種戲最盛行。

(六)參軍戲 普通說是原本於後漢館陶令石耽底故事。耽曾犯贓罪，然和帝惜其才赦免之，每當宴樂，使著白夾衫（罪人之衣）命優伶戲弄以辱之，經一年而放免，有後來官至參軍的話，但據王國維說，漢代無參軍之官，恐怕是後趙石勒底參軍周延之誤。周延亦同官館陶令竊官絹數萬匹，宥其下獄，每當大會使俳優戲弄之。開元中不但黃旛綽、張野狐之輩精弄參軍，就是在朝紳之中如李仙鶴輩亦善此戲，玄宗特授仙鶴以韶州同正參軍使食其祿。參軍戲因此而流行，一般做爲假官戲，離了石耽或周延底故事而成爲一綠衣秉簡的官人，以一鶉衣鬘髻的蒼頭（蒼鶻）爲對手而做的滑稽戲。在李義山底驕兒之詩裏有所謂『忽復學參軍，按聲喚蒼鶻』，即是謂此。

要之，唐之歌舞戲有凝結某事而以歌舞爲主的與專以滑稽嘲笑爲主的二種。其中已有扮裝脚色底痕跡可尋了。例如參軍即是後世淨或丑之始，假婦人即是旦底源流。以外還有鹹淡、婆羅等名稱。（參攷4）關於脚色之源流詳見王國維底古劇脚色考。（國學叢刊）

〔參考〕

(1)唐書禮樂志

玄宗既知音律，又酷愛法曲。選坐部伎子弟三百，教於梨園，聲有誤者，帝必覺而正之。號皇帝梨園弟子，宮女數百，亦爲梨園弟子，居宜春北院梨園。置內教坊於蓬萊宮側，居新聲散樂倡優之伎，有諧謔而賜金帛朱紫者。

(2)唐書百官志 教坊記

開元二年又置內教坊於蓬萊宮側，有音聲博士，京都置左右教坊，掌俳優雜伎，自是不隸太常，以中官爲教坊使。(百官志)

西京右教坊在元宅坊，左教坊在延政坊。右多善歌，左多工舞，蓋相因習。(教坊記)

妓女入宜春苑，謂之內人，亦曰前頭人，常在上前也。其家猶在教坊，謂之內人家。(同前)

(3)舊唐書音樂志

歌舞戲有大面、撥頭、踏謠娘、窟礧子等戲，玄宗以其非正聲，置教坊於禁中以處之。

代面出於北齊。北齊蘭陵王長恭，才武而面美，常著假面以對敵，嘗擊周師金墉城下，勇冠三軍，齊人壯之，爲此舞以效其指麾擊刺之容，謂之『蘭陵王入陣曲』。

撥頭出西域，胡人為猛獸所噬，其子求獸殺之，為此舞以像之也。踏謠娘生於隋末，隋末河內有人貌惡而嗜酒，常自號郎中，醉歸必毆其妻。其妻美色善歌，為怨苦之辭。河朔演其曲而被之管絃，因寫其夫之容，妻悲訴，每搖頓其身，故號踏謠娘。近代優人頗改其制度，非舊音也。窟壘子亦云魁壘子，作偶人以戲，善歌舞，本喪家樂也。漢末始用之於嘉會，齊後主高緯尤所好。

(4)樂府雜錄（俳優）

開元中黃旛綽、張野狐弄參軍。始自漢館陶令石耽。耽有贓犯，和帝惜其才，免罪。每宴樂即令衣白夾衫，命優伶戲弄辱之，經年乃放。後為參軍誤也。開元中有李仙鶴，善此戲。明皇特授韶州同正參軍，以食其祿。是以陸鴻漸撰詞，言韶州，蓋由此也。武宗朝有曹叔度、劉泉水鹹淡最妙，咸通以來，即有范傳康、上官唐卿、呂敬遷等三人弄假婦人，大中以來有孫乾、劉璘餅，近有郭外春、孫有熊。僖宗幸蜀時，戲中有劉眞者尤能，後乃隨駕入京，籍於教坊弄婆羅。

二　宋之雜劇　鼓子詞

雜劇底名目是始於宋代。宋宮廷當春秋歲時宴饗之際，雜劇與小兒隊女童隊之舞共爲餘興之一。宋祁底春宴樂語，勾雜劇之語中有「宜參優孟之滑稽，式助鄱陽之曼衍，」所以仍然是如唐之參軍戲一樣，以機智底滑稽曼衍爲主的。又存吳自牧底夢粱錄裏說：

大抵全以故事務在滑稽唱念應對，通徧此本是鑒戒，又隱於諫諍，故從便跳露，謂之無過蟲耳。

總之是在滑稽調笑之中寓諫諍之意是參酌東方曼倩之流的了。例如當宋初「西崑體」詩流行之際，朝野紳士皆宗李義山，其中也有點者剽竊義山語句的很多。因此在宮中內宴的時候，一優人穿着破裂得難堪的衣服說他是李義山，旁的優人問其理由，則說是他爲了一般朝紳撕破得成了這樣了。聞者皆大歡笑。（中山詩話）又孔道輔奉使契丹的時候，契丹設宴以犒使者，優人演文宣王（孔子）之戲。道輔遂艴然離席，（宋史）諸如此類，都是帶着幾分滑稽諷刺的意味的。

宋初循舊制設教坊四部。但在宋之教坊所演奏的，不過是唐教坊底二十八調底遺聲的十八調，中只「正平」一調用小令，大曲是不能用的。宋底大曲凡四十曲，輟耕錄所謂三千小令，四十大曲。太宗通曉音律，親製的曲說有三百餘。仁宗時因天下太平，所以粉飾太平的遊戲文學之類甚多。如彈詞、小說、陶眞（見後第六章第四節）等都是這時期發生的。徽宗以驕奢而爲亡國之君，但明音樂，對於藝術很有趣味，獎勵保護，不讓唐之玄宗。以周邦彥爲大晟樂府底長官，盛作新聲，又因爨國人底來朝而作『五花爨弄』底雜劇。如成爲後世有名的西廂記底粉本的趙德麟底商調蝶戀花『鼓子詞』也是此時代底產物。

南渡之後，雜劇愈加隆盛。朱子誹刺當時詩風底流弊評作好似村裏的雜劇一樣，可知當時不獨都城有雜劇，就是在各地也很流行了。在祝允明底猥談也這樣說：

> 南戲出於宣和之後；南渡之際，謂之溫州雜劇。

南戲在後詳論，然溫州地方實是其中心。但一成爲南宋底雜劇，就不如北宋一樣單在滑稽嘲笑，却是搬演一椿故事，也有唱曲，也有說白，集從來流行的大曲、隊舞、彈詞、小說等底大成，直接開金元雜劇之端緒了。依據錄南宋底舊事的周密底武林舊事可以知其梗概。

其中所載的理宗天基聖節底目錄，有名優周朝清、何晏喜、時和、吳師賢等舁進以『君聖臣賢爨』『三京下書』『楊飯』『四偌少年遊』等雜劇。又御前祇應的優人列有吳師賢等十五人之名，在乾淳教坊樂部之條裏也列舉雜劇脚色底俳優六十六名，在各種伎藝人之條裏又列出雜劇脚色三十九人之多，有許多是與前相重複的，其中有女子二名却是値得注意的。當時雜劇有四甲，一甲五人或八人。例如：

劉景長一甲八人

戲頭　李泉現　　引戲　吳興祜

次淨　茆山重、侯諒、周泰、　　副末　王喜

裝旦　孫子貴

蓋門慶進香一甲五人

戲頭　孫子貴　　引戲　吳興祜

次淨　侯諒　　副末　王喜

戲頭、引戲、次淨、副末四角是兩者共同的，但裝旦一角僅八人組有，而不入五人組。此種脚色詳見夢粱錄及元陶宗儀底輟耕錄。（參考1）但戲頭兩書都作末泥，次淨作爲副淨，裝旦有代作裝孤的。試將三者底比較列表於左：

武林舊事——戲頭	引戲	次淨	副末	裝旦
夢粱錄——末泥主張	引戲分付	副淨發喬	副末打諢	裝孤
輟耕錄——末泥	引戲	副淨（參軍）	副末（蒼鶻）	裝孤

總之，末泥卽戲頭，戲中的主人翁。故夢粱錄說作主張，只是總攬大體而作指揮底意思。引戲之分付是傳達末泥底指揮命令的，副淨之發喬與副末之打諢是滑稽嘲笑，這是院本雜劇底骨子。（參李義山驕兒詩）照後世底例，裝旦是女子狀貌，裝孤與外相當，是扮老人或官人底脚色。「孤」是從國君自稱說作「孤」起的，用以扮帝王或官人長者。

在武林舊事裏擧官本雜劇段數二百八十本底目錄。（參考2）例如有所謂六么的二十本，瀛府六本，梁州七本。六么、瀛府、梁州皆是宋教坊十八調中的大曲。如所謂鶯鶯六么是用六么底大曲而把會眞記有名的鶯鶯底故事穿插起來的。

在這里應特筆記出的，是趙德麟底元微之崔鶯鶯商調蝶戀花詞。趙德麟名令時，宋之宗室，以才美爲蘇東坡所嘉，紹興之初爲安定郡王。其詞卽鼓子詞，是合鼓而歌的。截取元微之會眞記之文作爲散序，賦商調蝶戀花詞十闋，前後加二闋以述其著作底原由。散序誦而不歌，詞曲合樂器而歌唱。故第一回的序末說『奉勞歌伴，先聽調格，後聽蕪詞，』從次回起則說『奉勞歌伴，再和前聲』以轉移到詞底方面去。雜劇底樣式沒有白也沒有科；然總之有序有詞，不單以滑稽調笑爲主，卻是首尾一貫地賦出一樁故事，所以說是近代戲曲之祖也無妨的。這實際是在元北曲中最有名的西廂記底源流。（參後節西廂記條。）

鼓子詞至南宋廣行於民間，在陸放翁底詩裏有所謂

斜陽古柳趙家莊，負鼓盲翁正作塲

死後是非誰管得，滿村聽唱蔡中郎。

（捨舟步歸四首之一）

之句。由這詩可以想像在趙家莊底斜陽古柳底蔭下，盲翁擊鼓而歌蔡中郎之詞的光景了。這蔡中郎卽南曲中有名的琵琶記底濫觴。

〔參考〕

（1）夢粱錄 輟耕錄 （莊嶽委談）

雜劇中末泥爲長，每一場四人或五人，先做尋常熟事一段，名曰『豔段，』（輟耕錄作䠷段），次做正雜劇，通名兩段，末泥色主張，引戲色分付，副淨色發喬，副末色打諢，或添一人名曰裝孤。（夢粱錄）

唐有傳奇，宋有戲曲、唱諢、詞說，金有院本、雜劇、諸公調，院本、雜劇其實一也。國朝院本、雜劇始釐而二之，院本則五人，一曰副淨，古謂之參軍。一曰副末，古謂之蒼鶻，鶻能擊禽鳥，末可打副淨，故云。一曰引戲，一曰末泥，一曰孤裝，又謂之五花爨弄，或曰宋徽宗見爨國人來朝，衣裝鞵履巾裹，傅粉墨，舉動如此，使優人效之以爲戲。（輟耕錄）

以今憶之，所謂戲頭卽生也，引戲卽末也，副末卽外也，副淨、裝旦卽與今淨、旦同。（莊嶽委談）

（2）武林舊事『官本雜劇段數』抄錄

爭曲六幺　扯攔六幺　教聲六幺　鞭帽六幺
衣籠六幺　廚子六幺　孤奪旦六幺　王子高六幺
崔護六幺　骰子六幺　照道六幺　鶯鶯六幺
大宴六幺　驢精六幺　女生外向六幺　慕道六幺
雙攔哮六幺　趕厥夾六幺　羹湯六幺　三偌慕道六幺
索拜瀛府　厚熟瀛府　哭骰子瀛府　醉院君瀛府
懊骨頭瀛府　賭錢望瀛府　四僧梁州　三索梁州
詩曲梁州　頭錢梁州　食店梁州　法事饅頭梁州
四哮梁州等

第三節　金之雜劇　搊彈詞　連廂詞

靖康之變，北宋底首都陷，金人即收宋底伶官樂器撤兵而北。同時南宋底高宗定都臨安（今杭州），保持東南半壁之地。宋底舊人多往依之，禮樂制度得稍復舊觀。乾淳（乾道、淳熙，孝宗年號）之際海內小康，文物之盛至號稱「小元祐」（哲宗底年號，參後章諢詞小說）。想像是汴京底陷落在中國聲曲史上劃分一時期，實是後世南北曲底分歧點。宋樂流入於金的即為在元代勃興的北曲底先驅，其南即在江南所流傳的是從元末到明代盛行的南曲底源流。（關於南北曲底起源，日本金井氏還有異說，載在西廂歌劇附錄元曲源流。）

先是起於北方的遼（契丹）從太宗攻晉打入汴京，收集其禮樂圖書，以移植漢族底文明起，經聖宗、興宗、道宗三君皆通文學聲曲，大樂散樂等也粗備，但在還未開化燦然的文明中爲金所滅了。金在沒遼後二年更陷宋之汴京而掩有中原，所以金底文化詳細說來有在前是從遼承繼與在後是從宋輸入的二源流。然從遼傳來的究竟不能與從宋得來的比較。金史文藝傳贊說『韓昉、吳激楚材而晉用之，亦足爲一代之文矣。』韓爲遼之進士，吳是南宋人使於金而被留在那裏的。同時蔡松年亦巧於塡詞，世推稱爲「吳蔡體。」迨至熙宗設教坊置樂宮二百五十四人，世宗、章宗時與宋講和，南北交通，得以小康的緣故，文化底發達也顯著，雜劇也隨之而勃興了。其脚色等詳見輟耕錄。又在是書裏曾舉出「院本」名目六百九十種。（參考1） 但王國維斷定這是金人所作。說是所謂院本是行院本之義，所謂行院是倡伎底居所。因是專爲倡優演唱之本，故叫作院本。

以此與在武林舊事裏的官本雜劇段數比較，相似而更複雜。其中同名的也有。又有所謂「上皇院本」十四本，是關於徽宗皇帝的，其外也有冠以汴京底人物與地名的。這等或者混入了宋底東西也未可知。宋與金雖南北對立，但不常戰爭，頗是平和的。且如文藝聲息相通，南方有趣味的作品一出則北方來取，北方有新的東西則傳於南，這樣兩者之間有一種互相密接的關係。例如以蔡中郎（見前）爲南方的曲，但在北院本中也有所謂蔡伯喈一段。恐怕就是同樣的東西罷。

又在輟耕錄裏說『金有院本、雜劇、諸公調。』其所謂『諸公調』即是『諸宮調。』蓋是小說之支流，而被之於樂曲的，看了從北宋時開始至南宋還流行，所載在武林舊事底諸色伎藝人中諸宮調傳奇之條裏的高郎婦以下四人底名就很可知道了。又在夢粱錄也有——

說唱諸宮調，昨汴京有孔三傳，編成傳奇靈怪，入曲說唱，今杭城有女流熊保保及後輩女童皆效此說唱。

的話。孔三傳是熙寧、元豐（神宗年號）時的人。王國維以金董解元底西廂搊彈詞而斷定是諸宮調。董解元是章宗時人，其名不傳。

搊彈詞是合琵琶而歌的，如宋底「陶眞」一樣。故董解元底西廂一說作「絃索西廂。」題材取自會眞記，更加入幾個人物和幾樁事件於其中，變化錯縱，以編成一大史詩，北曲西廂記底人物梗概是完全照此的。

> 西廂記雖出唐人鶯鶯傳，實本金董解元。董曲今尙行世，精工巧麗，備極才情，而字字本色，言言古意，當是古今傳奇鼻祖，金元一代文戲盡此矣。然其曲乃優人絃索彈唱者，非搬演雜劇也。（莊嶽委談）

趙德麟底鼓子詞僅有詞而無演白，董解元底搊彈詞曲與白都有。但是敘說體，一人一面搊彈，一面念唱，畢竟是一種琵琶上彈奏的故事。更進而一成爲連廂詞，則有司唱一人而和以琵琶、笙、笛各一以唱詞，優人登舞臺動作與唱詞一致。然舞者不唱曲，唱者不舞（日本底「能樂」很類此）可說爲傀儡戲底進一步，與元底雜劇還相距一步。以上大意雖是根據毛西河詞話，但毛西河又說司唱是於代唱之外以勾欄底舞人爲主的，卽所謂末泥與旦兒自己也唱曲。這裏不免有點矛盾了。連廂詞底原作今未發見，是怎樣的一種東西雖不得而知，但從西河所作的擬連廂詞之例看來，所謂末泥與旦兒至少也是自己唱曲的。（參考2）

〔參考〕

(1)輟耕錄「院本名目」抄錄

上皇院本

壺春堂 太湖石 金明池 戀燕山 六變妝 萬歲山 打苣陣 賞花燈 錯入內 悶相思

探花街 斷上皇 打毬會 春從天上來

霸王院本

悲怨霸王 范增霸王 草馬霸王 散楚霸王 三官霸王 補塑霸王

諸雜大小院本

喬記孤 旦判孤 計算孤 雙判孤 百戲孤 哨啫孤 燒棗孤 孝經孤 藥閣孤 貨郎孤

合房酸 麻皮酸 花酒酸 狗皮酸 還魂酸 別離酸 王纏酸 調食酸 三揲酸 哭貧酸

插撥酸 酸孤旦 毛詩旦 老孤遺旦 纏三旦 禾哨旦 哮賣旦 貧富旦 書櫃兒 紙櫥兒

葵奴兒 剃毛兒 喜牌兒 卦册兒 纖篋兒 粥碗兒 似娘兒 卦鋪兒 師婆兒 教學兒

鷄鴨兒 黃丸兒 稜角兒 田牛兒 小丸兒 醜奴兒 莊周夢 花酒夢 蝴蝶夢 瑤池會

八仙會 蟠桃會 洗兒會 藏鬮會 赤壁鏖兵 陳橋兵變 張生煮魚等

(2)毛西河詞話

古歌舞不相合，歌者不舞，舞者不歌；卽舞曲中詞，亦不與舞者搬演照應。宋末有安定郡王趙令畤者，始作「商調鼓子詞，」譜西廂傳奇，則純以事實譜詞曲間，然猶無演白也。至金章宗朝董解元不知何人實作「西廂搊彈詞，」則有白有曲，專以一人搊彈並念唱之。

嗣後金作清樂，仿遼時大樂之製，有所謂「連廂詞」者，則帶唱帶演，以司唱一人，琵琶一人，笙一人，笛一人，列坐唱詞；而復以男名末泥，女名旦兒者，並雜色人等入勾欄扮演，隨唱詞作舉止，如「參了菩薩，」則末泥祇揖；「只將花笑撚，」則旦兒撚花類。北人至今謂之連廂，曰打連廂，唱連廂，又曰連廂搬演。大抵連四廂舞人而演其曲，故云然。舞者不唱，唱者不舞，與古人舞法無以異也。

往先司馬從寧庶人處得連廂詞例，謂司唱一人，代勾欄舞人執唱，其曰代唱，卽逗勾欄舞人自唱之意，但唱者祇二人，末泥主男唱，旦兒主女唱也。若雜色入場，第有白無唱，謂之賓白，賓與主對，以說白在賓，而唱者自有主也。

第四節　元之北曲

一　北曲底作者

到了元底雜劇，有曲有白，有科，體製就全備了。登場的俳優自己唱曲說白，並動作也與之一致。然唱曲的人只限於一人，還是按照「連廂詞」底司唱屬於一人的舊例。這樣元底雜劇是直接出於金底院本雜劇和連廂詞，因是以大都卽北京爲中心而起的，所以叫做北曲。

元曲底作者與其著作底目錄，載在元鍾嗣成底錄鬼簿和明寧獻王底太和正音譜。據錄鬼簿則把元曲底作者分爲

（一）前輩已死名公才人，有所編傳奇行於世者；

(二)方今已亡名公才人余相知者，及已死才人不相知者；
(三)方今才人相知者及方今才人聞名而不相知者

三期。依王國維所說，其第一期是蒙古時代，從太宗窩闊臺取中原起至世祖忽必烈底南北統一（至元十六年）止，約五十年。第二期是一統時代，從世祖底至元起至順帝底後至元止約六十年。第三期是元末時代，指順帝底至正年間（二十七年）的。在錄鬼簿底卷首有至順元年的鍾嗣成底自序，其中記事在喬吉甫底傳裏明白地載着「至正五年二月病卒於家。」喬是屬於第二期的人，所以第三期的人自然是元末的人無疑了。只是元曲底作家大部分屬於第一期，然皆北方漢人（中僅李直夫一人是女眞人）大都即是其中心。第二期是南方人或北方人而僑寓於南方的人多，杭州是其中心。這大概是因爲杭州久屬南宋都會，而爲文學淵藪之地的緣故罷。至於第三期則殆不足言。（參看二〇七至二一〇附表）

諸名家底詞評，載在太和正音簿，但過於形容，苦於捕捉其意。（參考1）就中推關王白馬（以上第一期）鄭喬（以上第二期）稱爲六大家。以關漢卿底雜劇六十三種爲始，鄭光祖（德輝）十九種，白朴（仁甫）十七種，馬致遠（東籬）與王實甫同是十四種，喬吉甫（夢符）十一種等曲目雖都載於錄鬼簿和太和正音譜中，但大多元已亡失，所傳不過其中的數種而已。如馬底漢宮秋，白底梧桐雨，鄭底倩女離魂，喬底金錢記，王底麗春堂，關底竇娥冤等都是傑作，尤其是推王關底西廂記爲壓卷，與高則誠底琵琶記是被稱爲南北曲底雙璧的。然而西廂記不入元曲選中，當作北曲雖有例外之點，但關漢卿王實甫都是從金到元的人，實是雜劇底元祖。想是因爲當時還在未規定嚴格的北曲底規則以前，所以從後看來就有了多少的例外了。

元代是詩文章顯著的衰微的時代，然而雜劇却呈空前絕後的盛觀。因而或者說是在元代曾以雜劇列入考試底科目。在元曲選序中說：

或謂元取士有塡詞科，若今括帖。然取給於風簷寸晷之下，故一時名士雖馬致遠喬夢符輩，至第四折往往彊弩之末矣。

元以曲取士，設十有二科，而關漢卿輩爭挾長技自見，至躬踐排場、面傅粉墨，以爲我家生活，偶倡優而不辭者，或西晉竹林諸賢，託杯酒自放之意，予不敢知。

又在沈德符底顧曲雜言裏也這樣說：

元人未滅南宋時，以此定士子優劣，每出一題，任人塡曲，如宋宣和畫學出唐詩一句，恣其渲染，選其能得畫外趣者，登高第，以故宋畫元曲千古無匹。

又在淸吳梅村底北詞廣正譜序裏也說是當時以傳奇取士，士皆傅粉墨踐排場，許是眞正有那樣滑稽的事哩。在琵琶記中（第八齣文場選士）有風流主考官不依舊例，而於第一場使作對句，第二場使解詩謎，第三場課以唱曲，三場好的狀元及第，不合格的以墨擦臉逐出，然這不過是戲場中的笑話。實際以雜劇取士的話在元史底選擧志和其他正史中均未曾發見，恐怕這不是的確的事實。尤其是元時因設有天文、算學等別科，所以也說不定不試驗詞曲。這樣元曲選以下之說作爲別科解釋也許無妨。總多少有點根據的罷。可是王國維却說過元初久廢科舉，反而是雜劇勃興底原因的話。據元史底選舉志則太宗取中原之初，雖有用耶律取材之言，以科舉選士的事實，但其後久廢，直到仁宗底延祐二年復興科目為止，幾及八十年。因此可以說是元曲底黃金時代的第一期和第二期前半，恰當沒有科舉的期間。總之，惟其雜劇有如斯之盛，所以這一說也就發生了。元來中國底歷代帝王都以儒學作為政教底本源而尊崇着的，只是異種的元朝不置重這樣的儒學，所以儒學底威權輕，思想底緊縛也弛了。漢人不屑在異人種底治下，乃以酒詞自慰，尤其是善從宋金傳來的新奇的雜劇，乃是借古人底嬉笑怒罵以發洩自己底不平牢騷的。偶有二三天才出於其間，以巧詞妙曲聳動人之耳目，所以天下遂靡然從風了。乘着百戰百勝的餘威的蒙古人，也漸漸傾向於娛樂方面，不但歡迎小說雜劇，實際且以之為知道中國底歷史與風俗人情的捷徑，因此雷同的輕薄者流爭相附和，於是遂現出了雜劇底黃金時代來了。

在太和正音譜裏舉出元人雜劇五百三十五本底題目。可是實際恐怕還不止此，雜劇底分科頗多，在這書裏分爲十二科。

雜劇十二科：

一曰神仙道化

二曰隱居樂道 又曰林泉丘壑

三曰披袍秉笏 即君臣雜劇

四曰忠臣烈士

五曰孝義廉節

六曰斥奸罵讒

七曰逐臣孤子

八曰鏺刀趕棒 即脫膊雜劇

九曰風花雪月

十曰悲歡離合

十一曰煙花粉黛　卽花旦雜劇

十二曰神頭鬼面　卽神佛雜劇

在焦循底劇說裏於舉出這十二科後面附記云：

雕邱雜錄云傳奇十二科激勸人心，感移風化，非徒作，非苟作，非無益而作也。

洪武初年親王之國，必以詞曲一千七百本賜之。

所謂詞曲一千七百本雖然不盡是雜劇，實在也是一筆很可觀的數目了。但元曲傳至今日的僅有一元曲選，（參考2）又名元人百種曲（內有六種是明初人所作）。這書是明萬曆中臧晉叔所選，卽北曲底全集。臧氏不但自己家裏夥藏有元人雜劇底祕本，復從劉延伯其人那裏借到所錄的御戲監本二百種，參考校訂纔選出佳作百種。然其所遺棄的不能完全看見，眞是詞曲界底恨事。

又有所謂元槧古今雜劇三十種一種可珍貴的書，先年由京都大學覆刻。其中十三種是與百種曲重複的，以兩者比較來看，大有分別，覺得古今雜劇本究是坊間流布的粗本，百種曲本是加以臧氏手定的。

西洋人夙研究元曲的是法國底中國學者 Bazin, Julien 等，前者於元曲選解題外還有數種底翻譯及琵琶記底抄譯；後者從西廂記始有趙氏孤兒灰欄記等譯文。日本人想是因訓讀能了解原書罷，所以從來沒有元曲底翻譯。僅有西村天囚氏底琵琶記抄譯（載大阪朝日新聞）及金井宮原兩氏底西廂歌劇以補此缺陷。今後希望陸續有佳作出世哩！

〔參考〕

（1）太和正音譜

古今羣英樂府格勢

元一百八十七人：

馬東籬之詞如朝陽鳴鳳　張小山之詞如瑤天笙鶴　白仁甫之詞如鵬摶九霄

李壽卿之詞如洞天春曉　喬夢符之詞如神鰲鼓浪　費唐臣之詞如三峽波濤
宮大用之詞如西風鵰鶚　王實甫之詞如花間美人　張鳴善之詞如綵鳳刷羽
關漢卿之詞如瓊林醉客　鄭德輝之詞如九天珠玉　白無咎之詞如大華孤峯
貫酸齋之詞如天馬脫羈　鄧玉賓之詞如幽谷芳蘭　滕玉霄之詞如碧漢閒雲
鮮於去矜之詞如奎壁騰輝　高政叔之詞如朝霞散彩　范子安之詞如竹裏鳴泉
徐甜齋之詞如桂林秋月　楊澹齋之詞如碧海珊瑚　李致遠之詞如玉匣昆吾
鄭廷玉之詞如佩玉鳴鑾　劉庭信之詞如摩雲老鶻　吳西逸之詞如空谷流泉
秦竹村之詞如孤雲野鶴　馬九皋之詞如松陰鳴鶴　石子章之詞如蓬萊瑤草
壺西村之詞如清風爽籟　朱廷玉之詞如百卉爭芳　庾吉甫之詞如奇峯散綺
楊立齋之詞如風煙花柳　楊西菴之詞如花柳芳妍　胡紫山之詞如秋潭孤月
張雲莊之詞如玉樹臨風　元遺山之詞如孤山絕壑　高文秀之詞如金瓶牡丹
阿魯威之詞如鶴唳高空　呂止菴之詞如晴霞結綺　荊幹臣之詞如珠簾鸚鵡
薩天錫之詞如天風環珮　薛昂夫之詞如雪窗翠竹　顧均澤之詞如雪中喬木
周德清之詞如玉笛橫秋　不忽麻之詞如雲間出岫　杜善夫之詞如鳳池春色

鍾繼先之詞如騰空寶氣　王仲文之詞如劍氣騰空　李文蔚之詞如雪壓蒼松
楊顯之之詞如瑤臺夜月　顧仲清之詞如鵬鶚冲霄　趙文寶之詞如藍田美玉
趙明遠之詞如太華晴雲　李子中之詞如清廟朱瑟　李進取之詞如壯士舞劍
吳昌齡之詞如庭草交翠　武漢臣之詞如遠山疊翠　李直夫之詞如梅邊月影
馬昂夫之詞如秋蘭獨茂　梁進之之詞如花裏啼鶯　紀君祥之詞如雪裏梅花
于伯淵之詞如翠柳黃鸝　王廷秀之詞如月印寒潭　姚守中之詞如秋月揚輝
金志甫之詞如西山爽氣　沈和甫之詞如翠屏孔雀　睢景臣之詞如鳳管秋聲
周仲彬之詞如平原孤隼　吳仁卿之詞如碧山明月　秦簡夫之詞如峭壁孤松
石君寶之詞如羅浮梅雪　趙公輔之詞如空岩清嘯　孫仲章之詞如秋風鐵笛
岳百川之詞如雪林樵響　趙子祥之詞如馬嘶芳草　李好古之詞如孤松掛月
陳存甫之詞如湘江雪竹　鮑吉甫之詞如老蛟泣珠　戴善甫之詞如荷花映水
張時起之詞如雁陣驚寒　趙天錫之詞如秋水芙蓉　尙仲賢之詞如山花獻笑
王伯成之詞如紅鴛戲波

國朝一十六人（明朝）：

王子一之詞如長鯨飲海　劉東生之詞如海嶠雲霞　王文昌之詞如滄海明珠
谷子敬之詞如崑山片玉　藍楚芳之詞如秋風桂子　陳克明之詞如九畹芳蘭
李唐賓之詞如孤鶴鳴皋　穆仲義之詞如洛神凌波　湯舜民之詞如錦屏春風
賈仲名之詞如錦帷瓊筵　楊景言之詞如雨中之花　蘇復元之詞如雲林文豹
楊彥華之詞如春風飛花　楊文奎之詞如匡廬疊翠　夏均政之詞如南山秋色
唐以初之詞如仙女散花

(2)元曲選目錄

漢宮秋……馬致遠撰　金錢記……喬孟符撰　陳州糶米……無名氏撰
鴛鴦被……無名氏撰　賺蒯通……無名氏撰　玉鏡臺……關漢卿撰
殺狗勸夫……無名氏撰　合汗衫……張國賓撰　謝天香……關漢卿撰
爭報恩……無名氏撰　張天師……吳昌齡撰　救風塵……關漢卿撰
東堂老……秦簡夫撰　燕青博魚……李文蔚撰　瀟湘雨……楊顯之撰
曲江池……石君寶撰　楚昭公……鄭廷玉撰　來生債……無名氏撰
薛仁貴……張國賓撰　牆頭馬上……白仁甫撰　梧桐雨……白仁甫撰

老生兒……武漢臣撰　珠砂擔……無名氏撰　虎頭牌……李直夫撰
合同文字……無名氏撰　凍蘇秦……無名氏撰　兒女團圓……楊文奎撰
玉壺春……武漢臣撰　鐵拐李……岳伯川撰　小尉遲……無名氏撰
風光好……戴善夫撰　秋胡戲妻……石君寶撰　神奴兒……無名氏撰
薦福碑……馬致遠撰　謝金吾……無名氏撰　岳陽樓……馬致遠撰
蝴蝶夢……關漢卿撰　伍員吹簫……李壽卿撰　勘頭巾……孫仲章撰
黑旋風……高文秀撰　倩女離魂……鄭德輝撰　陳摶高臥……馬致遠撰
馬陵道……無名氏撰　救孝子……王仲文撰　黃粱夢……馬致遠撰
楊州夢……喬孟符撰　王粲登樓……鄭德輝撰　昊天塔……無名氏撰
魯齋郎……關漢卿撰　漁樵記……無名氏撰　青衫淚……馬致遠撰
麗春堂……王實甫撰　舉案齊眉……無名氏撰　後庭花……鄭廷玉撰
范張鷄黍……宮大用撰　兩世姻緣……喬孟符撰　趙禮讓肥……秦簡夫撰
酷寒亭……楊顯之撰　桃花女……無名氏撰　竹葉舟……范子安撰
忍字記……鄭廷玉撰　紅梨花……張壽卿撰　金安壽……賈仲名撰

灰闌記……李行道撰
單鞭奪槊……尙仲賢撰
梧桐葉……無名氏撰
留鞋記……曾瑞卿撰
劉行首……楊景賢撰
魔合羅……孟漢卿撰
百花亭……無名氏撰
趙氏孤兒……紀君祥撰
蕭淑蘭……賈仲名撰
看錢奴……無名氏撰
貨郎旦……無名氏撰
碧桃花……無名氏撰
馮玉蘭……無名氏撰

冤家債主……無名氏撰
城南柳……谷子敬撰
東坡夢……吳昌齡撰
氣英布……無名氏撰
度柳翠……無名氏撰
盆兒鬼……無名氏撰
竹塢聽琴……石子章撰
竇娥冤……關漢卿撰
連環計……無名氏撰
還牢末……馬致遠撰
望江亭……關漢卿撰
張生煮海……李好古撰

㑳梅香……鄭德輝撰
誶范叔……無名氏撰
金線池……關漢卿撰
隔江鬬智……無名氏撰
誤入桃源……王子一撰
對玉梳……賈仲名撰
抱粧盒……無名氏撰
李逵負荆……康進之撰
羅李郎……張國賓撰
柳毅傳書……尙仲賢撰
任風子……馬致遠撰
生金閣……武漢臣撰

元曲作者年代別表(錄鬼簿)

第一期	關漢卿(五八)　高文秀(三二)　鄭廷玉(二三)　白仁甫(一五)　庾吉甫(一五)　馬致遠(一三)　李文蔚(一二)　李直夫(一一)　吳昌齡(一九)　王實甫(一四)　武漢臣(一〇)
	王廷秀(四)　張時起(四)　費君祥(一)　費唐臣(三)　°趙子祥(三)　姚守中(三)　李好古(三)　*趙文殷(三)　°張國寶(三)　°紅字李二(三)　°李郎(二)
	岳伯川(二)　康進之(二)　顧仲清(二)　石子章(二)　侯正卿(一)　*史九散人(一)　孟漢卿(一)　李寬甫(一)　李行甫(一)　江澤民(一)　陳寧甫(一)
第二期	宮天挺(六)　鄭光祖(一七)　金仁傑(七)　范康(二)　曾瑞(一)　沈和(五)　鮑天祐(八)　陳以仁(二)　范居中　施惠　黃天澤
第三期	°黃公望　°吳仁卿(四)　*秦簡夫(五)　趙善慶(五)　張可久　錢霖　徐再思　顧德潤　°汪勉之　屈子敬(五)　蕭德祥(五)

王仲文(一〇)	李壽卿(一〇)	尚仲賢(一〇)	石君寶(一〇)	*楊顯之(八)	紀天祥(六)	于伯淵(六)	戴善甫(五)
趙天錫(二)	梁進之(二)	王伯成(二)	孫仲章(二)	趙明道(二)	趙公輔(二)	李子中(二)	李進取(三)
陸顯之(一)	狄君厚(一)	孔文卿(一)	張壽卿(一)	劉唐卿(二)	彭伯威(一)	李時中(一)	
沈拱	趙良弼(一)	陳無妄	廖毅	喬吉甫(二)	睢景臣(三)	吳本世	周文質(四)
°陸登善(二)	朱凱(二)	王曄(三)	王仲元(三)	吳朴	孫子羽(一)	*張鳴善(二)	鍾嗣成(七)

＊紀天祥，太和正音譜及元曲選作紀君祥，張國寶二書都作張國賓，史九散人太和譜作史九敬先，趙善慶作趙文寶，其他也有異同；鍾嗣成是錄鬼簿底編纂者，特把他附於表末。

〔注意〕表中括弧內的數字是表示載在錄鬼簿的作曲之數；本表省略的第二期十一人，第三期七人，錄鬼簿中都未舉作曲之數。

元曲作者地方別表

省	作者	籍貫
大都	關漢卿	大都
	庾吉甫	同
	馬致遠	同
	王實甫	同
	王仲文	同
	楊顯之	同
	紀天祥	同
	費君祥	同
	費唐臣	同
	張國寶	同
	梁進之	同
中書省	王伯成	涿州
	李好古	保定
	彭伯威	同
	白仁甫	眞定
	李文蔚	同
	尙仲賢	同
	戴善甫	同
	侯正卿	同
	史九散人	同
	江澤民	同
	鄭廷玉	彰德
	高文秀	東平
	張時起	同
	顧仲清	同
	張壽卿	同
	趙良弼	同
	陳無妄	同
	吳昌齡	西京大同
	李壽卿	太原
	劉唐卿	同
	喬吉甫	同
	石君寶	平陽
河南省	趙天錫	汴梁
	陸顯之	同
	鍾嗣成	同
	姚守中	洛陽
	孟漢卿	亳州
	睢景臣	揚州
	孫子羽	同
	張鳴善	同
江浙省	廖毅	建康
杭州	金仁傑	杭州
	范康	同
	沈和	同
	鮑天祐	同
	陳以仁	同
	范居中	同
	施惠	同
	黃天澤	同
	沈拱	同
	吳本世	同
	周文質	同

孫仲章 同
趙明道 同
李子中 同
石子章 同
李寬甫 同
李時中 同
昝　瑞 同
紅字李二 京兆

于伯淵 同
李進取 大名
陳寧甫 同
宮天挺 同
王廷秀 益都
武漢臣 濟南
岳伯川 同
康進之 棣州

趙文殷 同
趙公輔 同
狄君厚 同
孔文卿 同
鄭光祖 同
李行甫 絳州
李直夫 女眞

徐再思 嘉興
吳　朴 平江
黃公望 姑蘇
錢　霖 淞江
顧德潤 同
張可久 慶元
汪勉之 同
趙善慶 饒州

秦簡夫 同
蕭德祥 同
陸登善 同
王　曄 同
王仲元 同

紅字李二錄鬼簿作京兆人，作大都人也可以。

趙子祥、李郎、吳仁卿、屈子敬、朱凱居里不詳。（參看前表）

〔注意〕　大都路屬中書省，杭州路屬江浙等處行中書省。涿州屬大都路，棣州屬濟南路，絳州屬平陽路，亳州屬歸德府，姑蘇屬平江路。

二　北曲底體製

北曲因爲有一種嚴格的規則，所以把其體製底一般都說明了。

(一)一本四折　據百種曲底例，一本都是由四折作成的。唯趙氏孤兒一本例外有五折，但依據古今雜劇本仍然是四折。所謂折，與英語底 "act" 相當，卽戲劇底一幕。一折之中場面自然有轉換，但總之全體以四折爲限，因而如果是長篇則一本四折演不完結；在這當兒就把二三本連綴起來。例如西廂記，全體是由五本雜劇成的，毛西河詞話裏這樣說：

> 至元人造曲，則歌者舞者合作一人，使勾欄舞者自司歌唱，而第設笙、笛、琵琶以和其曲。每入場以四折爲度，謂之雜劇。其有連數雜劇而通譜一事，或一劇，或二劇，或三四五劇，名爲「院本西廂」者，合五劇而譜一事者也。然其時司唱獨屬一人，仿連廂之法，不能遽變。

（二）一折一調一韻 北曲底宮調雖有十二調，但實際用於雜劇的在套數底關係上不過五宮四調。這叫做九宮。

黃鍾宮 二十四曲　仙呂宮 四十一曲　正宮 二十五曲

中呂宮 三十二曲　南呂宮 二十一曲　雙調 一百曲

大石調 二十一曲　越調 三十五曲　商調 十六曲

（小石調 五曲　商角調 六曲　般涉調 八曲）

所謂宮調如古樂底律呂一樣，即旋律底調子，（參看後節南曲條）

在北曲雖限於一折一調，但用套數。所謂套數是連綴同調中的數曲作爲一段的有首有尾的樂律底演奏，恰如唐之大曲底遍一樣，大概是從十曲以上組成的，其順序自定（出北詞廣正譜。）小石調等三類因其屬曲少，不能做套數，在雜劇裏沒有使用的。故叫作「九宮」。且第一折用仙呂宮以點絳脣之曲爲始。但也有少許的例外。在梁廷柟底曲話裏說：

百曲中第一折，必用仙呂點絳脣套曲，第二折多用南呂一枝花套曲，餘則多用正宮端正好，商調集賢賓第調，蓋一時風氣所尚，人人習慣其聲律底高下，句調底平仄，先已熟記於胸中；臨文時或長或短隨筆而赴，自無不暢所欲言。不然何以元代才人輩出，心思才力，日超新異，獨於選調一事不厭黨同也？

實際把百種曲底例檢查起來即如左表。

(宮調)	(套數)	第一折	第二折	第三折	第四折
仙呂	點絳脣	95	2	0	0
	八聲甘州	3	0	0	0
南呂	一枝花	0	35	8	1
中呂	粉蝶兒	0	13	30	16
正宮	端正好	1	31	18	6
黃鍾	醉花陰	0	1	2	4
大石	六國朝	1	0	1	0
	念奴嬌	0	1	0	0
商調	集賢賓	0	7	12	0
越調	鬭鵪鶉	0	6	15	1
	耍三臺	0	1	0	0
雙調	新水令	0	2	13	71
	五供養	0	1	1	1
		100	100	100	100

又一折之中是一韻到底的，其韻目是中原音韻底十九部韻。

（三）楔子　一本四折不足的時候，就用楔子。有在折首的，也有在折間的，也有在一本中於折首折中兩回用楔子的。楔子不過是一二曲的零曲，不是仙呂賞花時（百種曲中占五三），便是仙呂端正好（百種曲中占一七）。（例外二種：仙呂憶王孫一，越調金蕉葉一。）西廂記第二本底楔子用一套數是完全違例的。楔子有序幕或者間幕底意義，因此其解釋有二：

（1）小說之引端曰楔子，以物出物之義，謂以此事楔出彼事也。見金聖歎小說評。（辭源）

（2）元曲每本只四折。其有餘情難入四折者，另為楔子。止一二小令，非長套也。楔音屑，墊卓小木謂之楔，木器筍鬆，而以木砧之，亦謂之楔，吳音讀如撒。（西廂箋疑）

前說從爾雅底「根謂之楔門兩旁木柱」之解釋而出的。故楔子在這意義上是在折首的。後說是本說文底「櫼也」之意。依此意是在折間的。實際百種曲中有楔子的占六十九種：其中在折首的五十二，在折間的二十，在折首與折間的三種。

（四）一人獨唱　北曲底唱者只限於一人。不是正末就是正旦。其他雜色雖入場但只說白而不唱曲。西廂記在各處雖也有例外，但一折一人獨唱，却是嚴守着北曲底規則的。

關於賓白一詞，在李笠翁底閒情偶寄裏這樣說：

> 賓與主對，說白在賓而唱者自有主也。北曲一折止隸一人，雖有數人在場，其曲止出一口，從無互歌迭詠之事。

前面毛西河底賓白說不過是根據於此的。梁廷柟也在其曲話中說：

> 至元曲則歌舞合於一人，一折自首至末皆以其人專唱，非正末則正旦，唱者為主而白者為賓，則連廂之法未盡變也。

這都是以唱曲屬於主人翁，說白屬於客，故叫做賓白。然在通俗編裏引菊披叢話說：

北曲中有全賓全白兩人對說曰賓，一人自說曰白。

據此則賓與白分開了，而成爲賓是對話，白是獨語底意義。這不當着實例看不明白，姑暫從賓主之說。

（五）題目正名　北曲底末尾必有所謂題目正名。都是由二句或四句而成的，大抵是用七言八言的聯句。且有許多取了正名底一句叫作某種雜劇，或割裂其二三字以爲題名的也有。例如關漢卿底竇娥冤即是依據其題目正名，

題目　秉鑑持衡廉訪法

正名　感天動地竇娥冤

而叫做「感天動地竇娥冤」雜劇，略稱爲「竇娥冤」的。又白仁甫底梧桐雨底題目正名是四句，如詩一樣，在一、二、四句上都押韻。

題目　安祿山反叛干戈舉．陳元禮拆散鸞鳳侶．

正名　楊貴妃曉日一枝香　唐明皇秋夜「梧桐雨」

因而把「唐明皇秋夜梧桐雨」雜劇略稱作「梧桐雨。」在百種曲中也還有把題目底一句作爲題名的。例如無名氏底隔江鬬智，

題目　兩軍師隔江鬬智

正名　劉玄德巧合良緣

卽是不說「劉玄德巧合良緣」而叫作「兩軍師隔江鬬智」雜劇，略稱作「隔江鬬智」的，只是題目正名登場的優人自己不唱，而於優人下場之後令人代念，畢竟是連廂詞司唱底坐間代唱的遺風，這在毛西河詞話中說過了。(參考1)

〔參考〕

(1)毛西河詞話

少時觀西廂記，見每一劇末必有絡絲娘煞尾一曲，於扮演人下場後復唱；且復念正名四句。此是誰唱誰

念。至末劇扮演人唱清江引曲，齊下場後，復有隨煞一曲，正名四句，總目四句，俱不能解唱者念者之人，及得連廂詞例，則司唱者在坐間不在場上，故雖變雜劇，猶存坐間代唱之意。此種移蹤換跡，以漸轉變，雖詞曲小數，然亦考古家所當識者。

三　漢宮秋與西廂記

北曲底體製已如前項所述。茲取漢宮秋與西廂記之例以說明其大概。

漢宮秋位於元曲選之首，是有名的馬致遠底傑作。先把其體例表列於左。

破幽夢孤雁漢宮秋雜劇

楔　子	正末唱	仙呂賞花時零曲	家麻韻
第一折	正末唱	仙呂點絳脣套數	家麻韻
第二折	正末唱	南呂一枝花套數	尤侯韻

第三折　正末唱　雙調新水令套數　江陽韻

第四折　正末唱　中呂粉蝶兒套數　庚青韻

題目　沈黑江明妃青塚恨

正名　破幽夢孤雁漢宮秋

登場人物底脚色

正末·　漢元帝

正旦·　王昭君

冲末·　番王呼韓邪單于

淨·　毛延壽

外·　尙書令五鹿充宗

丑·　內常侍石顯

雜色　文武內官　宮女　番使　番兵　部落

本篇是正末劇唱曲的人徹頭徹尾是漢元帝。雖是演王昭君嫁於匈奴的故事，但其實不以昭君爲主，而以元帝爲主人翁。把其纏綿的情緒，描寫於詞曲中，含有一種所謂以靈擊實的妙趣。

其梗概：在楔子裏匈奴呼韓邪單于先上敍前代修好和親底事實，且述他自己欲請漢底公主降嫁之意，這是昭君赴胡的遠因。旋場面一轉而爲漢之宮廷，元帝愁後宮底寂寞，選佞臣毛延壽爲使遍行天下，採訪美人，使畫圖獻上。這是昭君入宮的由來。第一折仍是漢宮場面，因爲王昭君不賄毛延壽，故把其容貌故意畫得醜，因此昭君遂被幽置於永巷，悲長久無見天日之期，一夜彈琵琶以遣孤悶的時候，適元帝漫步後宮，聞琵琶之聲遂至昭君居所，一見而驚爲傾國之色，怒毛延壽之妄，命斬其首而封昭君爲明妃，由是昭君得蒙元帝底寵愛。然好事多磨，昨日之喜已變爲今日之悲。第二折底劈頭呼韓邪單于正在從漢得到了以公主年幼被拒絕的消息，甚不愜快的時候，毛延壽畏罪逃來，以昭君底眞容獻於單于。單于大喜，直寫書求昭君，如果不肯就欲訴之於干戈。元帝對於這等事夢也不曾知道，日夜眠愛昭君而流連於後宮，久不聽朝政了。適番使來傳單于之意，漢之朝廷爲之震駭，尙書令五鹿充宗，內常侍石顯等都以爲了社稷割恩愛而以昭君交付番使之言進諫，但元帝不聽。然昭君慨然說願以身代國難，帝不得已只好同意。

第三折是送別之場。元帝率文武內官幸於灞橋，親舉盃酒贈琵琶馬上的昭君，慟哭惜別，羣臣稍稍安慰元帝歸於宮中。此處詞曲極妙，把哀別離苦之情都描寫出來了。場面一轉，單于引部落以迎昭君，北行至於黑龍江。聞道這是漢與番接界之境，昭君請於單于下馬澆盃酒，遙望南方以謝漢家之恩，遂乘間投身江中（這與史傳不同）。單于大驚，欲救不及，就厚葬遺骸於江邊。胡地之草皆白，惟昭君之塚，獨與內地同樣生長青草，故謂之青塚。單于憐昭君後悔已無及了。追原禍始，這完全是毛延壽做的事，單于乃縛之送於漢，依舊結好和親。

第四折，元帝從別昭君以來鬱鬱不樂，秋夜孤燈以枕席蕭索，乃掛美人之圖，於燒香供養之際困睡而入了夢。昭君從胡地私自逃回，但爲番兵追來又把昭君拿去了。正在傷感的時候，帝就驚醒，對壁間的丹青，在神思恍惚之時聽大空哀雁兩三聲，淒愴悲切，輾轉徹夜。明早番使送毛延壽來，並告昭君之喪。帝便斬毛延壽之首以祭昭君之靈，大排筵席，厚犒來使。這就是本劇底結尾。故其題目正名是「沈黑江明妃青塚恨，破幽夢孤雁漢宮秋。」

據史傳則是：竟寧元年正月，呼韓邪單于來朝，希望爲漢家之壻，元帝以王昭君（名嬙）賜單于。單于大喜，號昭君爲寧胡閼氏，舉一男。畫工毛延壽底故事出西京雜記。

元帝後宮既多，不得常見，乃使畫工圖形，案圖召幸之。諸宮人皆賄畫工，多者十萬，少者亦不減五萬，獨王嬙不肯，遂不得見。匈奴入朝，求美人爲閼氏，於是上案圖以昭君行。及去召見，貌爲後宮第一，善應對，舉止閑雅，帝悔之，而名籍已定，帝重信於外國，故不復更人。乃窮案其事，畫工皆棄市，籍其家資皆巨萬。畫工有杜陵毛延壽，爲人形，醜好老少必得其眞；安陵陳敞，新豐劉白，龔寬，並工爲牛馬飛鳥衆勢，人形好醜不逮延壽，同日棄市。

元來昭君底出征，是千古史上的傷心事，爲詩人與畫家底好題材。故唐宋「明妃曲」一發表得很多。但毛延壽爲宮嬪底選擇使與出奔於匈奴等事，全然是馬致遠所粉飾穿插的。尤其昭君投黑水而死一事，畢竟是不忍使薄命的美人蒙失節之名的作者底微意。且感激於元代底時事而洩漏一種的餘憤。在末折配以毛延壽被棄市的事實，以斬其首以慰昭君底幽魂結局，一洗千古底不平，很足以補天工而快人心了。大體結構甚有趣。作爲四折，恰好止乎其所不得不止。至於其詞曲之妙卓絕千古，梁廷枏在其曲話之首，評論本劇底第一折中，元帝巡幸永巷聞昭君底琵琶的一段「混江龍」的曲文——

料必他珠簾不掛，望昭陽一步一天涯。疑了些無風竹影，恨了些有月窗紗；他每見絃管聲中巡玉輦，恰便似斗牛星畔盼浮槎。是誰人偷彈一曲寫出嗟呀，莫便要忙傳聖旨報與他家，我則怕乍蒙恩把不定心兒，怕驚起宮槐宿鳥，庭樹棲鴉。

道「寫景寫情，當行出色，元曲中第一義也。」這是很適當的評語。在第三折裏曲寫元帝既與昭君別後悄然迴駕宮廷的情狀的「梅花酒」一曲底後半——

他他他傷心辭漢主，我我我攜手上河梁；他部從入窮荒，我鑾輿返咸陽；返咸陽，過宮牆；過宮牆，遶迴廊；遶迴廊，近椒房；近椒房，月昏黃；月昏黃，夜生涼；夜生涼，泣寒螿；泣寒螿，綠紗窗；綠紗窗，不思量：

一句一斷，極嗚咽掩抑之曲致，下文連以「收江南」底曲承前語尾道——

呀！不思量，除是鐵心腸；鐵心腸也愁淚滴千行。

眞是放聲一哭，掉轉無限的悽楚，詞釆曲調俱極其痛切淋漓，爲全篇底精采所在。其「返咸陽，過宮牆；過宮牆，遶迴廊；……」等句是修辭學上的漸層法，詩律底蟬聯格，意思一層比一層深，調子極其宛轉流麗，實堪稱爲絕妙好辭。

西廂記如前所說是出於元微之底會眞記。唐代傳奇的會眞記，一轉而爲趙德麟底「商調鼓子詞，」再轉而爲董解元底「西廂搊彈詞，」這是西廂記底直接的藍本。三轉而爲北曲西廂記，四轉而爲明底南曲西廂記。尋鼓子詞——搊彈詞——雜劇（北曲）——傳奇（南曲）變化而來的路逕，徑可以窺見中國聲曲發展的順序了。金聖歎不滿意於南曲底改本，曾自撰第六才子書。此外還有新西廂、錦西廂、續西廂、翻西廂、後西廂、東廂記等的續撰。

北曲底原本西廂記是五本雜劇連綴而成的。流傳於世的說前四本是王實甫底原作，後一本是關漢卿續編的。也有說全部是王所作，或關所作，或關作王續的，此地不能一一詳說了。茲把其體例表列於左。

第一本　張君瑞鬧道場雜劇

楔子　夫人正旦唱　仙呂賞花時，么篇　東鍾韻

第一折　正末唱　仙呂點絳脣套數　先天韻

第二折　正末唱　中呂粉蝶兒套數　江陽韻

第三折　正末唱　越調鬭鵪鶉套數　庚靑韻

第四折　正末唱　雙調新水令套數　蕭豪韻

題目　老夫人鬧春院　崔鶯鶯燒夜香

正名　小紅娘傳好事　張君瑞鬧道場

第二本　崔鶯鶯夜聽琴雜劇

第一折　正旦唱　仙呂入聲甘州套數　眞文韻
楔　子　惠明唱　正宮端正好套數　監咸韻
第二折　紅娘唱　中呂粉蝶兒套數　庚靑韻
第三折　正旦唱　雙調五供養套數　歌戈韻
第四折　正旦唱　越調鬬鵪鶉套數　東鍾韻
　題目　張君瑞破賊計　莽和尙生殺心
正名　小紅娘晝請客　崔鶯鶯夜聽琴

第三本　張君瑞害相思雜劇

楔　子　紅娘唱　仙　呂　賞　花　時　廉纖韻
第一折　紅娘唱　仙呂點絳脣套數　支思韻
第二折　紅娘唱　中呂粉蝶兒套數　寒山韻
第三折　紅娘唱　雙調新水令套數　家麻韻

第四折　紅娘唱　越調鬬鵪鶉套數　侵尋韻

題目　老夫人命醫士　崔鶯鶯寄情詩

正名　小紅娘問湯藥　張君瑞害相思

第四本　草橋店夢鶯鶯雜劇

楔子　紅娘唱　仙呂端正好　江陽韻

第一折　正末唱　仙呂點絳脣套數　皆來韻

第二折　紅娘唱　越調鬬鵪鶉套數　尤侯韻

第三折　正旦唱　正宮端正好套數　齊微韻

第四折　正末唱　雙調新水令套數　車遮韻

題目　小紅娘成好事　老夫人問由情

正名　短長亭斟別酒　草橋店夢鶯鶯

第五本　張君瑞慶團欒雜劇

楔子　正末唱　仙呂賞花時　皆來韻

第一折　正旦唱　商調集賢賓套數　尤侯韻

第二折　正末唱　中呂粉蝶兒套數　支思韻

第三折　紅娘唱　越調鬬鵪鶉套數　眞文韻

第四折　正末唱　雙調新水令套數　魚模韻

題目　小琴童傳捷報　崔鶯鶯寄汗衫

正名　鄭伯常乾捨命　張君瑞慶團欒

登場人物底脚色

正末·　張君瑞　正旦·　崔鶯鶯

外·　老夫人　旦倈·　紅娘

淨·　法本　鄭恆　倈·　歡郎　琴童

雜色　惠明　孫飛虎　杜將軍　法聰　衆僧　卒子

由此西廂記底五本雜劇很明白了。然在第一本中，正末或正旦以外的人也唱曲在第二本底楔子裏用正宮套數，在第二本底第一折裏用仙呂入聲甘州套數，又第五本底第一折裏用商調集賢賓套數等雖稍有例外；但每本四折，每折一調一韻，一人獨唱，題目正名，脚色名稱等都是嚴守着北曲底規則的。在坊間流行的第六才子書本西廂記，另外還有所謂題目總名。

張君瑞巧作東床壻　法本師住持南禪地
老夫人開宴北堂春　崔鶯鶯待月西廂記

恐怕這是後人所加入的。原本僅有每本底題目正名，沒有所謂總名，但錄鬼簿却明白地載着「崔鶯鶯待月西廂記，」看了這個，則另有總名的事自然無疑了。

其梗概是：有所謂唐德宗底宰相崔公底未亡人鄭氏者，伴着一女鶯鶯，婢紅娘，童歡郎，護相國底喪柩，欲安葬於博陵故鄉，來至河中府，值途中有危險不能通行。不得已賴住持底緣故借該地底名剎普救寺底西廂暫爲停留，一面又招夫人之姪卽鶯鶯許嫁的鄭恆於京師來，以便前進。鶯鶯芳齡十九歲，既有傾國傾城的美貌，又兼鍼黹女士，詩詞書算無一不能，誠一才色兼備的小姐。時當暮春天氣，頗覺鬱悶，夫人乃命紅娘伴小姐散步於佛殿底旁邊。這是本劇底發端（楔子）。

有洛陽秀才張珙字君瑞的，是一年方二十三歲的青年。父雖是禮部尚書，但雙親早喪。他雖螢窗雪案學得滿腹文章，然書劍飄零客遊四方，未遂平生之志。時當貞元十七年二月，正欲上京應試，途中經蒲關，想去訪盟友征西大元帥杜確，而投宿河中府，適閒遊普救寺，不意瞥見鶯鶯小姐底豔姿，就陷入於「五百年風流業寃」的戀愛裏了（第一折）。張生意馬心猿之情難止，上京應試的功名心也消失，只是想要怎樣纔能近鶯鶯呢，乃想出一計，請託於住持法本和尙，借普救寺底一室以爲寄寓之所。恰好侍婢紅娘以夫人之命向住持問先相國底法事日期，張生待之於廊下，欲使向鶯鶯小姐通慇懃，然而被紅娘好意地拒絕了（第二折）。然張生因法本底話，知道鶯鶯每夜要到花園來燒香的，私自先潛藏於後園以窺鶯鶯之出，且隔牆而吟詩。這樣一來，鶯鶯也並不是憎張生，却是正相思着的，所以和其韻以爲應酬。於是張生底戀達於絕頂，魂飛天外，悄然歸室之後，睡也睡不着了。

〔越調〕〔拙魯速〕對着盞碧熒熒短檠燈，倚着扇冷清清舊幃屏，燈兒又不明，夢兒又不成，窗兒外淅零零的風兒透疏櫺，忒楞楞的紙條兒鳴，枕頭兒上孤另，被窩兒裏寂靜，儞便是鐵石人，鐵石人也動情。

其輾轉反側的情形可以想見了。因絕念故調急，但把「淅零零」（風吹櫺響）「忒楞楞」（紙窗鳴聲）等形容詞加入曲中是北曲底特色（第三折）。到了二月十五法事之日，張生也以五千錢託法本爲其父母營追薦之事，以便飽看鶯鶯底嬌容。然這一日恰是普救寺底會日，遠近的善男信女都聚集攏來了，所以無論僧俗都驚歎鶯鶯底美麗，這傳聞遂及遠方各處。以這爲原因雖惹起了意外的事，但反使張生得到了成就大願的機會（第四折，以上第一本）。

適有賊將孫飛虎其人，聞鶯鶯底美麗，想擄之以爲己妻，遂發五千人馬以包圍普救寺。法本着慌，以告老夫人。夫人狼狽使紅娘到春夢還未曾覺醒的鶯鶯臥房內去告急。鶯正情思昏昏地寤寐只思念張生，忽得此橫逆的警報，雖非常吃驚，然而決意依從賊計以救一家之禍，且免伽藍底燒失。夫人大悲不許，欲於此以外得到一種好的計較。於是鶯鶯又想出一計，說是不論何人只要立功勳退賊兵的就以己身與之。夫人不得已地贊成了，遂使法本傳達此意於兩廊僧俗。這時張生鼓掌躍出自陳有退兵之策，於是先定重賞之約，然後使法本以三日間的猶豫請於孫飛虎，又以言語激快僧惠明，使潰圍致書於蒲關白馬將軍杜確，以告急求援。杜確見張生書，不移時率兵而至，很容易地捕捉了孫飛虎，把事情平息，面會張生以敍平生之歡，且祝賀張生底喜事（第一折和楔子）。惠明恰如水滸傳底魯智深，在全體都是豔麗的西廂記中有這樣一個插話，眞有萬綠叢中紅一點之觀。

〔滾繡毬〕非是我貪，不是我敢，知他怎生喚做打參，大踏步直殺出虎窟龍潭；非是我攙，不是我攬，這些時吃菜饅頭委實口淡，五千人也不索炙煿煎爁，腔子裏熱血權消渴，肺腑內生心且解饞，有甚醃臢。

〔叨叨令〕浮沙羹，寬片粉，添些雜糝，酸黃虀，爛豆腐，休調啖，萬餘斤黑麵從教暗，我將這五千人做一頓饅頭餡。是必休悞了也麼哥，休悞了也麼哥，包殘餘肉把青鹽蘸。

〔白鶴子二〕遠的破開步將鐵棒颩，近的順著手把戒刀釤，有小的提起來將脚尖踢，有大的扳下來把髑髏勘。

〔一〕瞅一瞅古都都翻了海波，滉一滉廝琅琅振動山巖，脚踏得赤力力地軸搖，手扳得忽剌剌天關撼。

在這裏面把惠明那種食肉吮血的悍僧底獰猛和撼振天地的壯烈的雄叫都表現出來了。

元來老夫人之所以把鶯鶯許配張生的，是急時的假辭，所以賊平後，夫人即食前言，設小宴招張生以謝一家再造之恩，使與鶯鶯成兄妹之禮。兩人底失望達了極點，張生即以違約責夫人，然而夫人以先相國在世已把鶯鶯許嫁了鄭恆的事爲口實，無論如何也不許（第二、三折）。於是張生憤怒之餘，一時曾欲自盡，但因同情的紅娘底諫言而終止，並從其勸使在月下彈琴以訴衷情。鶯鶯是本來好音的，聞之，遂察覺其意。

〔天淨紗〕莫不是步搖得寶髻玲瓏，莫不是裙拖得環珮玎玲，莫不是鐵馬兒簷前驟風，莫不是金鈎雙控吉玎璫敲響簾櫳。

〔調笑令〕莫不是梵王宮夜撞鐘，莫不是疏竹瀟瀟曲檻中，莫不是牙尺剪刀聲相送，莫不是漏聲長滴響壺銅，潛身再聽在牆東，元來是近西廂理絲桐。

〔禿廝兒〕其聲壯似鐵騎刀鎗冗冗，其聲幽如落花流水溶溶，其聲高似淸風月朗鶴唳空，其聲低似聽兒女語小窗中喁喁。

〔聖藥王〕他那裏思不窮，我這裏意已通，嬌鸞雛鳳失雌雄。他曲未終，我意轉濃，爭奈伯勞飛燕各西東，盡在不言中。

深表同情於張生，且嗟嘆自身底薄命的言詞，顯然地流露出來了（第四折，以上第二本）。

張生戀慕鶯鶯之情益切，憂悶之餘遂致臥病。幸紅娘承鶯鶯之命來看病，得託書於鶯鶯以表寸心（第一折）。鶯鶯見書假意叱責紅娘，封答書而使再致張生。而於其末題

待月西廂下，迎風戶半開；
隔牆花影動，疑是玉人來。

四句。張生見了這詩猜測其意竊喜（第二折），待日暮越牆走至鶯鶯庭前，然而鶯鶯却用了極嚴峻的態度責其無禮。張生負氣而返，又臥病了（第三折）。鶯鶯聞張生病，重又使紅娘去探問。紅娘不知鶯鶯的意思以爲是笑談而拒絕了，但又因有夫人之命於是再傳鶯鶯底手書，張生一見忽然快癒，且深謝其厚意。（第四折，以上第三本）

惱於戀的才子佳人，因了紅娘底大膽，一夕得遂大願，其後仍是繼續着歡會（第一折），但忽爲老夫人所知，夫人以爲這必是紅娘所造的業，便呼紅娘出，大大地加以詰責。然紅娘一點也不着慌，把從來的經緯詳細地說出，且反而攻擊夫人，說「非是紅娘之罪，亦非張生小姐之罪，乃夫人之過也。」這樣一來，就是頑固的夫人到底也沒有辦法，只好呼鶯鶯與張生來說明履前約許結婚的事，且說崔家三代不曾招白衣女壻，着張生須趕快上京去應試（第二折）。第三折卽是離別之場，此折底詞曲最出色（見後），如那——

悲歡聚散一杯酒　南北東西萬里程

一聯，作爲不出翠帳紅閨的鶯鶯小姐底語句，雖稍有覺得過於剛強之感，但敍志在四方的男兒底送別，無論怎樣總算是相稱的名句了。張生雖不忍分別，終於夕陽古道在馬上加了一鞭走了三十里，至草橋驛投宿於旅店。單枕孤眠秋風寒沁身睡着難，在暫時微睡之間見鶯鶯追了來重敍舊歡，互以比翼連理相誓的時候，卒子忽然趕來把鶯鶯搶了去，大驚叫着小姐小姐地追上前去，臥在旁邊的琴童把他搖醒，一場好夢遂打破了（第四折，以上第四本）。

王實甫底原本四本到此爲止。實際以草橋驚夢作結，把才子佳人悲歡離合之跡作爲一場夢境非常神韻縹緲。在文學一方面是極其有趣的。然在以俗人爲對象的演劇便覺不足。這是關漢卿續編的原由，但其原本還是在於董西廂。

張生在明年春考試及第中了探花。急以書報鶯鶯（楔子）。鶯鶯自別張生以來，重疊着新愁舊恨在無聊中過了半載，會得張生書大喜，即修答書，並寄贈汗衫及裹肚等物（第一折）。張生等待回音又遭了病，然得了鶯鶯手書就全愈了。就鶯鶯寄來的物品，一一猜其意義底所在，唱了一曲，其末尾的——

〔二煞〕恰新婚纔燕爾，爲功名來到此，長安憶念蒲東寺，昨宵愛春風桃李花開夜，今日愁秋雨梧桐落葉時，愁如是身遙心邇，坐想行思。

〔三煞〕這天高地厚情，直到海枯石爛時。此時作念何時止，直到燭灰眼下纔無淚，蠶老心中罷却絲。我不比遊蕩輕薄子，輕夫婦的琴瑟，拆鸞鳳的雄雌。

〔四煞〕不聞黃犬音，難傳紅葉詩，驛長不遇梅花使，孤身去客三千里，一日歸心十二時，凭欄視，聽江聲浩蕩，看山色參差。

〔尾聲〕憂則憂我在病中，喜則喜你來到此。投至得引人魂卓氏音書至，險將這害鬼病的相如盼望死。

發抒客中感慨，是頗可之作（第二折）。至第三折引出鄭恆，遙與第一本楔子老夫人底言語相照應。鄭恆因夫人之招來至河中府，聽說鶯鶯已妻張生，大起嫉妬心，遂面會夫人譏誚張生已做了衞尙書底女壻。夫人聞說大怒，再欲以鶯鶯妻鄭恆（第三折）。然張生新授河中府尹，攜了鶯鶯底禮服和其他贈物揚揚而歸了，但夫人因前事全不理會。張生於紅娘處聽到究竟，乃更見鶯鶯以述衷情。鶯鶯正在等待得焦急，於面會張生的一剎那寫出伊底情懷道：

〔沈醉東風〕不見時准備着千言萬語，得相逢都變做短嘆長吁。他急攘攘却纔來，我羞答答怎生覷。將腹中愁恰待申訴，及至相逢，一句也無，剛道個先生萬福。

這把兒女底衷心完全吐露出來了。紅娘既很同情於張生，而以與鄭恆決絕勸夫人，法本也爲張生辯護，杜將軍也特意來參與慶賀，結果夫人無可如何，只好允許了。鄭恆見此光景，怒觸庭樹而死。於是在衆人底歡呼之中，張生與鶯鶯舉行了結婚大禮（第四折，全劇

完）

一篇的情話雖不過敍述男女悲歡離合的情思，但其中有孫飛虎底暴舉，起一波瀾添了多少的變化，登場人物雖少，却還很活動。老夫人到處都誇家門，重名譽，很與相國底未亡人身分相稱。鶯鶯生於大家底深閨，才色雙絕，氣品自高，守禮重道之處雖也很似母親，但性情脆弱，遂以身許張生，把上流的女性底美質和弱點都表現出來了。但作者着筆過於迂迴，如使紅娘翻弄張生這點是頗覺遺憾的。至張生自始至終一點也不振奮，除了取媚婦女而外並無何等長處，只是宛然一個遊蕩兒罷了，配了鶯鶯終不免有名馬爲癡漢所乘的觀感。但西廂記中人物最活躍的要算紅娘，機敏而有俠氣，雖然翻弄男子，但也不吝寄與以同情，終使才子佳人得遂歡會；當事情發露的時候，又能以身負責，其詰責夫人食言之處實不弱男子，只性格輕佻終不能蔽其生底微賤。試以紅娘比運籌帷幄的功臣，則快僧惠明差當樊噲底流亞。快人快語實是西廂記底壓卷。因此百種曲中的㑇梅香一劇是取材於西廂記裏的紅娘的。

迨明代南曲流行，遂改北曲五本西廂記爲南曲的體製，而分爲二十齣。這卽是六十種曲本裏的北西廂（單行本名叫陳眉公原本西廂記）。看其體製，是把楔子也合在齣中，每齣舉標目改削題目正名，面目全然一新了。

第一齣　佛殿奇逢　　第二齣　僧房假寓
第三齣　牆角聯吟　　第四齣　齋壇鬧會
第五齣　白馬解圍　　第六齣　紅娘請宴
第七齣　夫人停婚　　第八齣　鶯鶯聽琴
第九齣　錦字傳情　　第十齣　妝臺窺簡
第十一齣　乘夜踰牆　第十二齣　倩紅問病
第十三齣　月下佳期　第十四齣　堂前巧辯
第十五齣　長亭送別　第十六齣　草橋驚夢

第十七齣 泥金報捷　第十八齣 尺素緘愁

第十九齣 鄭恆求配　第二十齣 衣錦還鄉

又在脚色方面也把張生作生，鶯鶯作旦，紅娘作貼，且完全改作南曲的色目，至內容宮調牌名，曲白字句盡同王關原本。此外在明曲裏有所謂南西廂的二種。一是李日華所撰，一是陸采所撰，前者已收入於六十種曲中了。都是在西廂記底結構上稍微加點做作改成的。至清初金聖歎出取水滸、西廂與莊騷馬史杜詩相配，號爲「第五才子書」「第六才子書」，爲俗文學吐萬丈的氣燄，使重於九鼎大呂。其評西廂記，晰毛辨髮，闡微窮幽，如燃犀的靈光，發千載之秘密，眞足以使人一誦三嘆。不過其缺點是揮其如椽之筆，擅自斷絕章句，割截宮調，修正曲白，殆把本來的面目失却了。然這可以說是金聖歎底西廂。第六才子書本分爲五卷，每卷四章，加以題目正名務復北曲底舊觀，然不分楔子，且於每折作標目，那將說作什麼呢！恐怕金聖歎並沒看見過王關原本罷。

第一之四章　驚監　借廂　酬韻　鬧齋

第二之四章　寺警　請宴　賴婚　琴心

第三之四章　前候　鬧簡　賴簡　後候

第四之四章　酬簡　拷豔　哭宴　驚夢

續之四章　泥金捷報　錦字緘愁　鄭恆求配　衣錦榮歸

金聖歎極端排擊續四章，醜詆爲續貂狗尾，但吾人所見未必盡然，何況有原本的因?西廂記如前所述原是發源於元才子底會眞記，流而爲趙德麟底商調鼓子詞，匯而爲董解元底西廂搊彈詞，至是始「西廂」之名也定了，而全體的結構也整理了，加入了法本、法聰、（不是惠明，却是以法聰爲傳書的脚色）孫飛虎杜將軍等好幾個人物，又創出鬧齋寺警、賴婚、彈琴、爭婚、團圓等好幾件的事實，把張生底煩悶、鶯鶯的閨愁、紅娘底周旋，都寫得極其活躍，作爲戲劇誠是精緻地裝飾過的了。西廂五劇，登場之人物首尾底關節因爲都是依據於董西廂的，所以實不能指最後的大團圓爲畫蛇添足。且關漢卿是與王實甫並稱的大家，在詞釆曲調上對之也無遜色。王弇州評續編的詞曲說：

> 漢卿所補商調集賢賓及掛金索「裙染榴花，睡損胭脂皺，細結丁香，掩過芙蓉扣，線脫珍珠，淚溼香羅袖，楊柳眉顰人比黃花瘦。」俊語亦不減前。

只是囫圇吞棗似地看了金聖歎底批評就一意排斥續編的眞是耳食之徒。末了，把會眞記與商調蝶戀花詞底比較，董西廂與西廂雜劇底對照，及六才子書本底一節附記於後，以供參攷。

會眞記　元微之

於是絕望數夕，張君臨軒獨寢，忽有人覺之，驚欻而起，則紅娘斂衾攜枕而至，撫張曰：至矣，至矣，睡何爲哉？置枕設衾而去。張生拭目危坐久之，猶疑夢寐，然而修謹以俟。俄而紅娘捧崔氏而至。至則嬌羞容冶，力不能運支體，曩時

元微之崔鶯鶯商調蝶戀花詞　趙德麟

後數夕，張君臨軒獨寢，忽有人覺之，驚欻而起，則紅娘斂衾攜枕而至，撫張曰：至矣，至矣，睡何爲哉？並枕重衾而去。張生拭目危坐久之，猶疑夢寐，俄而紅娘捧崔而至，則嬌羞融冶，力不能運支體，曩時之端莊，不復同矣。是夕旬有八日，斜月晶熒，幽輝半牀，張生飄飄然，且疑神仙之徒，不謂從人間至也。有頃寺鐘

董解元西廂

端莊不復同矣。是夕旬有八日也，斜月晶熒，幽輝半床，張生飄飄然且疑神仙之徒，不謂從人間至矣。有頃寺鐘鳴，天將曉，紅娘促去，崔氏嬌啼宛轉，紅娘又捧之而去，終夕無一言。張生辨色而興，自疑曰：豈其夢耶？及明，覩粧在臂，香在衣，淚光熒熒然猶瑩於茵席而已。

王實甫西廂記第四本

鳴曉，紅娘促去，崔氏嬌啼宛轉，紅娘又捧而去，終夕無一言。張生辨色而興，自疑曰：豈其夢耶？所可明者，妝在臂，香在衣，淚光熒熒然猶瑩於茵席而已。奉勞歌伴，再和前聲。

數夕孤眠如度歲，將謂今生會合終無計，正是斷腸疑望際，雲心捧得嫦娥至。　玉困花柔羞抆淚，端麗妖嬈，不與前時比，人去月斜疑夢寐，衣香猶在妝留臂。

〔大石調〕〔玉翼蟬〕蟾宮客，赴帝闕相送臨郊野，恰俺與鶯鶯鴛幃暫相守，被功名使人離缺，好緣業空悒怏，頻嗟嘆不忍輕離別，早是恁悽悽涼涼受煩惱，那堪値暮秋時節。 雨兒乍歇，向晚風如漂冽，那聞得衰柳蟬鳴悽切，未知今日別後何時重見也，衫袖上盈盈搵淚不絕，幽恨眉峰暗結，好難割捨，縱有千種風情何處說。〔尾〕莫道男兒心如鐵石，君不見滿川紅葉，盡是離人眼中血。

第三折

（夫人長老上）今日送張生赴京，十里長亭，安排下筵席，我和長老先行，不見張生小姐來到。

（旦末紅同上）（旦云）今日送張生上朝取應，早是離人傷感，況値那暮秋天氣，好煩惱人也呵。悲歡聚散一杯酒，南北東西萬里程。

〔正宮〕〔端正好〕碧雲天，黃花地，西風緊，北雁南飛，曉來誰染霜林醉，總是離人淚。

〔黃鍾宮〕〔出隊子〕

〔尾〕馬兒登程，坐車兒歸舍，馬兒往西行，坐車兒往東拽，兩口兒一步兒離得遠如一步也。

〔仙呂調〕〔點絳唇纏令〕美滿生離，據鞍兀兀離腸痛，舊歡新寵，變作高唐夢。　回首孤城，依舊青山擁，西風重，戍樓寒重，初品梅花弄。

〔瑞蓮兒〕衰草淒淒一徑通，丹楓索索滿林紅，平生蹤跡無定著，如斷蓬，聽寒鴻啞啞的飛過暮雲重。

〔風吹荷葉〕憶得枕鴛衾鳳，今宵管

（旦唱）

〔四邊靜〕霎時間杯盤狼籍，車兒投東，馬兒向西，兩意徘徊，落日山橫翠，知他今宵宿在那里，有夢也難尋覓。

……

……

……

（旦唱）

〔一煞〕青山隔送行，疏林不做美，淡煙暮靄相遮蔽，夕陽古道無人語，禾黍秋風聽馬嘶，我為甚麼懶上車兒內，來時甚急，去後何遲。

半壁兒沒用，觸目悽涼千萬種，見滴流流的紅葉，淅零零的微雨，率剌剌的西風。

(尾)驢鞭半裊，吟肩雙聳，休問離愁輕重，向箇馬兒上馱也馱不動。

(紅云)夫人去好一會，姐姐，咱家去。

(旦唱)

(收尾)四圍山色中，一鞭殘照裏，遍人間煩惱塡胸臆，量這些大小車兒，如何載得起。

第六才子書本一之一，驚豔之一節

(元和令)顛不剌的見了萬千，這般可喜娘罕曾見，我眼花撩亂口難言，魂靈兒飛去半天。

右第五節，寫張生驚見雙文，目定魂攝，不能遽語。

儘人調戲，嚲着香肩，只將花笑拈。(上馬嬌)是兜率宮，是離恨天，我誰想這里遇神仙。

右第六節，寫雙文不曾久立，張生瞥然驚見云云。

宜嗔宜喜春風面，

右第七節只此七字是雙文正向云云。

偏，宜貼翠花鈿，（勝葫蘆）宮樣眉兒新月偃，侵入鬢雲邊。

右第八節，寫雙文側轉身來云云。

未語人前先靦腆一 櫻挑紅破二 玉粳白露三 半晌四 恰方言五 （後）似嚦嚦鶯聲花外囀。

（鶯鶯云）紅娘，我看母親去。

右第九節，雙文纔見客來，側轉身云云。

行一步可人憐，解舞腰肢嬌又軟，千般嬝娜，萬般旖旎，似垂柳在晚風前。

右第十節自偏字至此止一晌眼間事，蓋側轉身來便移步入去也。

在這評論裏雖然怎樣入了微細，把雙文小姐底嬋娟之貌，嬌羞之態寫得活躍於目前，然而任意割截元和令，上馬嬌，勝葫蘆二篇底四曲，支離滅裂，殆不成文理，失了曲調節奏之度，到底不適宜歌唱，把西廂本來的面目完全毀廢了。故藤花主人也不滿意。

其實聖歎以文律曲，故每於襯字刪繁就簡，而不知其腔拍之不協，至一牌晝分數節，拘腐最為可厭，所改縱有妥適，存而不論可也。（曲話）

誠如所說，對於西廂記實是一大厄運。但桐華閣主人吳石華却辯護金氏底修正有佳點不少。

金本科白簡淨，書札尤雅，舊本所不及也，改曲亦有佳者。（桐華閣校正西廂記）

總之，金聖歎所評的是文人把玩的西廂，早已不是優人搬演的西廂了。所以如果想玩味西廂的文章，實非對照金聖歎底評語不可。金聖歎之功在把西廂為第一奇書介紹於世間。

第四節　明之南曲

一　南曲底作者

在藝苑卮言裏論南北曲底起原說：

曲者詞之變。自金元入中國，所用胡樂嘈雜淒緊，緩急之間，詞不能按，乃更爲新聲以媚之。而諸君如貫酸齋、馬東籬、王實甫、關漢卿、張可久、喬夢符、鄭德輝、宮大用、白仁甫輩咸富有才情，兼喜聲律，以故遂擅一代之長。所謂宋詞、元曲，殆不虛也。但大江以北，漸染胡語，時時採入，而沈約四聲，遂闕其一。東南之士，未盡顧曲之周郎，逢掖之間，又稀辨撾之王應，稍稍復變新體，號爲南曲。高拭則成，遂掩前後。大抵北主勁切雄麗，南主清峭柔遠，雖本才情，務諧俚俗，譬之同一師承，而頓漸分教，俱爲國臣，而文武異科。今談曲者往往合而舉之，良可笑也。

三百篇亡而後有騷賦，騷賦難入樂，而後有古樂府，古樂府不入俗，而後以唐絕句爲樂府，絕句少宛轉，而後有詞，詞不快北耳，而後有北曲，北曲不諧南耳而後有南曲。

這樣，元之北曲不爲南方人所喜，所以至明而南曲遂產生了。溯其源流，則在明底葉子奇底草木子裏有「俳優戲文，始於王魁」的話。蓋王魁是南宋底戲文。以外有王煥之名見於錢塘遺事，樂昌分鏡底題目出於中原音韻。又溫州雜劇已如前所說，可知在南宋之時南方一帶已經有了南戲了。這樣，南曲底肇興反在北曲之前。然金人好雜劇，至蒙古奄有中原，北曲愈加流行，在元代南曲雖爲此一時被壓倒，但到元亡明興漸向復興之機，明之中葉以後南曲盛行，北曲遂絕廢了。（南曲一叫做崑曲，見後）南曲底體製在後面詳說，但打破了北曲底嚴格的規則、單調的獨唱之例，幕數也顯著增加，登場的俳優不論脚色是什麼皆得唱曲，其他一切都漸漸複雜，在演劇上實是一大進步。總之已從聽戲移到看戲方面來了。愛曲家說南曲是墮落的未必盡然，寧說是一種發展的徑路。

立在南曲底源頭的是琵琶記與幽閨記。在顧曲雜言裏說：

自北有西廂南有拜月，雜劇變爲戲文，以至琵琶遂演爲四十餘折，幾十倍雜劇。

西廂記如前所述是五本雜劇。拜月與琵琶上了四十齣，遂成了雜劇底十倍也有的那樣的長篇了。然而說因琵琶與拜月出曲界忽然一變，却不能。當明初從有名的寧獻王權、周憲王有燉始，王子一、谷子敬、賈仲名、楊文奎等皆作雜劇。寧獻王是太祖第十七子。初封大寧，至永樂，以靖難之功移南昌，後深深地韜晦而親琴書以終成祖之世。寧王風流而嗜文學，自號爲「臞仙」「涵虛子」或「丹丘先生」，撰著頗富，太和正音譜即是他所撰的。周憲王是太祖第五子周定王底長子，通曉音律，撰雜劇三十餘種，散曲百餘，頗行於世。李夢陽底汴中元宵絕句「中山孺子倚新妝，趙女燕姬總擅場，齊唱憲王新樂府，金梁橋上月如霜。」這中間所謂「憲王」就是他（參看藝苑卮言）又王子一等底作品被收入於元曲選中的是因其爲元末明初的人。論到其詞風，在太和正音譜載有詳細的評語（見前）。明代雜劇底選集是合盛明雜劇第一集、第二集而爲六十種。這種曲本頗不易得，幸第一集爲王氏（國維）所藏，第二集藏於內閣圖書館，實曲界底快事。內閣本此曲並不嚴守四折、套數、獨唱等規則，其中還有混合南曲底宮調的。總之是傳奇底小的光景是把長篇叫做傳奇，短篇叫做雜劇了。這樣說雜劇至明而亡也可以的。明清底名家中，依據於北曲底體製以作雜劇的人雖也有，但落落如晨星，且實際也並不演唱，只不過是文人底餘業能了。

明之南曲至今存留的有閱世道人所編纂的六十種曲，（參攷1）明末汲古閣版。就中推荊・劉・拜・殺四大家。（參攷2）

荊釵記卽寧獻王所撰，是以南宋底名儒王十朋爲主人翁，與其配偶錢氏底數奇離合的故事。王生博學能文，鄉試及第，富翁錢員外愛其才，欲以女玉蓮妻之。王生早喪父，與母共居，雖以家貧謙辭，但因錢員外非常囑望於他，王不得已承諾，其母卽取自己插在頭上的荊釵以爲結納之品。然王生底同學孫汝權，試驗落第，且是好色之徒，見玉蓮底豔姿而動心，卽求婚於錢家。玉蓮底繼母姚氏見王生之貧而孫之多錢，欲奪玉蓮之心使與孫結婚，玉蓮囑望於王生底前途，不聽繼母底話，遂與王生結了婚。後王生與孫汝權共赴京師，應會試，王狀元及第，拜命饒州僉判，且萬俟丞相欲招之爲壻。王生以有糟糠之妻爲辭，觸丞相之怒，改任地於遠方的潮陽。孫汝權試驗又落了第，心生一計，謀於送信人奪王生底家信，改作「我及第後已娶萬俟丞相底小姐，因赴任饒州故特修書與玉蓮離婚」等等的話。錢員外家久不接王狀元家書，忽得此書，大驚。會孫汝權歸鄉里又證實其事實，一面自以厚聘求婚於玉蓮。姚氏大喜，多方地勸說玉蓮。但玉蓮無論怎樣也不聽從，伊總不相信其夫王生有這樣的事，就是萬一有，伊也願自己守節終身。玉蓮因此被逐於家，欲投江水而死。然而不思議地爲正在赴任的途中的錢安撫所救，被養於其家，後經多少的曲折，王生從潮陽僉判轉吉安太守，結局王太守與錢安撫底養女結了婚，這養女就是玉蓮，義夫節婦終於再會大團圓。這是本書底梗概（本劇考證詳見焦循劇說）。

劉知遠即白兔記，無名氏所作，是以五代漢主劉知遠底逸事作種子的。劉知遠還在微賤的時候，爲財主李太公所救，太公奇之，以其女三娘許配他。不久太公夫妻次第死去，三娘之兄逐出知遠，使三娘離婚。知遠走邠州，投於岳公軍中，爲岳公底小姐所囑望，遂招壻於岳府，以才武立大功顯於世。然三娘在家爲兄嫂所虐，屢逼改嫁，不聽，且在困厄之中產生了一男子。無人幫助自己，把臍帶咬斷，所以命名爲「咬臍郎」。無道之兄又欲殺其子，但爲老僕所救，送於邠州劉知遠處，岳氏受之，慇懃撫養。咬臍郎長通武藝，十六歲時出獵，不意到了遠的故鄉底徐州附近，見一白兔，追至一處，在井邊遇到一困臥的汲水的婦人。仔細詢問，知道即其生母，歸而以告劉知遠，乃迎於家，爲正夫人，得慶夫妻母子團圓。這是其大要。白兔結子母再會之緣，故又叫作白兔記。

拜月亭又叫做幽閨記，是取了第一齣家門始終的下場詩底末句，

老尙書緝探虎狼軍　窮秀才拆散鳳鸞羣

文武舉雙第黃金榜　幽閨怨佳人拜月亭

說作幽閨記或拜月亭都可以。一般說是元之施君美作，然王國維說是明初人所作（拜月亭跋）。元來王實甫、關漢卿都有所謂拜月亭雜劇，所以施君美就據此以作傳奇。元槧古今雜劇三十種中把所謂「閨怨佳人拜月亭」收入了。王氏以此爲關漢卿所作，在其所著宋元戲曲史中，把兩者底曲文比較而說是曲之妙處是北曲底靑出於藍。至本書底內容近取材於金元底戰亂中：都貢生蔣世隆，其妹瑞蓮，丞相海牙之子興福，王尙書之女瑞蘭，都在逃難的途中，爲數奇的運命所搬弄，九死得一生，後來世隆與興福結了義兄弟，及第於文武底試驗，結局世隆與瑞蘭，興福與瑞蓮結了婚。拜月是與琵琶並稱的，在荊劉拜殺四者之中詞曲是最妙的。尤其是第二十六齣萍跡偶合之場在旅邸聞暮夜底鐘聲，瑞蘭、瑞蓮二人思夫懷兄之一段，非常地情逼文至。

殺狗記是徐畛撰，畛字仲由，明初人。這劇結構完全是依據元底雜劇殺狗勸夫。有孫華其人，家富而沈緬於酒色，近小人而虐待其弟孫榮。然妻楊氏極賢，欲諫阻夫之非行而設一計以殺狗爲殺人，待夫醉歸而告之，使於夜中拋棄門前的死屍，求之於朋友某某幫助，某君恐後難，不答應。因而夫婦至破窰尋其弟榮而求助，榮慨然赴兄之急難，運屍城外竊掩埋之。華大德之，頓悔前非，兄弟如舊和好。翌日某某兩人以索酒食訪於華家，華責其不義，不與招待。這惡漢兩人遂以孫華兄弟殺人訴之於官。但楊氏實白法廷，赴城外掘穴檢視果然是狗。於是兩惡漢被罰而孫氏一門得蒙朝廷褒封的榮典。

在藝苑卮言裏曾揚琵琶記抑拜月亭說：

琵琶記之下，拜月亭是元人施君美撰，亦佳。元朗謂勝琵琶則大謬也。中間雖有一二佳曲，然無詞家大學問，一短也；既無風情又無裨風教，二短也；歌演終場，不能使人墮淚，三短也。拜月之下，荊釵近俗而時動人，香囊近雅而不動人，五倫全備是文莊元老大儒之體，不免腐爛。

以論曲三昧自稱的弇州山人底言語不免是帶有學究臭味的愚論。琵琶誠然是傑作，但荊劉拜殺也各有其長所。笠翁在閑情偶寄減頭緒節裏說：

頭緒繁多，傳奇之大病也。荆劉拜殺之得傳於後，止爲一線到底。

這見解很不錯。要之賣弄博覽多識與競尚詞采底絢爛在劇都是禁物。「荆釵近俗而時動人」一語實可以蔽四曲，究竟因爲是以俗人爲對手的戲曲，所以適於俗却是在傳奇裏的最寶貴之點。梁廷柟所謂「荆劉拜殺曲文俚俗不堪，殺狗記尤惡劣之甚者」實是過言。且詞曲妙的常不行於世。這樣在演劇上有什麼價值呢？總之荆劉拜殺四曲是立在西廂琵琶之外，稱爲南曲底傑作，在當時是演得最多的。

明曲之所以盛的，正德帝（武宗）爲力極大。帝好聲律，寵晉王府樂工楊騰之妻劉良女，笠翁十種曲中有名的玉頭搔底主人翁，其脚色就是這風流的天子。嬖伶臧賢，俠少髯仙都以倡優得幸，又陳大聲雖是將家之子，然精通南北散套。同時康海王九思（前七子中人）都明樂律，能詞曲，尤其是王所作以秀麗雄爽見稱，其聲價不在關漢卿、馬東籬之下，可惜的只是兩人都因劉瑾連坐失敗。從正德時代起至嘉靖、隆慶、萬曆，是前後七子底翺翔時代，其所唱的古文辭底餘波也橫流於曲界，按譜填字專以麗句故事底點綴爲能事，梁伯龍出就開了工麗之端。這就是所謂吳派，務勦襲靡詞，慣用繡閣羅緯、銅壺銀箭、紫燕黃鶯、浪蝶狂蜂等成語，專以藻繢作典離了歌舞音曲而成爲文章修辭底事了。（參考3）在這時忽然發生一種反動，沈伯英出，開所謂越派，排斥故實繪章，直用淺言俚句作曲，以鄙俗可笑爲不施脂粉，以生硬稚率爲出之天然。其結果流於膚淺，趨於輕薄，以此與吳派比較，覺着稚俗大相差異。（參考4）兩者固然各有長所，然而趨於極端就都不堪其弊了。原雜劇傳奇是國民文學，不是學者文人底專門，故寧貴流行當時，不貴藻麗。固然字句底洗煉，音律底諧協也是當然的事，然而徒事修飾詞章，疊用故典也不是其本來的面目了。畢竟荊劉拜殺曲文雖俚俗，然能稱爲南曲底壓卷，就是琵琶記對之猶不能不讓，因爲琵琶已漸漸開了琢句修辭之端，起首成爲不尋宮數調之說了。

元曲底作者多是不聞名的人，乘着一時的風氣所尚而興起的，明曲底作者如邱濬（瓊山）、楊愼（升庵）、王世貞（弇州）、鄭若庸（虛舟）、沈璟（伯英）、湯顯祖（臨川）、屠隆（長卿）、祝允明（枝山）、唐寅（伯虎）等卻都是堂堂大家。特別如邱瓊山底五倫全備記，凡二十段，所說皆名言，被評作把天下底大倫大理寓於滑稽詼諧之間，而不失其正的，但竟也不免腐爛之謗。總之，詞曲是文豪底遊戲，漸漸成爲難的東西了。追溯其源，則在琵琶記底令吏、黃門諸篇已經用駢體排麗句，而有了學臭可厭的東西。降而至於鄭虛舟底玉玦記，始用類書作成典雅工麗，開後人駢綺底派別。張伯起之徒相爲祖述，尤其是如在其紅拂記裏的「春眠乍曉，處處聞啼鳴，問開到海棠多少」之句，使用成句不免有太熟之嫌。相傳是王弇州所作的鳴鳳記，爲了白中也多用駢儷之體很礙優伶底上場搬演；屠長卿底綵毫記，其詞塗金繢碧，但欲求一眞語、雋語、快語或本色語終卷而不可得，又其曇花記有終齣單是白而無一曲的；梁伯龍底浣紗記、梅禹金底玉盒記，終本無一散語；最甚的如汪道昆底東郭記，全部以孟子演成，甚至每齣底題名都用孟子底成語，到底不脫學究的底習氣。這些完全是曲中的例外。

有明一代的戲曲作者，如湯臨川底玉茗堂四夢（紫釵記、還魂記、南柯記、邯鄲記）已駸駸乎接於北曲，尤其是牡丹亭與還魂記，以天外的奇想與絕妙的巧詞獨步古今，如

「雨絲風片，烟波畫船」之句酷肖元人，頗能極盡其妙，只可惜爲了任意用韻，混用鄉音很不協曲譜，究不免敲鐵綽板以唱「大江東去」的非難。在元曲選底序裏評論臨川底作品說：「識足通方之見學罕協律之功，所下字往往乖謬，其失也疏。」可謂至論。臧晉叔呂玉繩之徒，於是把一二字增減改竄使協音律而使歌唱。臨川自己卻大爲不平，乃戒所愛的宜伶使依其原本，又答人以王維底「冬景芭蕉圖」自比，遂至於放言「予意所至，不妨拗折天下人嗓子」起來。這恰與如上面所述的琵琶記底「不尋宮數調」之說同一論調；把這極端地說起來，戲曲已不是唱曲，卻一變而爲讀曲，不過是文人底遊戲文字罷了。清之孔云亭在其所著桃花扇傳奇底序裏說：

> 傳奇雖小道，凡詩、賦、詞、曲、四六、小說家，無體不備；至於摹寫鬚眉，點染景物，乃兼畫院矣，其旨趣實本於三百篇，而義則春秋，用筆行文又左國太史公也。於以警世易俗，贊聖道而輔文化，最近且切，今之樂猶古之樂，豈不信哉。

這種見識是很堂堂正正的。因此戲曲就成爲高尚的，專爲知識階級底賞鑑品，豈不投一般讀者底趣好。但國民底大多數卻常更卑近地歡迎他們所能容易理解的東西。

明曲底末尾是百子山樵阮大鋮底春燈謎、燕子箋兩篇。大鋮是逆閹魏忠賢底餘黨，以媚事宏光底權臣馬士英爲東林派底君子所憎，在桃花扇傳奇中大被嘲笑，但不能以其人而廢言。這兩篇以奇想與巧詞膾炙人口，其名曾爲一時所推重。清朝文學到底不及明代。在詞曲方面尤其這樣，然而在康熙、乾隆底盛時卻頗不乏作者。李漁（笠翁）、尤侗（西堂）、洪昇（昉思）、孔尚任（云亭）、張堅（漱石）、夏綸（惺齋）、蔣士銓（藏園）等最有名，就中以洪之長生殿（康熙十八年成）與孔之桃花扇（同三十八年成）稱爲清曲底雙璧。洪昉思遊於王漁洋之門，以詩爲海內所知。長生殿是本白樂天底長恨歌而作的，其成功曾使白仁甫底梧桐雨不能穩坐詞壇之一席，被稱爲千百年來曲中的巨擘，一時朱門綺席，酒社歌樓，非此曲不奏，纏頭爲之增價，其名聲至於如此。因適逢國忌日集客演唱被彈劾，趙秋谷也因爲與會被免官而不復起，他底「可憐一夜長生殿，斷送功名到白頭」之歎，就是爲此而發的。孔云亭是孔子底後裔，就詞曲而論，也是獨具隻眼的人。桃花扇是以復社文士侯朝宗與秦淮名妓李香君底風流韻事爲骨子，以明末的興亡，南京底盛衰爲背景構成的一大史劇。當時前代的遺老還在，因是迴憶多感慨深的題材，所以其流行不讓長生殿，王公貴人爭求之，大有紙貴洛陽的景況。在小說是紅樓夢，在戲曲是長生殿、桃花扇實爲清朝俗文學底代表的傑作。其他李笠翁底十種曲，蔣藏園底紅雪樓九種曲，張漱石底玉燕堂四種曲，黃韻珊底倚晴樓七種曲等都是有名的。

〔參考〕

（1）六十種曲目錄

珠雙記……編沉鯨撰	尋親記……無名氏撰	東郭記……無名氏撰
金雀記……無名氏撰	焚香記……玉女峯撰	荆釵記……柯丹丘撰
霞箋記……無名氏撰	精忠記……無名氏撰	浣紗記……梁伯龍撰
琵琶記……高東嘉撰	南西廂……無名氏撰	幽閨記……施君美撰
明珠記……陸天池撰	玉簪記……高　濂　撰	紅拂記……張大和撰

還魂記……湯臨川撰　紫釵記……湯臨川撰　邯鄲夢……湯臨川撰
南柯夢……湯臨川撰　北西廂……無名氏撰　春蕪記……汪　錂撰
琴心記……無名氏撰　玉鏡記……朱　鼎撰　懷香記……陸天池撰
綵毫記……屠長卿撰　運甓記……無名氏撰　鸞鎞記……葉顯祖撰
玉合記……梅禹金撰　金蓮記……陳汝元撰　四喜記……謝　讜撰
三元記……無名氏撰　投梭記……無名氏撰　鳴鳳記……王元美撰
飛丸記……無名氏撰　紅李記……陽初子撰　八義記……徐叔同撰
西樓記……王舜耕撰　牡丹亭……朱春霖撰　繡襦記……鄭若庸撰
青衫記……顧大典撰　錦箋記……周螺冠撰　蕉帕記……單槎仙撰
紫簫記……無名氏撰　水滸記……無名氏撰　王玦記……鄭若庸撰
灌園記……無名氏撰　種玉記……汪廷訥撰　雙烈記……張午山撰
獅吼記……汪廷訥撰　義俠記……無名氏撰　千金記……無名氏撰
殺狗記……徐仲由撰　玉環記……無名氏撰　龍膏記……揚第白撰
贈書記……無名氏撰　曇花記……屠長卿撰　白兔記……無名氏撰
囊香記……邵給諫撰　四賢記……無名氏撰　節俠記……無名氏撰

(2)朱竹坨靜志居詩話

識曲者目荆、劉、拜、殺，爲元四大家。殺狗記則仲由所撰也。其言曰：吾詩文未足品藻，唯傳奇詞典，不多讓古人。蓋自知之審矣。葉兒樂府滿庭芳云：烏紗裹頭，清霜籬落，黃葉林邱，淵明彭澤辭官後，不事王侯，愛的是青山舊友，喜的是綠酒新蒭。相拖逗，金尊在手，爛醉菊花秋。比於張小山馬東籬，未多遜。何元朗，臧叔晉皆精曲律。元朗評施君美幽閨出高則成琵琶之上，王元美目爲好奇之過，晉叔笑曰：是烏知所謂幽閨者哉。

(3)雨村曲話

曲始於元，大略貴當行不貴藻麗；蓋作曲自有一番才料，其修飾詞章塡塞故實，了無干涉也。故荆、劉、拜、殺，爲四大家而長才爲琵琶，猶不得與。以琵琶漸開琢句修詞之端也。明爲湯菊莊，馮海浮，陳秋碧輩，雖無嵩本，而製曲直闖其藩，元音未絕，自梁伯龍出，始爲工麗濫觴，蓋其生嘉隆間。正七子雄長之會，詞尚華靡，弇州於此道不深，徒以維桑之誼，盛爲吹噓，不知非當行也。故吳音一派，竟爲勦襲靡詞，如綉閣，羅幃，銅壺，銀箭，紫燕，黃鶯，浪蝶，狂蜂之類，啓口卽是，千篇一律。甚至使僻事，繪隱語，不惟曲家本色語全無，卽人間一種眞情話，亦不可得。元音之所以塞而不開也。不知以藻繢爲曲，譬如以排律諸聯，入陌上桑，董妖嬈樂府諸題下，多見其不類，又何曲之足云。

（4）雨村曲話

沈伯英審於律，而短於才，亦知用故實用套詞之非宜，然作當家本色俊語，却又不能，直以淺言俚句，棚拽牽湊，自謂獨得其宗，號稱隱語，而越中一二少年，學慕吳趨，遂以伯英爲開山，私相伏膺，紛紜競作，非不束鍾江陽，韻韻不犯，一稟德淸，而以鄙俚可笑爲不施脂粉，以生硬稚率爲出之天然，較之套詞故實一派，反覺雅俗懸殊，伎伯龍禹金輩見之，益當千金自享家帚矣。

二　南曲底體製

南曲底體製可與北曲比較來說明。

（一）音韻上的相異　北曲底韻如前所說是失了入聲，同時在平聲裏生出陰陽底差別來。現在北京官話裏的上平下平，卽是其遺聲。而且其韻書是根據中原音韻的。南曲則反是。既存入聲而平聲又無陰陽之區別，至韻書雖說是依據於洪武正韻，然實際不行，大體仍是依據中原音韻。

還有一層就是南北方言之不同。在閒情偶寄裏說：

北曲有北音之字，南曲有南音之字，北字近於麤豪，易入剛勁之口，南音悉多嬌媚，便施窈窕之人。(字分南北)

要之在東西南北有着縱橫三千里的中國本部求一定的通行音實際不可能的。雖交通已開的今日猶且北京官話不能普及於南方，在元明之往時南北曲異其語彙音韻是不難想見的了。

(二)樂律上的相異　唐底教坊底俗樂凡二十八調，在宋爲十八調。在元遂成爲十七調了。但宋元底調名多少有點出入。在中原音韻裏述其各調底細評如左：

大凡聲音各應於律呂，分於六宮十一調，共計十七宮調。

唱仙呂宮清新綿邈

南呂宮感歎悲傷

中呂宮高下閃賺

黃鍾宮富貴纏綿

正宮惆悵雄壯

道宮飄逸清幽

大石(調)風流醞籍

小石(調)旖旎嫵媚

高平(調)條拘滉漾

般涉(調)拾掇坑塹

歇指(調)急併虛歇

商角調宜悲商婉轉

雙調宜健捷激裊

商調宜悽愴怨慕

角調宜嗚咽悠揚

宮調宜典雅沈重

越調宜淘守冷笑

依據欽定曲譜則北曲有十二調，南曲有十三調。

北曲十二調

黃鍾宮……二十四曲
正　宮……二十五曲
大石調……二十一曲
小石調……五曲
仙呂宮……四十一曲
中呂宮……三十二曲
南呂宮……二十一曲
雙　調……一百曲
越　調……三十五曲

南曲十三調

仙呂宮……九十二曲
羽　調……九曲
正　宮……六十四曲
大石調……十八曲
中呂宮……七十四曲
般涉調……一曲
南呂宮……百十七曲
黃鍾宮……五十二曲
越　調……五十七曲

商　調……十六曲　　商　調……六十四曲
商角調……六曲　　小石調……一曲
般涉調……八曲　　雙　調……三十九曲
仙呂入雙調……九十一曲

而且在南曲裏有引子，過曲，慢詞，近詞之別。大概都是演奏上的緩急的調子，其詳細不大明白。還有北曲有所謂襯字而使用字餘的事多，依此以使歌法變化並添妙趣。在藝苑卮言比較南北曲底聲調說：

凡曲北字多而調促，促處見筋；南字少而調緩，緩處見眼；北則辭情多而聲情少，南則辭情少而聲情多；北力在絃，南力在板；北宜和歌，南宜獨奏；北氣易粗，南氣易弱：此吾論曲三昧之語。

王弇州頗覺得意，但臧晉叔卻在元曲選底序裏駁道：

予嘗見王元美藝苑卮言之論曲，有曰：北曲字多而聲調緩，其筋在絃，南曲字少而聲調繁，其力在板。夫北之被絃索猶南之合簫管，擢臧掩抑，頗足動人，而音亦嫋嫋與之俱流，反使歌者不能自主，是曲之別調，非其正也。若板以節曲，則南北皆有力焉。如謂北筋在絃，亦謂南力在管，可乎？惜哉元美之未知曲也。

這樣看來以論曲三昧之語自許的弇州山人猶有不通的處所，所以論曲實是至難之事，非異邦底門外漢所能容易窺擇的。又在欽定曲譜裏論到襯字說道：

每曲字句多寡，聲音高下，大都不出本宮本調，而塡者之縱橫見長，歌者之疾徐取巧，全在偸襯互犯，譜中不過成法大略耳。在喜用譜者神而明之，斯無印板之病。

這就是所謂運用之妙存於一心。

譯者按襯字之例如西廂記第一本張君瑞鬧道場雜劇——

向詩書經傳

蠹魚似不出費鑽研
將棘闈守暖
把鐵硯磨穿
投至得雲路鵬程九萬里
先受了雪窗螢火二十年
才高難入俗人機
時乖不遂男兒願
空雕蟲篆刻
綴斷簡殘編

中間的「向」「似」……等字即是。

(三)體製上的相異　在北曲有四折，一折一調一韻，一人獨唱等嚴格的規則，至南曲則規則寬緩，很可自由。南曲在體製上與北曲不同的點有五：

（1）不限制齣數　北曲是四折，呼作第一折，第二折，以外沒有某場某場底題目了，但在南曲不呼作折，而叫作齣。齣數並不限制，且每齣必有題目。例如第一齣「家門」之類。齣字底音義雖有數說，但都不適解。總之是南曲底一幕。琵琶記音義音「渠」。

（2）一齣不限一調且許換韻　在北曲有套數，一折一調，一韻到底，但在南曲卻沒有這種限制，卽一齣之中前曲與後曲宮調不同也可以，且換韻也許可的。

（3）打破一人獨唱之例　北曲是一人獨唱的，但至南曲登場的優人皆可以唱曲。故或互歌或共唱，打破了獨唱底單調，興趣更覺多了。在毛西河詞話裏說：

至元末明初，改北曲爲南曲，則雜色人皆唱，不分賓主。

（4）沒有楔子　北曲有楔子，南曲沒有。但把第一齣叫做「開場」或「家門」，以說明一篇底大意。這不過是一二零曲，恰與北曲底楔子相當。

（5）無題目正名但有下場詩　在北曲篇末都有題目正名，但南曲沒有，而於每齣底終結代以下場的詩。所謂下場的詩恰如科白一樣，在北曲裏於優人上下舞臺的時候或從白移到曲的時候有用詩句的事。到了南曲此風愈盛，於幕終優人下舞臺之時必唱詩句。這特名爲「下場詩。」且多有取了第一齣開場或家門底下場詩中的語句作爲曲名的。例如拜月亭(見前)和殺狗記卽是。

兩喬人全無仁義　蠢員外不辨親疎

孫二郎破窰風雨　楊玉貞殺狗勸夫　(殺狗記)

因元曲殺狗勸夫雜劇底題目正名是

題目　孫蟲兒挺身認罪

正名　楊氏女殺狗勸夫

以此北曲底題目正名與南曲底下場詩的關係很可明白了。

又如牡丹亭還魂記，每齣底下場詩是用唐人底集句的一種固定的作法。

(四)脚色上的相異　在北曲把生說作正末，旦說作正旦，外淨(男女都可)爲副，還有付末(沖末)旦倈(沖旦)副淨(女裝者曰花旦)等。故古本西廂記是外扮老夫人，正末扮張生，正旦扮鶯鶯，旦倈扮紅娘的。然至南曲於生旦之外更從外又分作老旦，從淨又分出丑，更有末和貼旦（卽旦倈）等。例如牡丹亭還魂記就有生、旦、淨、丑、外、末、老旦、貼旦等八色，（說明見後）後世更加入小生，副淨合爲十色。生、旦、淨、丑等語底解釋，雖見於各書中，（參考1）但正解總是沒有。蓋從金元底俗語而出的是優人底行話。祝允明底猥談所說，先得我心，茲引於後：

> 生淨旦末等名，有謂反其事而稱，又或託之唐莊宗，皆謬云也。此本金元闤闠談吐，所謂鶻伶聲嗽，今所謂市語也。生，卽男子，旦曰粧旦色，淨曰淨兒，末曰末尼，孤乃官人，卽其土音，何義理之有。

以上是南曲底體製及南北相違的一斑。又南曲一叫做傳奇。所謂傳奇元來是說唐代底小說，但後世轉而用於諸宮調，又把雜劇呼作傳奇，及南曲出稱戲曲底長者一般說作傳奇，以與雜劇區別。總之宋金底諸宮調，元明底戲曲，都是多在唐底傳奇中取材料的。如西廂記是從會眞記出，琵琶記也是本於唐人底小說，就是其例。由是後世遂以傳奇之名被於南曲，普通說桃花扇傳奇、長生殿傳奇、紅樓夢傳奇。

〔參考〕

（1）太和正音譜 莊嶽委談

丹丘先生曰：雜劇院本皆有正末、副末、狚、孤、靚、鴇、猱、捷譏、引戲九色之名，孰不知其名亦有所出，予書今於譜內以遺後世好事焉。雜劇之說，唐爲傳奇，宋爲戲文，金爲院本雜劇合而爲一。元分院本爲一，雜劇爲一。雜劇者雜戲也。院本者，行院之本也。正末，當場男子，謂之末，末指事也，俗謂之末泥。副末古謂蒼鶻，故可以扑靚者，靚謂狐也，如鶻之可以擊狐，故副末執磕瓜以扑靚是也。狚，當場之妓曰狚，狚猿之雌也，名曰猵狚，其性好淫，俗呼旦非也。孤，場當粧官者是也。靚，傅粉墨者謂之靚，獻笑供謟者也，古謂參軍，書語稱孤爲田參軍，故副末稱蒼鶻者，以能擊狐也。說粉白黛綠，謂之靚粧，故謂之粧靚色，俗呼爲淨非也。鴇，妓女之老者曰鴇，鴇似雁而大，無後趾，虎文，喜淫而無厭，諸鳥求之即就，俗呼爲獨豹，今人稱鴇者是也。猱，妓女總稱謂之猱，猱猿屬，貪獸也，喜食虎肝腦，虎見而愛之，負其背，猱乃取虱遺虎首，即死，求其肝腦腸食之，古人取喻，虎譬如少年喜而愛其色，彼如猱也，誘而貪其財，故致子弟喪身敗業是也。捷譏，古謂之滑稽，院本中便捷譏謔者是也。引戲，院本中之狚也。鬼門道，构欄中戲房出入之所，謂之鬼門道，鬼者言其所扮者皆是已往昔人，故出入謂之鬼門道也。愚俗無知，因置鼓

於門，訛傳爲鼓門道也。於理無宜，亦曰古門道，非也。東坡詩曰：搬演古人事，出入鬼門道，正謂此也。（太和正音譜）

凡傳奇以戲文爲稱也，亡往而非戲也。故其事欲謬悠而亡根也，其名欲顚倒而亡實也。反是而求其當焉，非戲也。故曲欲熟，而命以生也，婦宜夜，而命以旦也；開場始事，而命以末也；塗汚不潔，而命以淨也；凡此咸以顚倒其名也。中郎之耳順而婿卓也，相國之絕交而娶崔也，荊釵之詭而夫也，香囊之幻而弟也，凡此皆以謬悠其事也，繇勝國而迄國初，一轍也。近爲傳奇者，若良史焉，古意微矣。（古無外與丑，蓋丑卽副淨，外卽副末也。）

今優伶輩呼子弟，大率八人爲朋，生、旦、淨、丑、副亦如之。（外卽副末，丑卽副淨。）元院本止五人，故有五花之目。一曰副淨，卽古之參軍也。一曰副末，又名蒼鶻，蒼鶻可擊羣鳥，猶副末可打副淨。一曰末泥，一曰孤裝。見陶氏輟耕錄，而無所謂生旦者，蓋院本與雜劇不同也。元雜劇，旦有數色；所謂裝旦卽今正旦也，小旦卽今副旦也，以墨點破其面，謂之花旦，今惟淨丑爲之，而元時名妓，咸以此取稱。（如荊堅堅，孔千金，顧山山，天然秀，珠簾秀，李嬌兒類）又妓李嬌兒爲溫柔旦，張奔兒爲風流旦，蓋勝國雜劇，妝旦多婦人爲之也。（元花旦必與今淨丑適別，妓人多爲之，末尼、孤裝、未知類今何色，當續考之。（莊嶽委談）

三　琵琶記與還魂記

茲舉南曲底二大傑作有曲聖曲仙之稱的琵琶記與還魂記以說明南曲底體例。

琵琶記實是南曲之祖，元末明初人高明所撰。明字則誠，生於永嘉。永嘉卽南宋之際以溫州雜劇著名的現在浙江底溫州。唐代稱此地爲東嘉，所以他又號高東嘉。元至正五年進士，（明史文苑傳）授處州錄事，後辟行省掾，文行底名聲一時甚高。及方國珍據慶元稱兵，省吏以明諳習海事，命其隨行，但與之論事不合。因國珍就招撫，欲把他留置幕下，但他辭官避世於鄞之櫟社，以詞曲自樂。慶元路卽今之寧波，鄞縣地。元來方國珍在海上發亂，是至正八年，取慶元犯溫台，就招撫是其後的事，所以琵琶記之作是至正末年，卽元之末造。元亡後明太祖聞他底名，遣使召之，但明以心疾辭而不就，旋卽逝去。後有人把琵琶記獻於太祖，太祖甚感歎說，四書五經如五穀是家家不可缺的，琵琶記如珍羞百味，在富貴之家是必定非有不可的。然又有說琵琶記底作者，不是高明而是高拭字則誠的，自王弇州底藝苑巵言始，明人多主是說，但高拭是燕山人，自然是另一人。

高則誠何所本而撰琵琶記，其說不一。

第一王四說。高則誠底友人有所謂王四者，爲當時知名之士，顯達後棄妻周氏而妻宰相不花氏底女。則誠欲救之不及，乃作此書以諷之。明太祖覽琵琶記而非常感賞，知其爲王四而作，後遂捕王四而付之於法。且所以名託蔡邕的，以王四在微賤之時曾爲人傭菜的緣故，所謂牛丞相是因不花氏構第於牛渚的緣故，所以名爲琵琶記的是把「琵琶」二字分析開來中有四個「王」字的緣故。這說爲第七才子書本琵琶記底編者毛聲山所固信，在該書底總論中詳細地說明的了。

第二蔡生說。在唐人小說中，有牛相國僧孺之子繁，與同學蔡生同舉進士。繁愛蔡生之才，欲以妹妻之，然蔡生以既有妻趙氏辭，但不聽，後牛氏與趙氏和好地過生活，蔡生官至節度副使。此說見於王弇州底藝苑巵言裏。

第三蔡中郎說。即依據陸放翁底詩，而在南宋時有「蔡中郎底盲詞」，是很明白的。

說高則誠是本此以作琵琶記的。此說見於焦循底劇說。（參攷1）

以上諸說大抵皆有道理。以唐代小說爲粉本而成傳奇的事，以西廂記爲始其例正多，以此諷輕薄的王四也可以承應的。至以蔡生作爲蔡邕，大概是本於南宋底鼓詞，王弇州以此說是誣衊賢者大加非難，但只是依據前例的罷。不然，以蔡邕大儒，因其阿附逆臣董卓，由出處進退極明，過岳飛之墓而至於發憤賦詩的那樣的慷慨者高則誠看來，以比於作爲失節之人而坦腹權門的王四，怕不是特別的侮辱罷。不過說蔡邕是榮傭之意，琵琶是王四底隱語卻大失於牽強附會了。誠然如果說是王昭君底琵琶或是白樂天底琵琶那是在史上已聞名的，但如本書據趙五娘底琵琶以爲題名雖覺着太無緣了，但琵琶底盲詞是依據蔡中郞而名爲琵琶記的，所謂趙五娘彈琵琶以乞人憐恐怕也是從盲女底琵琶着想的。此外還有三四種異說，其考證詳載於天四居士底琵琶記緣起。總之，傳奇元是出於寓言，其人其事本來是不能據史實去考證的。

以下要說到琵琶記底梗概了。但因是一四十幕的長篇卻不能如漢宮秋與西廂記一樣逐折詳說。只好摘其極要的說一說。先把其齣目和登場人物脚色表列於次。

第一齣　副末開場　第二齣　高堂稱慶
第三齣　牛氏規奴　第四齣　蔡公逼試
第五齣　南浦囑別　第六齣　丞相教女
第七齣　才俊登程　第八齣　文場選士
第九齣　臨粧感嘆　第十齣　春宴杏園
第十一齣　蔡母嗟兒　第十二齣　奉旨招婿
第十三齣　官媒議婚　第十四齣　激怒當朝
第十五齣　金閨愁配　第十六齣　丹陛陳情
第十七齣　義倉賑濟　第十八齣　再報佳期
第十九齣　強就鸞鳳　第二十齣　勉食姑嫜

第廿一齣 糟糠自厭　第廿二齣 琴訴荷池
第廿三齣 代嘗湯藥　第廿四齣 宦邸夏思
第廿五齣 祝髮買葬　第廿六齣 拐兒紿誤
第廿七齣 感格墳成　第廿八齣 中秋賞月
第廿九齣 乞丐尋夫　第三十齣 瞯問衷情
第卅一齣 幾言諫父　第卅二齣 路途勞頓
第卅三齣 聽女迎親　第卅四齣 寺中遺像
第卅五齣 兩賢相遘　第卅六齣 孝婦題眞
第卅七齣 書館悲逢　第卅八齣 張公遇使
第卅九齣 散髮歸林　第四十齣 李旺回話
第四十一齣 風木餘恨　第四十二齣 一門旌獎

登場人物底脚色

生・蔡生　　旦・趙五娘
外・蔡公　牛太師　　貼旦・牛氏
淨・蔡母　　丑・李旺　惜春
末・張太公　　副末・開場

琵琶記底始末在第一齣副末開場裏已表明了，姑引在這裏以作爲南曲開場之例。

〔問內科〕　且問梨園子弟，今日敷演誰家故事，那本傳奇？〔內應科〕三不從琵琶記。〔副云〕元來是這本傳奇，待小子略道幾句家門，便見戲文大意。

〔中呂慢詞〕〔沁園春〕　趙女姿容，蔡邕文業，兩月夫妻，奈朝廷黃榜，徧招賢士，高堂嚴命，強赴春闈，一舉鼇頭，再婚牛氏，利綰名牽竟不歸，饑荒歲，雙親俱喪，此際實堪悲。　堪悲、趙女支持，剪下香雲送舅姑，把麻裙包土，築成墳墓，琵琶寫怨，逕往京畿，孝矣伯喈，賢哉牛氏，書館相逢最慘悽，重廬墓，一夫二婦，旌表門閭。

極富極貴牛丞相，　施仁施義張廣才

有貞有烈趙貞女　　全忠全孝蔡伯喈

因此琵琶記一名叫蔡伯喈。

元來漢之蔡邕字伯喈，深於經學，兼能詩文，生於聖明之世而抱經濟之才，然以親老絕了仕宦之意，新聚趙氏五娘，夫妻和順，父母康寧，正在花下酌春酒樂享一家底團欒。第二齣高堂稱慶實是出色的文字。(見後。)在浪暖桃香欲化魚龍之時，郡中來了招賢之書，太守把蔡邕之名報上了。期逼春闈然而親闈難捨；心戀親闈而難赴春闈，正是「人爵不如天爵貴，功名爭似孝名高，」邕雖決心辭卻但鄰人張太公卻來勸其應試，父蔡公也願其子之榮達，催他上京，僅一母親反對，然不容易爲其所聽。邕於是把一切託之於張太公，遂與新婚僅兩個月的趙五娘分別去了。第五齣南浦囑別恰與高堂稱慶反對爲一家傷心斷腸之時。其末尾的一曲並下場詩云：——

〔仙呂引子〕〔鷓鴣天〕〔生〕萬里關山萬里愁，〔旦〕一般心事一般憂，〔生〕桑榆暮景應難保，客館風光怎久留，〔生下〕〔旦〕他那裏漫凝眸，正是馬行十步九回頭，歸家只恐傷親意，閣淚汪汪不敢流。

纔斟別酒淚先流　郎上孤舟妾倚樓

片帆漸遠皆回首　一種相思兩處愁

雖然別情依依，光景如畫，但還不敵西廂記底哭宴「四圍山色中，一鞭殘照裏」底名句。邕旋到京師，應春闈，三場都美滿及第，得中狀元。但此時的試官頗是風流人，不照前例而於第一場課以考對，第二場猜謎，第三場唱曲。因此有人引這爲元曲選序上所說的「元取士有塡詞科」底旁證，然殊不知這元是戲場底笑話。

於此有一丞相牛太師，學德高一世，早失夫人，唯有一小姐。太師治家極嚴，小姐在深閨長成，很守庭訓，溫柔貞淑。太師鍾愛非常，欲嫁一讀書君子，正於此時奉聖旨與新狀元蔡邕結婚。邕以老親在鄉且有妻趙氏，上表辭官辭婚，願歸鄉養親，然反觸怒太師，不見許。不得已強爲牛氏之贅壻，仍留於京師，成立新家庭，極盡富貴之樂。第二十八齣的中秋賞月與前面的高堂稱慶是兩節很可以相匹對的文字。

〔大石調過曲〕〔念奴嬌序〕〔貼〕長空萬里，見嬋娟可愛，全無一點纖凝，十二欄杆光滿處，涼浸珠箔銀屏，偏稱，身在瑤臺，笑斟玉斝，人生幾見此佳景。

〔合〕惟願取年年此夜，人月雙淸。

〔前腔〕〔生〕孤影南枝乍冷，見烏鵲縹渺，驚飛栖止不定，萬點蒼山何處是，修竹吾廬三徑，追省，丹桂曾攀，嫦娥相愛，故人千里謾追情。〔合〕惟願取年年此夜，人月雙淸。

那裏雖是田園底貧生，然有一家團圝的賞花之宴，這裏雖是新夫婦底快樂的賞月，但缺少雙親，缺少趙五娘。同是對三五明月，然新人不似極其滿足，因邕思趙五娘，心已有暗影了。牛氏賢很能事邕。旋邕詳細地把事情告知，乃以欲與蔡邕一起歸鄉省親的事請於其父。太師大怒，起初總不聽他女兒底話，後經牛氏多方的諫諍，乃允許，遂遣李旺往陳留迎邕底父母與趙五娘來京師。

然而邕底故鄉底情形是怎樣的呢，自邕出發以後，接續發生了非常不幸的事。因爲失了最要緊的生產者，只靠趙五娘一人之手以養兩親是很難的，加之爲了年歲饑饉，一家三口忽爲饑餓所迫。幸因開義倉，趙五娘以婦人領到施米，但在歸途爲惡漢所奪，不能空身歸家，決意欲投路旁古井自盡，忽想起其夫臨去時的說囑，乃轉意從張太公處乞得少許的飯米，勉強地養活舅姑，自己卻以糠粟空腹。這一段實是很悽慘的。

〔雙調過曲〕〔孝順歌〕〔旦〕糠和米本是相依倚，被簸颺作兩處飛，一賤與一貴，好似奴家與夫壻，終無見期。丈夫儞便是米呵，米在他方沒處尋，奴家恰便似糠呵，怎的把糠來救得人饑餒，好似兒夫出去，怎的教奴供膳得公婆甘旨。

傳說東嘉執筆時，曾置二燭於卓上，寫至此處，雙燭之火忽交成一道。蓋鬼神也爲之感動。

從所謂糟糠之妻便想到以糠自比以米比夫是想得很巧妙的。旋蔡母死，蔡公亦遭病，趙五娘在貧窶之中買湯藥盡心看護，然無效果，終至去世。五娘無法乃剪頭髮以換錢，得張太公搭救，買得棺材，且自運泥土以營葬舅姑。土地神憫孝婦之心，命南山底白猿使者與北岳底黑虎將軍使助工作，於五娘疲倦困臥之中把墳墓修成了。五娘夢得神助，覺而大驚，張太公也來幫助，聞其原由，甚爲感動，因此勸其上京尋夫。於是五娘自畫公婆底眞容負之，作道姑的裝束，彈琵琶乞憐途中以入都。其時李旺正到陳留卻與之相左，只遇見張太公，且從太公處稍稍聽到了邕之不孝的話。五娘登山渡水，千辛萬苦底結果，到了洛陽，恰逢彌陀寺開會，乃揭公婆底眞容於禮拜的處所，會蔡狀元隨從者來爲父母祈願。五娘匆猝避去而忘記了收拾眞容，邕之使者遂收之以歸。五娘詢知爲蔡狀元，且喜且愧，翌日卽至其門求食，竊探消息。恰好牛氏以舅姑快要迎到京師欲求一侍奉女僕，引見道姑裝束的五娘種種問答底結果，纔知道是其夫底前妻，大爲感歎，自執姊妹之禮。五娘爲牛氏所留居，偶至邕底書齋，見寺中的遺像揭掛於壁上，所以自取筆於其上題詩一首。

蔡邕於政務餘暇歸了自宅，對畫像讀詩句而大怪，卽呼牛氏仔細詢問。牛氏特激刺蔡邕以見其誠意，遂使與五娘會合。邕會五娘聞道父母之死，驚而昏倒，得牛氏扶救，於悲喜交集中得見一夫兩妻底團圓。邕以牛氏底勸，以欲早早歸鄉服喪，請於牛丞相。太師現爲五娘之孝與其女兒之賢所感，遂以同意。因此邕遂帶着兩妻歸了故鄉，感謝張太公之厚意，並廬於墓上，服喪守禮。李旺回京委細復命，牛太師也說「便是一家都難得，一來蔡伯喈不忘其親，二來趙五娘子孝於舅姑，三來我小姐又能成人之美，一門孝義如此，理當保奏，請行旌表，」過了三年之後，遂奏聞朝廷。奉聖旨蔡邕授爲中郎將，妻趙氏封陳留郡夫人，牛氏封河南郡夫人，父母亦得追贈，一門旌表。這就是琵琶記底大結。

這樣看來，琵琶記底趣向，以西廂記比較起來遠是複雜的，戲曲的了。趙五娘底貞節，牛氏底婦德，都是很可以的。兩人底丈夫底賢明雖不及兩人，但與西廂記底風流漢的張生，元不可同日而語。其他牛太師底權勢，張太公底義氣，與其爲父的蔡公，爲母的蔡母，都是相當可以的。只是全書結構不能沒有欠缺之點。例如洛陽與陳留並不是非常的遠方，且不是兵亂之時，那有其子狀元及第而父母卻不知道的，且在兒子方面及第不立刻報知雙親，且長久的時期一點也不聞道故鄉底消息，張太公雖居鄰家，然對於蔡家底不幸都是以後纔得知的，這些恐怕是強欲表現趙五娘底孝烈而勉強湊合的罷。故李笠翁很不滿意於琵琶記，說「若以針線論，元曲底最疎者莫過於琵琶，無論大關節目背謬甚多」且指摘其例自作琵琶尋夫改本。然而單以結構而論大概中國劇都是不足取的。中國劇所尚的是其詞曲。在詞曲西廂之豔麗與琵琶底淸雅，實元曲底雙璧，爲中國戲曲底二大傑作。胡元瑞比較兩者說：

西廂主韻度風神，太白之詩也，琵琶主倫理名教，少陵之作也。

同樣陳眉公也評論說：

西廂，琵琶，譬之畫圖：西廂是一幅着色牡丹，琵琶是一幅水墨梅花；西廂是一幅豔裝美人，琵琶是一幅白衣大士。

誠爲至論。又湯臨川論琵琶記說：

琵琶記都在性情上着工夫，並不以詞調巧倩見長。可謂別具隻眼的。以外王鳳洲（弇州）也說：

南曲以琵琶爲冠，是一道陳情表，讀之使人欷歔欲涕。

馮猶龍更敷衍其義說：

先儒有言。讀諸葛亮出師表而不下淚者必非忠臣，讀李密陳情表而不下淚者必非孝子。今當更二語曰：讀王鳳洲鳴鳳記而不下淚者必非忠臣，讀高東嘉琵琶記而不下淚者必非孝子。

這是專稱揚琵琶記爲有益於風教的作品的。然毛聲山以琵琶比西廂而說是情勝文勝，所謂

西廂之情則佳人才子，花前月下，私期密約之情也；琵琶之情則孝子賢妻，敦倫重誼，纏綿悱惻之情也。

西廂文中往往雜用方言土語，如呼美人爲「顛不刺，」呼僧人爲「老潔郎」

之類，而琵琶無之。

要之這是一種捧場的拉倒。第一情不二，述男女之情的並不能說是惡。第二因爲用俗語而說是不可，是亦不通之論。如戲曲寧須是以俗人爲對象的，把俗語巧妙地插入，反而顯出了作者底手腕。毛聲山是琵琶記底忠臣，他把琵琶記作爲「第七才子書」，其評與金聖歎之於西廂同樣，評文論理曾爲琵琶一吐其萬丈的氣焰，所以讀琵琶記的不可不兼讀其評語。末了引琵琶記第二齣高堂稱慶底全文於此，作爲南曲底文例。

第二齣　高堂稱慶

〔正宮引子〕〔瑞鶴仙〕〔生〕十載親燈火，論高才絕學，休誇班馬，風雲太平，日正驊騮欲騁，魚龍將化，沈吟一和，怎離卻雙親膝下，且盡心甘旨，功名富貴付之天也。

〔鷓鴣天〕宋玉多才未足稱，子雲識字浪傳名，奎光已透三千丈，風力行看萬里程。經世手，濟世英，玉堂金馬豈難登。要將萊綵歡親意，且戴儒冠盡子情。蔡邕沈酣六籍，貫串百家，自禮樂名物，以及詩賦詞章，皆能窮其妙；由陰陽星曆以至聲音書數，靡不得其精。抱經濟之奇才，當文明之盛世，幼而學，壯而行，雖望青雲之萬里，入則孝，出則弟，怎離白髮之雙親。到不如盡菽水之歡，甘虀鹽之分，正是：孝行於己，責報於天。自家新娶妻房，纔方兩月，卻是陳留郡人，趙氏五娘，儀容俊雅，也休誇桃李之姿，德性幽閒，儘可寄蘋蘩之託。正是：夫妻和順，父母康寧。詩中有云：爲此春酒，以介眉壽。今喜雙親旣壽而康，對此春光，就花下酌杯酒，與雙親稱壽，多少是好。昨已囑付五娘子，安排酒席，催促則個。娘子酒完了，請爹媽出來。〔旦內應科〕〔外扮蔡公，淨扮蔡婆上〕

〔雙調引子〕〔寶鼎現〕〔外〕小門深巷，春到芳草，人間清晝。〔淨〕人老去星星非故，春又來年年依舊。〔旦扮趙五娘上〕最喜今朝春酒熟，滿目花開如繡。〔合〕願歲歲年年人在花下，嘗春酒。〔外云〕孩兒你請我兩個出來做甚麼？〔生跪科〕告爹媽得知，人生百歲，光陰幾何，幸喜爹媽年滿八旬，孩兒一則以喜，一則以懼，當此青春光景，閒居無事，聊具喫杯疏酒，與爹媽稱壽則個。〔淨笑云〕阿老有得吃，〔外云〕阿婆這是子孝雙親樂，家和萬事成。〔生進酒科〕

〔雙調過曲〕〔錦堂月〕〔生〕簾幙風柔，庭幃晝永，朝來峭寒輕透，親在高堂，一喜又還一憂，惟願取百歲椿萱長似他三春花柳。〔合〕酌春酒，看取花下高歌共祝眉壽。

〔前腔〕〔旦〕輻輳，獲配鸞儔，深慚燕爾，持杯自覺嬌羞，怕難主蘋蘩，不堪侍奉箕箒，惟願取偕老夫妻，長侍奉暮年姑舅。〔合前〕

〔前腔〕〔外〕還愁白髮蒙頭，紅英滿眼，心驚去年時候，只恐時光催人去也難留，孩兒惟願取黃卷青燈，及早換金章紫綬。〔合前〕

〔前腔〕〔淨〕還憂，松竹門幽，桑榆暮景，明年知他健否安否，歎蘭玉蕭條，一朵桂花堪茂，媳婦惟願取連理芳年，得早遂孫枝榮秀。〔合前〕

〔醉翁子〕〔生〕回首，歎瞬息烏飛兔走，喜爹媽雙全，謝天相佑，〔旦〕不謬，更清淡安閒，樂事如今誰更有。〔合〕相慶處，但酌酒高歌，共祝眉壽。〔外云〕孩兒儞今日爲我兩個慶壽，這便是儞的孝心，人生須要忠孝兩全，方是個丈夫，我總想得起來，今年是大比之年，昨日郡中有吏來辟召，儞可上京取應，倘得脫白掛綠，濟世安民，這纔是忠孝兩全。〔生云〕爹媽高年在堂無人侍奉孩兒豈敢遠離實難從命。

〔前腔〕〔外〕卑陋論做人，要光前耀後。勸我兒青雲萬里，早當馳驟，〔淨〕聽剖，眞樂在田園，何必區區公與侯。〔合前〕

〔僥僥令〕〔生旦〕春花明彩袖，春酒泛金甌，但願歲歲年年人長在，父母共夫妻相歡酹。

〔前腔〕〔外淨〕夫妻好廝守，父母願長久。坐對兩山排闥青來好，看將一水護田疇綠繞流。

〔十二時〕山青水綠還依舊，嘆人生青春難又，惟有快活是良謀。

〔外〕逢時對景且高歌 〔淨〕須信人生能幾何

〔生〕萬兩黃金未爲貴 〔旦〕一家安樂值錢多

牡丹亭還魂記可以說是空前絕後的傑作，爲湯顯祖所撰。顯祖（字若士，一說字義仍，若士乃其號。因是臨川人所以通稱湯臨川。少時善屬文，名聲甚高。萬曆中宰相張居正欲其子及第，羅致海內名士，使之相伴。聞臨川之名，欲致之幕下，臨川辭謝不曾往。萬曆十一年成進士，從南京太常博士遷禮部主事，為了抗疏彈劾權臣，謫廣東徐聞典史，旋遷遂昌縣知縣。二十六年在為會計報告上京師的時候又投劾而歸，遂被奪官。家居二十年而卒。臨川這樣的慷慨有氣節，與世不遇，窮居以撰述自樂。所居名「玉茗堂，」文史狼藉，賓朋雜坐，雞塒豚圈，接迹庭戶。他在其間蕭閒詠歌，俯仰自得。作文以宋濂為宗，斥李王之徒底古文辭為僞體。在當時李王底勢力風靡天下之際，排擊的只臨川與歸震川兩人而已。臨川最長詞曲，所著有紫簫記、紫釵記、還魂記、南柯記、邯鄲記五種，以後者四種稱為「玉茗堂四夢。」因均是託於夢的緣故。就中牡丹亭還魂記為最有名。在靜志居詩話裏說：

> 義仍塡詞，妙絕一時，語雖斬新，源亦出於關、馬、鄭、白。其牡丹亭曲本尤眞摯動人，人或勸之講學，答曰：諸公所講者性，僕所言者情也。

這眞如臨川所揭破的一樣，還魂記是把情之力極力描寫出來了的。全篇五十五齣，時代取自南宋，場所從南安移於臨安淮上，而主要的人物是唐代大文豪底子孫。齣目及脚色略如左表。

第一齣　標目	第二齣　言懷
第三齣　訓女	第四齣　腐歎
第五齣　延師	第六齣　悵眺
第七齣　閨塾	第八齣　勸農
第九齣　肅苑	第十齣　驚夢
第十一齣　慈戒	第十二齣　尋夢
第十三齣　訣謁	第十四齣　寫眞
第十五齣　虜諜	第十六齣　詰病
第十七齣　道覡	第十八齣　診祟

第十九齣 牝賊
第廿一齣 謁過
第廿三齣 冥判
第廿五齣 憶女
第廿七齣 魂遊
第廿九齣 旁疑
第卅一齣 繕備
第卅三齣 秘議
第卅五齣 回生
第卅七齣 駭變
第卅九齣 如杭
第四十一齣 耽試

第二十齣 悼殤
第廿二齣 旅寄
第廿四齣 拾畫
第廿六齣 玩眞
第廿八齣 幽媾
第三十齣 懽撓
第卅二齣 冥誓
第卅四齣 詗藥
第卅六齣 婚走
第卅八齣 淮警
第四十齣 僕偵
第四十二齣 移鎮

第四十三齣　禦淮　　第四十四齣　急難
第四十五齣　寇間　　第四十六齣　折寇
第四十七齣　圍釋　　第四十八齣　遇母
第四十九齣　淮泊　　第五十齣　鬧宴
第五十一齣　榜下　　第五十二齣　索元
第五十三齣　硬拷　　第五十四齣　聞喜
第五十五齣　圓駕

登場人物底脚色

生・柳夢梅　　旦・杜麗娘
外・杜公　　老旦・杜母
末・陳最良　　貼旦・春香
丑・韓子才　　淨・番王　道姑

詩聖杜甫之後裔有所謂杜寶其人者，有令德爲南安府太守，夫人甄氏，生一女名麗娘，麗娘具天生的美質，恰如其名所表象，且富於情趣，所以父母不但鍾愛，並且於麗娘二八妙齡時聘一老儒生名叫陳最良的使之教學庭訓是很嚴的。於花笑鳥歌的春日，麗娘伴侍婢春香遊於荒蕪的後花園，不知不覺地發了一種悽涼的情感。倦而歸於香閨中昏沈地假寐一下，遂以入夢：有一青年折綠滴的柳枝以誘麗娘，二人執手再遊後園，至牡丹亭下正在交歡的時候，夢就醒了。從此麗娘憧憬夢中的秀才，遂罹於病，見日漸瘦損的自己底姿容，悲嘆抑鬱無可告語，不得已欲記念於此世而自描一春容，並題「他年得傍蟾宮客，不是梅邊是柳邊。」詩句於其上，置之於牡丹亭下，即逝去了。杜公夫妻在悲嘆無法之中，會金人南下，淮上告警，杜公榮轉安撫使，要到揚州赴任去。杜公乃依小姐遺言，葬之於後園梅樹之下，爲立梅花觀，以石道姑與陳最良爲看守人，遂離了南安。

於茲有柳宗元二十八代的元孫柳春卿其人者，生長南海，好學，二十餘歲，遂在鄉試及第，但不逢時，在鬱鬱過生活的時候，有一日夢在香豔的梅花之下見一美人立着，遂以爲姻緣有分，發迹有期，自改名爲夢梅。幸有一老僕郭駝子（柳文郭橐駝底末流）以賣果爲生，時常周旋柳生。然因爲不能長久這樣下去，所以決意發憤求取功名，且謀於郭駝，欲上臨安去應試，途中至南安，遇風雪而投宿於梅花觀。時麗娘死已三年了。柳生遊於後園，不意拾得麗娘所遺置的畫像，讀題詩，非常奇異，即自和詩於後，且日夜揭畫像，玩弄，禮拜，呼叫，贊美無所不至，遂至於深深與畫中美人默契。先是麗娘死時，至閻王殿前，以其與柳生有姻緣之分，允許他日再生。於是麗娘之魂遊至梅花觀，遇柳生，每夜得續幽歡。後見柳生誠意，遂把從前的事都一一對他說了。柳生驚喜交並，謀之於石道姑，依小姐所教發其墓，麗娘底芳姿猶如生前，注以豫先備置的藥，麗娘忽然蘇生了。兩人歡然攜手赴臨安，柳生應試，上了一篇關於和戰的論文。然因金寇急逼淮上，麗娘懼父母底危難，遣柳生去探望。這時杜夫人已經從春香逃難於臨安，不意投於麗娘寓所。見女兒底再生，又驚又喜。柳生至揚州訪杜公之幕，致麗娘之意，杜公以爲妖，痛加掠治以辱之。在其間，榜下，柳生中了狀元，名聲大顯，一方金寇也平，杜公凱旋而歸，再會夫人麗娘，一家得慶團圓。這就是此篇底梗概。

死人再生元是奇怪至極的事，然畢竟人是情塊，情之所鍾，故可以死可以生。以天外的奇想與絕妙的巧詞，稱爲曲中之仙實獨步古今。杜麗娘之妖，柳夢梅之癡，老夫人之輭，杜安撫之古執，陳最良之固陋，春香之刁乖，都把七情生動的微機描寫到極處了。但其短於音律的事已如前面所說。又本書有吳吳山底三婦人底合評，固然不如金聖歎與毛聲山一樣的大吹大擂，然在婦人頗有其綿密之處，如把下場詩底集唐之句一一查出，即是其一例。茲引麗娘小姐伴春香遊於後花園驚夢之一節以當雲龍底片鱗。

第十齣 驚夢

〔遶地遊〕〔旦上〕夢回鶯囀，亂煞年光徧，人立小亭深院。〔貼〕炷盡沈煙，拋殘繡線，恁今春關情似 去年。〔烏夜啼〕〔旦〕曉來望斷梅關，宿粧殘。〔貼〕你側著宜春髻子恰憑闌，〔旦〕剪不斷，理還亂，悶無端。〔貼〕已分付催花鶯燕借春看。〔旦〕春香，可曾叫人掃除花逕？〔貼〕分付了。〔旦〕取鏡臺衣服來。〔貼取鏡臺衣服上〕雲髻罷梳還對鏡，羅衣欲換更添香。鏡臺衣服在此。

〔步步嬌〕〔旦〕裊晴絲吹來閒庭院，搖漾春如線。停半晌，整花鈿，沒揣菱花偸人半面，迤逗的彩雲偏。〔行介〕步香閨怎便把全身現。〔貼〕今日穿插的好。

〔醉扶歸〕〔旦〕儞道翠生生出落的裙衫兒茜，豔晶晶花簪八寶塡，可知我常一生兒愛好是天然，恰三春好處無人見，不隄防沈魚落雁鳥驚諠，則怕的羞花閉月花愁顫。〔貼〕早茶時了，請行，〔行介〕儞看畫廊金粉半零星，池館蒼苔一片青。踏草怕新繡襪，惜花疼煞小金鈴。〔旦〕不到園林，怎知春色如許。

〔皂羅袍〕原來姹紫嫣紅開徧，似這般都付與斷井頹垣，良辰美景奈何天，賞心樂事誰家院。恁般景致，我老爺和奶奶再不提起，〔合〕朝飛暮捲雲霞翠軒，雨絲風片，煙波畫船，錦屛人忒看的這韶光賤。〔貼〕是花都放了，那牡丹還早。

〔好姐姐〕〔旦〕徧青山啼紅了杜鵑，荼蘼外煙絲醉輭。春香呵，牡丹雖好他春歸怎占的先，〔貼〕成對兒鶯燕呵〔合〕閒凝眄生生燕語明如翦，嚦嚦鶯歌溜的圓。

〔旦〕去罷，〔貼〕這園子委是觀之不足也。〔旦〕提他怎的？〔行介〕

〔隔尾〕觀之不足由他繾，便賞徧了十二亭臺是枉然，到不如興盡回家閒過遣。

〔參考〕

（1）劇說

琵琶記說者不同。留青日札云：高明溫州瑞安人，以春秋中元至正四年乙酉第，授處州錄事，改調浙東閫幕都事，轉江西行臺掾，又轉福建行省都事。方國珍留幕下不從，旅寓明州櫟社，以詞曲自娛。因感劉厚村詩，作琵琶記。有王四者以學聞，則誠與友善，勸之仕。登第後，棄妻周氏，贅太師不花家，則誠作此以諷，取琵琶上四字爲「王四」云。爾元人呼牛爲「不花」，故謂「牛太師」，而伯喈曾附董卓，乃以之託名焉。高祖微時常奇此戲文，御極召則誠，以疾辭，使者以記上，於是捕王四置極刑。東嘉後卒於寧海。曲藻云：高則誠琵琶記，其意欲以譏當世一士大夫，而託名蔡伯喈，不知其說。偶閱說郛所載唐人小說，牛相國僧孺之子繁，與同人蔡生邂逅，爲文字交，蓉同舉進士第，蔡生欲以女弟適之。蔡已有妻趙矣，力辭不得。後牛氏與趙處，能卑順自將，蔡仕至節度副使。其姓氏相同，一至於此，則誠何不直舉其人，而顧誣巇賢者至此耶。毛德音評琵琶記引大園索隱云：高東嘉名則誠，元末人，與王四相友善，王四亦當時知名士，後以顯達改操，遂棄其妻周氏而坦腹於時相不花氏家，東嘉欲挽救不可得，乃作此書諷之。而託名蔡邕者，以王四少賤常爲人傭榮，趙五娘者以姓傳自趙至周者適五也。牛丞相者以不花家居牛渚也。記以琵琶者，以有四「王」字也。所謂張太公者，東嘉自厲也。又眞細錄云：明祖彙刪元人詞曲，偶見琵琶記而異之。後廉知其爲王四而作，遂執王四付之法曹。二說與留青日扎同。吾里徐坦菴，則主牛僧孺事。余按宋人詩云：斜楊古柳趙家莊，負鼓盲翁正作場，死後是非誰管得，滿村聽說蔡中郎。輟耕錄所列雜劇之目亦有蔡伯喈，意者高則誠之作琵琶當本於宋元以來所相承，如西廂之本於鶯鶯六么耳。僧孺之女固爲適合，王四之諷亦未足憑。閒中今古錄云：元末永嘉高明字則誠，登進正元年登士，歷任慶元路推官，文行之名重於時。見方國珍來據慶元。辟世於鄞之櫟社，以詞曲自娛。因劉後村有「死後是非誰管得，滿村聽唱蔡中郎」之句，因編琵琶記，用雪伯喈之恥。洪武中徵辟。辭以心疾，不就，使復命，上曰，朕聞其名，欲用之，原來無福。既卒，有以其記進，上覽畢曰：五經四書如五穀，家家不可缺；高明琵琶記如珍羞百味，富貴豈可缺耶?其見推許如此。

〔附錄〕崑曲、二黃、梆子

北曲亡於明，南曲至明之中葉成爲崑曲。在雨村曲話裏論到歌曲底沿革這樣說：

紘索辨訛，三百篇後變爲詩，詩變而爲詞，詞變而爲曲。詩盛于唐，詞盛于宋，曲盛于元之北，北曲不諧於南，而始有南曲，南曲則大備于明。明時雖有南曲，祇用紘索官腔。至嘉隆間，崑山有魏良輔者，乃漸改舊習，始備衆樂器，而劇場大成，至今遵之。所謂南曲，卽崑曲也。

所謂崑山腔是魏良輔所唱，梁伯龍起而效之，自翻新調，漸至流行於世。中心樂器是明笛，其樂律緩而頗溫雅高尙。到了清朝，乾隆帝殊愛戲曲，召江南名優於京師，命內廷供奉。這卽是「四大徽班」（安徽省系）底起原。於是崑曲漸滅，至今日傳的人殆沒有了。現今普通所行的腔調，有二黃與梆子兩種。二黃說是湖廣之調，因本來發生於黃岡，黃陂二縣地方，這是連着徽班底系統的。梆子是山陝之調，自爲別腔。故此二者方言口氣自異，且樂器也大不相同。二黃調緩而以胡琴爲主，梆子調急而其力在梆子。恰與藝苑巵言所說的「北力在絃，南力在板」相反對。二黃圓穩宜於文戲，梆子豪壯適於武戲。至其脚色兩者都是同樣的。

生　外　末　小生……男脚

旦　老旦　花旦……女脚

淨　副淨　丑……花臉（男女相同）

生扮英雄或君子，因其掛長鬚所以一叫做老生或鬚生。外扮老人，末扮審判者。此三者都不塗面。小生扮小子，浪人，頗施粉飾，但無鬍鬚。而其對手卽花旦。花旦一叫做風流旦，扮妓女，下婢，其姿極嬌豔。旦又稱青衣，專扮正夫人，不太用粉飾。老旦扮老夫人。淨，副淨，丑又通稱作花臉（大花臉，二花臉，三花臉）共扮奸雄惡人。淨與副淨都在顏面滿施以赤、黑、白青等顏色，使其容貌成爲可怕而止。丑常在鼻梁或眼簾上塗以白粉，表現出一種嬉嬉地笑婆娑地跳的滑稽的樣子。元來中國劇是喜劇，所以李笠翁也說是一夫不笑是我愁因而丑脚是比較地重要的。

論其聲音，生丑是用男之正聲（如唱歌之聲一樣），旦是用女之正聲。淨是濁聲，其調亦急。然而小生近女調，老旦近男調。又從脚色底品位說，以文老生爲第一，正旦爲第二，武小生爲第三，大花臉第四，老旦花白等次之，丑底品位雖最卑，但如前所說，其脚色是不很輕的。試就關於三國志的諸劇（如空城計、天水關、羣英會、華容道、黃鶴樓、白門樓、轅門射戟、打鼓罵曹等）把脚色配起來看：劉玄德諸葛孔明是文老生，關羽、趙雲是武生，曹操是文淨，司馬仲達是武淨，張飛是花臉，周瑜、呂布是小生，外末丑依劇而異，都可以找得適當的配脚，至女脚在三國志中似乎很少，強求之則玄德之夫人孫氏大概是旦，孫夫人之母吳國太大概是老旦，呂布之侍妾貂蟬大概是花旦罷。

女優，卽坤伶，曾在元時代有過，其後以害風紀被禁，清朝只有男優。然童伶頗盛。清末天津、漢口等處，常有女優出現，革命以後的坤伶頗占優勢，遂以侵入北京，於是坤伶遂大流行。然與西洋底樂劇異，中國底唱戲，女底聲是不適宜的。戲臺上的用具準備很是簡單，例如演者持鞭以表示騎着馬的意思，垂畫着車輪之圖的旗於腰下就是表示乘着車的意思，又長鬚底掛法還很相似。這等處所，必要煩國文學史家底一考察的。

国家出版基金项目
NATIONAL PUBLICATION FOUNDATION

中國文學概論講話（下）

[日]鹽谷溫◎著
孫俍工◎譯

山西人民出版社
山西出版傳媒集團

第六章 小說

第一節　神話傳說

無論那一種國民，在太古草昧之世都是有神話傳說的。印度這樣，希臘這樣，自然在中國神話傳說也是很多的。只是太古的民族底住地是移住於比較地缺乏天惠的黃河流域，漢族底性格是極其實際的，力農勤業只管逐於利用厚生的日常生活，排斥空理空想，因而沒有耽於沈思冥想的餘裕，所以不能把從古來的神話傳說集成爲雄大的詩篇或是幽玄的小說。加之孔子是純然的漢民族思想底代表者，平生不語怪力亂神。其教專說修身治國的實用，高尙深遠的死生之理，天命之論，是不容易允許門弟子的，而且排斥一切太古荒唐不稽之傳說，從而儒家之徒是不採用神話傳說的。卻在道家與雜家之中保留神話傳說不少。然因漢代定儒教爲國教，所以思想底繫縛甚，向來的傳說類多消滅，不幸中國小說永無發展的機運了。

雖是這種的情形，而神話傳說底斷片却散見於莊子（如鯤鵬之話，蝸角上之爭，姑射之神人）列子（如愚公之移山夸父之追日龍伯國之大人等）韓非子底說林以及左傳等裏面。由是以推當時所傳的傳說決不少是很可知道的了。在現存的先秦的書中，多保留有神話傳說，欲求一小說底先驅則不能不先推楚辭底天問篇和山海經。

天問篇如王逸序中所說：

天問者屈原之所作也，屈原放逐，彷徨山澤，見楚有先王廟及公卿祠堂圖畫天地山川，神靈琦瑋僪佹，及古賢聖怪物行事。因書其壁，呵而問之，以渫憤懣舒瀉愁思云云。

屈原見荊楚地方祠廟底繪畫彫刻，而題辭於其上。昔禹王既平水土之後鑄九鼎，而於其表面刻九州底鳥獸，草木，魑魅亡兩之圖，其事見於左傳。現山東底武梁石室等底壁畫也存有此種的圖。尤其是楚國沅湘之間，其俗信鬼，所以關係於此等神話傳說的圖畫大概是很多的罷。於是屈原見此等的圖呵而問天，兼吐胸中的磊傀。引一二例來說，先問日——

出自湯谷　次于蒙汜　自明及晦　所行幾里

湯谷一名暘谷，日所出處，蒙汜是日所入處。在淮南子底天文訓裏也記載有關於太陽底運行，說是從暘谷出而入於咸池，卽入虞淵至於蒙谷止，凡經十六處，行五億萬七千三百九里。總之是一種基於天體底規測的神話。題屈原底詩的定有羲和御日輪之車的圖罷。一讀起來令人想起現在英國博物館所藏的有名的古代希臘底彫刻所表現的日神赫利奧斯驅馬車從海而出的日出之圖和意大利名工累泥(Reni Guido)底曙光(Aurore)底畫裏所表現的在彩雲靉靆之處天女導赫利奧斯底馬車前進的光景。(參卷首插畫)實際東西底天體神話不期然而然是一軌的。再問月·——

夜光何德　死則又育　厥利爲何　而顧菟在腹

夜光卽是月，所謂「死則又育」是望滿晦虧，從朔日起又漸漸生育之意，「菟在腹」是說月中的陰影在晉傅玄底擬天問裏也說「月中何有白兎擣藥」在李白底飛龍引裏更據此而說「載玉女過紫皇紫皇乃賜白兎所擣之藥方。」憶在萊比錫大學聽康拉第教授底楚辭講義的時候，教授曾畫一兎以杵擣臼之圖於黑板上很博得聽講者底喝采。我們不見得以爲怎樣稀奇的在西洋底學生却很感着興趣。還有，教授並附帶地說及在印度也有同樣的思想。把中國、印度、埃及、希臘等底神話比較地研究一下恐怕是很有興趣的罷。其次關於洪水的傳說有共工底神話。

鯀何所營　禹何所成　康回馮怒　墬何故以東南傾

鯀我們知道是神禹之父，承堯命治九年的洪水，但不成功，於是舜舉其子禹治洪水，十三年而水土平。康回是共工之名，「墬」是「地」之古字。列子與淮南子也有同樣的記事。

共工氏與顓頊爭爲帝，怒而觸不周之山，折天柱，絕地維，故天傾西北，日月星辰就焉，地不滿東南，故百川水潦歸焉。（列子湯問篇）

昔共工氏與帝顓頊爭天下，不勝，怒以頭觸不周之山而死。於是發生了大變異，支天之柱折，維地之綱斷。爲此天所以傾西北日月星辰都向西傾；地陷東南，而有一大穴，所以百川皆向東流。這是仰觀天文見日月皆從東出從西落，俯察地理見百川皆東流入於海，從這里所發生的神話。又關於怪物，有

　　鯪魚何所　鬿堆焉處　羿焉彈日　烏焉解羽

這樣的疑問。鯪魚是人魚，鬿堆是怪鳥，共見於山海經。（但鬿堆作鬿雀，鯪魚作陵魚。）

　　陵魚人面手足魚身在海中。（海內北經）

　　北號之山有鳥焉，其狀如雞而白首鼠足而虎爪，其名曰鬿雀，亦食人。（東山經）

羿是有窮之后，爲射之名人。羿射日輪的話淮南子也載得有。堯時十日並出草木焦枯，天下大旱魃所以堯命羿射落其九只留一個。所謂日中有踆烏（三足烏）亦見於同書。且在同書裏又有所謂

　　羿請不死之藥於西王母，恒娥竊以奔月，

的話，恒娥是羿之妻，奔於月中而成爲蟾蜍。這樣在山海經、列子、淮南子等裏是還保存着

有許多的神話，傳說的，涉獵這等的書籍以編纂一中國底神話，傳說很可以成就一部有價值的著作能。

山海經漢書藝文志列在形法家中，隋書以下加入於地理書之首，而在四庫全書提要裏却屬於小說家之部。大概元是周秦間的雜書爲後人所附益的。在史記大宛傳底贊裏有「禹本紀山海經所有怪物，余不敢言」的話，那太史公也看見過本書是無疑的，但如所謂南倭，北倭屬燕（海內北經）必是後人底補筆。與其說是地理書不如說是各方的異聞傳說底雜錄。在這書裏好像元來是附有圖的。陶淵明讀山海經詩有所謂「汎覽周王傳，流觀山海圖」可證。而且本文是記其圖畫底說明的，完全是繪卷之類了。這樣從楚辭和山海經看來，在古代也有這種的學問是約略可以想像的。在朱子語錄裏說：

問山海經？曰：一卷說山川者好，如說禽獸之形，往往是記錄漢家宮室中所畫者，如說「南向」「北向」，可知其爲畫本也。

王應麟據此也說：

山海經記諸異物飛走之類，多云「東向，」或曰「東首。」疑本因圖畫而述之，古有此學，如九歌天問皆其類也。

然而在山海經可見的神話傳說之中最有名的要算崑崙山與西王母。至後世說到崑崙山就作爲天國，說到西王母就當作神仙，成爲中國人底一種理想，但其初決不是這樣的。在上古的地理書書經底禹貢篇及古代的辭書爾雅之中所能見到的崑崙底稱謂，不過是西方黃河上流的一地名，又西王母據爾雅則是西戎底國名。

織皮崑崙析支渠搜、西戎卽敍。（禹貢）

河出崑崙虛。（爾雅釋水）

三成爲崑崙丘（同釋丘）

觚竹、北戶、西王母、日下爲四荒。（同釋地）

然山海經在莊、列、楚辭、竹書紀年（從汲冢出，但今所傳的已非原本）等裏均以爲是依據太古傳說而小說化了的。

崑崙山底記事散見於各書，試抄錄如左。

槐江之山，……多藏琅玕黃金玉，其陽多丹粟，其陰多采黃金銀，實惟帝之平圃，……南望崑崙，其光熊熊，其氣魂魂，……崑崙之丘，是實爲帝之下都，神陸吾司之，其神狀虎身而九尾，人面而虎爪，是神也司天之九部及帝之囿時。（西山經）

海內崑崙之墟在西北帝之下都。崑崙之墟，方八百里，高萬仞，上有木禾，長五尋大五圍，面有九井，以玉爲檻；面有九門，門有開明獸守之。百神之所在，在八隅之巖，赤水之際，非仁羿莫能上岡之巖。（郭璞傳云羿常請藥西王母，亦言其得道也。）（海內西經）

崑崙南淵，深三百仞，開明獸身大類虎，而九首皆人面，東嚮立崑崙上。（海內西經）

崑崙山實是西北的名山，在帝都之下。且神陸吾與開明獸是同一獸底名稱。在天問篇裏還說——

崑崙縣圃　其尻安在　增城九重　其高幾里

注說：「崑崙之山三級，上曰增城，次曰縣圃。」在淮南子上說「增城九重，其高萬一千里百一十四步二尺六寸。」或說崑崙山上又有五城十二樓。加之在列子和穆天子傳裏有所謂周穆王驅八駿以周遊天下，至崑崙山，在瑤池與西王母開宴會的話，由此崑崙就成了天國。陶淵明底詩也說到崑崙底事。

迢遞槐江嶺　是謂玄圃丘　西南望崑崙　光氣難與儔

亭亭明玕照　落落清瑤流　恨不及周穆　託乘一來遊

其次是關於西王母的記事也抄錄於後。

玉山（郭璞傳云，穆天子傳謂之羣玉之山）是西王母所居也。西王母其狀如人，豹尾虎齒而善嘯，蓬髮戴勝，是司天之厲及五殘。（西山經）

蛇巫之山上有人，操杯而東向立，一曰龜山，西王母梯幾而戴勝杖，其南有三青鳥，爲西王母取食，在崑崙虛北。（海內北經）

西海之南，流沙之濱，赤水之後，黑水之前，有大山，名曰崑崙之丘；有神，人面虎身，有文有尾，皆白處之，其下有弱水之淵環之，其外有炎火之山，投物輒然，有人戴勝，虎齒有豹尾，穴處，名曰西王母，此山萬物盡有。（大荒西經）

據此則以西王母是虎齒豹尾之神。司馬相如底大人賦「吾乃今日覩西王母，皬然白首戴勝而穴處，」是出自山海經底蓬髮而成爲老婆婆，李白底飛龍引也說「下視瑤池見王母，蛾眉蕭颯如秋霜。」這等猶不失古意，至後世以西王母爲神仙美人，那是完全本於漢武內傳（見後）的，所以在陶詩裏不取虎齒豹尾與白首戴勝之說，却成爲妙齡的仙女了。

玉臺凌霞秀　王母怡妙顏
天地共俱生　不知幾何年

靈化無窮已　館宇非一山
高酣發新謠　寧傚俗中言

穆天子傳卽關於周穆王西征的小說，與竹書紀年同傳是晉太康中從汲冢（在汲縣的戰國魏王之墓）掘出的，但依列子與山海經等大概是漢以後做成的東西罷。唐之詩人賦玄宗與楊貴妃之事，避忌明白地說出，多引用穆天子和漢武帝底故事，因此愈加以西王母爲美人了。

清平調　三首之一　李白

雲想衣裳花想容　春風拂檻露華濃
若非羣玉山頭見　會向瑤臺月下逢

羣玉山卽西王母所居的地方。

第二節　兩漢六朝小說

第一項　漢代小說

元來所謂小說之語見於漢書藝文志算是最初。小說家者流蓋出於稗官，街談巷語，道聽塗說者之所造也。孔子曰：雖小道必有可觀者焉，致遠恐泥，是以君子弗爲也。然亦弗滅也。閭里小知者之所及，亦使綴而不忘，如或一言可采，此亦芻蕘狂夫之議也。

所謂稗官注云：如淳曰細米爲稗，街談巷說，其細碎之言也。王者欲知閭巷風俗，故立稗官，使稱說之。

準是以觀則小說是讀如字面一樣是閭巷底細言了。周代有採詩之官取諸國底俚謠以察民風，漢時有稗官之職以採取閭巷細言，供王者知道政治得失的參攷。在漢書藝文志裏所列舉的有小說十五家，千三百八十篇。

伊尹說	二十七篇
鬻子說	十九篇
周考	七十六篇
青史子	五十七篇
師曠	六篇
務成子	十一篇
宋子	十八篇
天乙	三篇

黃帝說 四十篇

封禪方說 十八篇 武帝時

待詔臣饒心術 二十五篇 武帝時

待詔臣安心未央術 一篇

臣壽周紀 七篇 項國圉人，宣帝時

虞初周說 九四三篇 河南人，武帝時，(見後)

百家百三十九卷

右小說十五家千三百八十篇。

以外在該書底道家，雜家，醫巫神仙等部裏可屬於小說的書目猶不少。實際數目恐怕還是很多的。只是十五家底著作一種也沒有傳留所以其內容完全不能知道，但從伊尹說以下至黃帝說的九家，是彙集上代的傳說的。大半都是迂怪淺薄然是出於假託的事，班固自己在其注中也明白記出了。明白地注爲漢代之作的四家，又可認爲同時之作的一家合共五家但就中以虞初爲第一。虞初實是後世所宗爲小說之祖的。關於虞初之事，在漢書底注裏也記得有：

> 河南人，武帝時以方士侍郎，號黃車使者。應劭曰：其說以周書爲本。師古曰：史記云，虞初洛陽人，即張衡西京賦，小說九百，本自虞初者也。

虞初是方士，兼明醫術，得武帝之寵，爲乘馬着黃衣黃車使者，派遣至甘肅地方，其書周說即是集錄周代底傳說，蓋武帝之時，承漢興百年文景二帝富裕之後，征伐匈奴，使漢南無王庭，且新開西域，南夷之交通，漢之威遂遠輝於西方。然帝因極盡現世底富貴安榮，所以由此求長生不死之情甚切，頗信神仙之說而重用方士。於是李少君，少翁等爭上神怪奇方，寵遇傾一世。虞初也是這等方士中的一人，所以其書也是收集神仙奇怪之說的，是不難想像的了。然因爲是所謂街談巷語，道聽塗說者流底作品，所以隨起隨滅，其不能傳於後世，並非無理的。這樣，當時的小說雖同樣說作小說，但並不如現在的所謂小說(Novel)

傳奇（Romance）一樣，或明宇宙底眞理，或貫古今垂大教訓，或闡世態人情底機微，或述數奇的運命底徑路，或說高遠的人生底理想之類，僅不過是神話，傳說或童話而已。

以下就漢魏叢書中所收兩漢六朝小說底主要的，說其梗概。

神異經一卷……舊本題漢東方朔撰　（四庫全書提要小說家類）

東方朔是與虞初等同以博識智辯爲漢武帝所寵幸的稗官的人物。漢書論贊裏說：「朔之詼諧，逢占射覆，其行事浮淺，行於衆庶，童兒牧豎，莫不眩耀，而後世好事者，因取奇言怪語，附著之朔。」又在是書藝文志底雜家之部有「東方朔二十篇」之目，可惜不傳於後。稱爲他底作品的僅這神異經與後面所舉的海內十洲記二種，雖被收在漢魏叢書中，自然是出於傅會的了。現行本有晉張華所注的，張華是博覽多識的人，所著雖有博物志，但作了神異經底注釋的事在本傳卻無記載。這樣看來，其注也是屬於假託的了。但隋書經籍志卻明白地記着是「東方朔撰，張華注，」所以其僞作頗古，是隋以前的事可斷言的。四庫全書提要從神異經底詞華縟麗上推測而斷爲成於六朝文士之手。

其內容完全是學山海經的。述四荒底事雖頗怪誕不經，但唐之詩人多取題材於其中以養成其才藻。例如本書與山海經底西王母相對，就有所謂東王公。在開卷第一東荒經之首就說：

東荒山中有大石室，東王公居焉。長一丈，頭髮皓白，人形鳥面而虎尾，載一黑熊，左右顧望。恆與一玉女投壺，每投千二百嬌，設有入不出者，天為之噫嘘；(華曰：嘆也。)嬌出而脫誤不接者，(言失之)天為之笑。(華云：言笑者天口流火炤灼，今天下不雨而有電光，是天笑也。)

玉女投壺之話，既已引見於陳徐陵底玉臺新詠底序裏，其後更多被使用。李太白底梁甫吟誹當時女謁之盛說：

我欲攀龍見明主，雷公訇震天鼓，帝旁投壺多玉女，三時大笑開電光，倏爍晦暝起風雨，閶闔九門不可通，以額控關閽者怒。

這完全是根據於此的。又崑崙山有名希有的大鳥，張左翼覆東王公，右翼覆西王母。其背上無羽毛的處所有一萬九千里西王母每歲登其翼上以會東王公的話（中荒經）是從山海經底三青鳥出的，即七夕底鵲橋恐怕也是出於這里的罷。又如在大尾的不孝鳥的話，那完全是寓意的教訓的了。

不孝鳥狀如人身，犬毛，有齒，猪牙，額上有文，曰「不孝，」口下有文曰「不慈，」鳥上有文曰「不道，」左脅有文曰「愛夫，」右脅有文曰「憐婦，」故天立此異畀，以顯忠孝也。（中荒經）

以外還有善人和聖人之話。在山海經裏所見的荒誕的話，別無甚寓意。又莊子與列子底寓言是借以說明深奧的哲理的，但至神異經則多採淺薄的童話以寓教訓之意。終竟是一種把先秦底小說再改作一下而在古怪的趣味中加入以時代的新思潮使便利行於世的作品。然這與東方朔底傳裏所見的滑稽話有稍似的處所。所以本書固然是出於假託，但其中的幾分之幾或者是朔底漫言底相傳下來的也說不定。日本馬琴底小說寓言的東西甚多，其夢想兵衞胡蝶物語，取奇怪的鳥獸以寓教訓，即大半是採取神異經底趣

向而脫化出來的

海內十洲記一卷……舊本題漢東方朔撰。（四庫全書提要小說家類）

本書亦如前所說的一樣，雖稱爲東方朔所撰但元來也是假託的。開卷第一詳載本書底緣起，依此則是漢武帝從西王母聽到在八方巨海之中有祖洲，瀛洲，玄洲，炎洲，長洲，元洲，流洲，生洲，鳳麟洲，聚窟洲底十大洲爲人跡稀少之處，又始知道東方朔底非常人，乃延朔於曲室親詢十洲之所在及產物等。因此朔遂把自己所知道的一一述出，舉海內十洲並滄海島，方丈洲，扶桑，蓬丘，崑崙底位置產物等以奉答。把這筆記下來，便是本書。按武帝從西王母處聞到十洲的話出於漢武內傳，武帝知道東方朔底爲異人出於漢武故事。那麼本書是續上兩書而成的底小說，是互相關聯着的。尤其是在本書裏把該說作「上」的都作「漢武帝，」使用其謚號，其非朔所撰愈加明白了。

鳳麟洲底續弦膠與聚窟洲底反魂樹是極其有名的，崑崙山與西王母在本書也被理想化了。在崑崙山有三角，北名「閬風巔，」西名「玄圃堂，」東名「崑崙宮，」其一角有積金的「天墉城，」面方千里，城上有金臺五所，玉樓十二所。又有碧玉之堂，瓊華之室，紫翠丹房錦雲輝日朱霞發九光，有畫也畫不出的那樣的美。這就是西王母底居所。至是西王母已經不是鬼物異形，完全是神仙了。其容貌詳載於漢武內傳。

漢武故事一卷……舊本題漢班固撰（四庫全書提要小說家類，漢魏叢書中無）

漢武內傳一卷……舊本題漢班固撰（同前）

右兩書是記錄漢武帝底宮中的逸事遺聞的。武帝已如前所說雖是一英邁的君主，但後頗迷信神仙之說，妖妄之說，寵遇迂怪的方士。關於這等的神仙奇聞已載於史記底孝武本紀、封禪書、漢書底郊祀志等，實是小說家底好材料。本書就是專據此而修飾敷衍的。都說是班固所撰，不待說是後人所假託的。班固是有名的歷史家，漢書底撰述者。此二書根本於漢書底記事，故託名於班固。然二書都收錄於隋書經籍志，不曾說是班固所撰。大概都是成於六朝詞人之筆罷。特別是在四庫全書提要說是從張華底博物志所載漢武帝迎西王母於宮中的事實與漢武內傳有符合之處，看來或者恐怕是晉魏間底文士所作的哩。在前面所引的陶淵明之詩也覺得是根據於漢武內傳的。

今日所傳的書，兩書都不完全了。唐代詩人取以爲題材的和註釋家據以爲典故的，現行本不曾看見的很多。例如「甲帳珠簾」「茂陵玉杯」（以上故事）「朱鳥窗」（內傳）等就是。然在隋唐志各有二卷的，今只有一卷了，由此可以想見本來是比現本要更多。現在的漢武故事都是短篇。其中有名的是誰也知道的「金屋藏嬌」與「神君」之話。當武帝年幼還是爲膠東王的時候，長公主抱王膝上問「兒欲得婦不？」膠東王曰，「欲得婦。」長公主指左右長御百餘人皆云不用。末指其女問道，「阿嬌好不？」於是王乃笑對道「好，若得阿嬌當作金屋貯之也。」白樂天底長恨歌，

金屋粧成嬌侍夜

當是本此，又李義山底茂陵底律詩後聯，

玉桃偸得憐方朔　金屋修成貯阿嬌

也同是用的本書底故事。神君底記事史記漢書都有。武帝置神君於壽宮，神君底最尊的

名叫太一，時去時來，來則風肅然，常在幔中說話。無論如何總是神仙一樣了。然據漢武故事則說——

初霍去病微時，數自禱於神君，神君乃見其形，自修飾欲與去病交接，去病不肯，乃責之曰：吾以神君清潔故齋戒祈福，今欲為淫此非神明也。因絕不復往。神君亦慚。及去病疾篤，上令為禱於神君，神君曰，霍將軍精氣少壽命弗長吾嘗欲以太一精補，可以延年，霍將軍不曉此意遂見斷絕，今病必死，非可救也。去病竟薨。

據此則神君底正體已暴露，所謂太一精是什麼也知道，實是很卑劣的。

漢武內傳完全是武帝迎西王母於宮中的記事。這也覺得是從史漢迎神君的話脫化而來的。其大要是武帝好道，求神仙之志切，所以西王母遂以七月七日降臨於武帝之宮而張盛宴，更遣侍女郭密香使迎上元夫人，帝從王母受五嶽眞形圖，又從上元夫人受了六甲靈飛十二事底祕傳，但帝多慾不能從其訓以修眞。迨柏梁臺火災起，祕卷燒失，帝也崩駕了。以漢武故事比起來文章也很好，排偶華麗，六朝底色彩很顯著，西王母與上元夫人非常地被描寫成神仙似的高尚的品格了。試錄迎西王母於宮中的一節於此。

到七月七日乃修除宮掖，設坐大殿，以紫羅薦地，燔百和之香，張雲錦之幃，然九光之燈，列玉門之棗，酌葡萄之醴，宮監香果，爲天宮之饌，帝乃盛服立於堦下，勅端門之內不得有妄窺者。內外寂謐，以候雲駕。到夜二更之後，忽見西南如白雲起，鬱然直來，逕趨宮庭，須臾轉近，聞雲中簫鼓之聲，人馬之響，半食頃，王母至也。縣投殿前，有似鳥集，或駕龍虎，或乘白麟，或乘白鶴，或乘軒車，或乘天馬，羣僊數千，光耀庭宇。既至，從官不復知所在。唯見王母乘紫雲之輦，駕九色斑龍，別有五十天僊，側近鸞輿，皆長丈餘，同執綵旄之節，佩金剛靈璽，戴天眞之冠，咸住殿下。王母唯扶二侍女上殿，侍女年可十六七，服靑綾之袿，容眸流眄，神姿淸發，眞美人也。王母上殿東向坐，著黃金褡襹，文采鮮明，光儀淑穆，帶靈飛大綬，腰佩分景之劍，頭上太華髻，戴太眞晨嬰之冠，履元璚鳳文之舃，視之可年三十許，修短得中，天姿掩藹，容顏絕世，眞靈人也。下車登牀，帝跪拜問寒暄畢立，因呼帝共坐，帝面南，王母自設天廚，眞妙非常，豐珍上果，芳華百味，紫芝萎蕤，芬芳塡樏，淸香之酒，非地上所有，香氣殊絕，帝不能名也。又命侍女更索桃果，須臾以玉盤盛僊桃七顆，大如鴨卵，形圓靑色，以呈王母。母以四顆與帝，三顆自食。桃味甘美，口有盈味。帝食輒收其核，王母問帝，帝曰：欲種之。母曰：此桃三千年一生實，中夏地薄，種之不生，帝乃止。於坐上酒觴數遍，王母乃命諸侍女王子登彈八琅之璈，又命侍女董雙成吹雲和之笙，石公子擊昆庭之金，許飛瓊鼓震靈之簧，婉凌華拊五靈之石，范成君擊湘陰之磬，段安香作九天之鈞，於是衆聲澈朗，靈音駭空。又命法嬰歌元靈之曲，歌畢，云云。

這是把西王母極其高尙地美麗地敍述出來了。於是西王母成了眞的神仙眞的美人，與在山海經裏那樣的只是聽說就要可怕的那虎齒豹尾的瘟神是全然另一東西了。特別是王母底侍女王子登、董雙成、石公子、許飛瓊、婉凌華、范成君、段安香、法嬰等底奏仙曲一段，縹渺如聞天樂，恰有對意大利畫家洛馬諾所畫的亞坡羅與繆斯底舞蹈底圖之感。

別國洞冥記四卷……舊本題後漢郭憲撰（四庫全書提要小說家類）

本書雖分爲四卷，實則只收錄了六十則的零聞瑣語。卷首有郭憲底自序，其中有「漢武帝明俊特異之主，東方朔因滑稽浮誕，以匡諫洞心於道教，使冥迹之奧照然顯著」等話，據以名書，是極其拙劣的文章，後人傅會之跡是很顯然的。本書因完全是學十洲記的，關於武帝與東方朔的怪誕的話載得很多。故又叫做漢武洞冥記。第三卷之首有洞冥草底記事。

> 漢文二年，帝昇蒼龍閣，思仙術，召諸方士言。遠國遐方之士，唯東方朔下席，操筆跪而進。帝曰：大夫爲朕言乎？朔曰：臣遊北極，至種火之山，日月所不照，有青龍銜燭火以照山之四極。亦有園圃池苑，皆植異木異草。有明莖草，夜如金燈，折枝爲炬，照見鬼物之形。仙人寧封常服此草，於夜暝時，轉見腹光通外。亦名洞冥草。帝令剉此草爲泥，以塗雲明之館，夜坐此館，不加燈燭。亦名照魅草。以

藉足履水不沈

覺得此篇古時恐怕是在開首第一的，所以名爲「洞冥記」的罷。總之依據這一則很可以推測全體了。燭龍底話並見於天問篇及山海經（大荒北經）。

郭憲字子橫，是一剛正忠直之士。因不應王莽之招，王莽欲殺之，憲因逃匿海濱，後仕光武帝，以直諫忤旨，時有「關東觥觥郭子橫」之語。後入道家，後漢書載之於方術傳，其潠酒救火的事等元是不足貴的話。本書自然也不是憲所自作，文章豔縟，大概也是成於六朝人之手的罷。蓋以詞句之妍華，就成爲後世文人採摭之所了。

飛燕外傳一卷……舊本題漢伶玄撰　（四庫全書提要小說家類存目）

本書是漢成帝底皇后趙飛燕底別傳。伶玄是前漢末的人。自說與楊雄同時代，但不曾見於史上。元來有玄底自序，據此則玄字子于，潞水人，歷仕爲淮南相，因其妾樊通德是趙后底姑妹樊嫕底弟之子，不周之子，所以很知道趙后姊妹底逸事，玄纔撰此書。據（四庫全書提要，玄序今本無）本書底內容是專把趙后與其妹合德（卽昭儀爲成帝所幸）互相爭寵的事詳細地記述着的，但其閨幃媟褻之狀，樊嫕雖怎樣昵狎斷無親自目擊之理，萬一得知也恐怕不能娓娓地說與通德聽罷。論到成帝底死因依據於趙昭儀負責以自殺，宮中的祕密這也是不能知道的。本書底僞妄，不待辯。只看其文章底縟麗到底非西漢底作品。大概也是出於六朝間的東西。但事體僅是事體，很爲後世所稱揚，已成了詩文底典故了。試舉一二例於次：

帝御雲光殿帳，使樊嫕進合德。合德謝曰：貴人姊虐妬，不難滅恩受恥，不愛死，非姊教，願以身易恥，不望旋踵。音詞舒閑淸切，左右嘆賞之嘖嘖。帝乃歸合德。

宣帝時披香博士淖方成，白髮教授宮中，號淖夫人。在帝后唾曰，此禍水也，滅火必矣。帝用樊嫕計，爲后別開遠條館，賜紫茸雲氣帳，文玉几，赤金九層博山，緣合嫕諷后曰：上久亡子，宮中不思千萬歲計邪？何不時進上，求有子。后德嫕計，是夜進合德，帝大悅。以輔屬體，無所不靡，謂爲溫柔鄉。謂嫕曰：吾老是鄉矣，不能效武皇帝求白雲鄉也。嫕呼萬歲，賀曰：陛下眞得仙者。上立賜嫕鮫文萬

金，錦二十四匹；合德尤幸，號爲趙婕妤

這是敍述合德進宮的緣由的。溫柔鄉之語卽出於此，爲後代常用的典故。又淖方成禍水滅火之語，雖引於司馬溫公底資治通鑑，但其錯誤已在四庫全書提要裏詳細辯明了。所以後面「漢家火德」之論也不是前漢人底話，是後人傅會之說無疑的。

后所通宮奴燕赤鳳者，雄捷能超觀閣，兼通昭儀。赤鳳始出少嬪館，后適來幸。時十月五日，宮中故事，上靈安廟，是日吹塤擊鼓，歌連臂踏地，歌赤鳳來曲。后謂昭儀曰：赤鳳爲誰來？昭儀曰：赤鳳自爲姊來，寧爲他人乎？后怒，以杯抵昭儀裙，曰：鼠子能嚙人乎！昭儀曰：穿其衣，見其私足矣，安在嚙人乎？昭儀素卑事后，不虞見答之暴，熟視不復言。樊嫕脫簪叩頭出血，扶昭儀爲拜后。昭儀拜乃泣曰：姊寧忘共被夜長苦寒不成寐，使合德擁姊背耶？今日垂得貴皆勝人，且無外搏，我姊弟其忍內相搏乎？后亦泣持昭儀手，抽紫玉九鶵釵爲昭儀簪髻。乃罷。帝微聞其事，畏后不敢問，以問昭儀。曰：后妬我爾。以漢家火德，故以帝爲赤龍鳳。帝信之，大悅；

這是敘述趙后姊妹爭寵的事狀的。把趙后底悍而妬，昭儀底慧而柔，成帝之溺於色而憨態如顯在目前一樣地描寫出來了。其筆極其輕妙豔縟。這書早渡日本，其有名的紫式部底源氏物語描寫許多婦人爭寵之狀，可以說完全是學飛燕外傳和游仙窟底趣向的。

雜事祕辛一卷……不著撰人名氏（四庫全書提要小說家類存目）

所謂雜事是記錄漢宮底雜事的，所謂祕是祕書之意，辛大概是卷帙底號數罷。本書底內容是記錄後漢桓帝底懿德皇后（名瑩，大將軍乘氏忠侯商之女）被選入宮冊立爲后的原委。後人所以嘖稱的，是朝廷底使者吳姁奉勅命臨乘氏之第，入女瑩之燕處，以檢查身體的一段。文辭奇豔，極盡委曲，但不免有穢褻之嫌。其中關於足部，說

足長八寸，踁跗豐妍，底平指斂，約縑迫襪，收束微如禁中。

或以此而說纏足既已流行於漢宮了。然已八寸，不能說是短，以在同書中的「指去掌四寸」比起來其比例就可知道。在史記底貨殖列傳裏有「趙女鄭姬，設形容，揳鳴琴，揄長

袂，躡利屣」的話，大概是在舞踏之時穿着尖的屣的。又袁隨園底纏足談裏也說「余按漢隸釋漢武梁祠，畫老萊之母曾子之妻履頭皆銳。」然並不如現在中國婦人一樣的弓足，大概是如西洋婦人底小鞋一樣的罷。一般說纏足始於五代（輟畊錄）宋元以來很盛行。

閑話休題。本書是明楊愼升庵所僞作，在四庫全書提要裏也說過了，又其中的典故與正史不合的處所，多在胡震亨、姚士粦底二跋裏也詳細辯白過，已無可疑的餘地了。但其文章生采奕奕，有漢代的遺風。茲且不引本文，試舉前人底批評如次。

> 自古以文字類寫娟麗，無過衞詩之美莊姜。其他若宋玉之「娭光眇睞目增波，」郭舍人之「豔妃女脣甘如飴，」唐玄宗之「軟溫新剝鷄頭肉，」杜樊川之「纖纖玉筍裹輕雲」之數語，皆妙於形容，亦足寫一時之豔，然未有摩畫幽隱，言人所不忍言，若祕辛之搖人心目也。且自如瑩燕處，度髮解衣，以至幽鳴可聽，其間兩人周旋光景，雖去今千百餘年，猶歷歷如眼見而耳聞之也。

至其造語，若「搦不留手，築脂刻玉，胸乳菽發，火齊欲吐」之類，咸此嫗率爾口創，有後來含毫所不敢望者，何得橫索同異，相與疑之。叔祥孝轅證據博矣，然非所以語於文章之妙也。繡水沈士龍識。（雜事祕辛附錄）

這實為本書吐萬丈的氣焰。道學先生與考證學者們都是不足以談其文章之妙的。

以上號稱為漢代之作的可算說完了，然而都是後人假託的也明白了。要之，漢代底小說，武帝之朝為最盛。前已說過，武帝以驕奢淫逸好神仙的緣故，稱為漢代底小說的，皆汲其流，不是神仙談就都是宮闈底情話。此外在淮南子中也保留了許多上古底神話、傳說，在列子、莊子、山海經等裏也有互相出入的記事。又有

吳越春秋六卷……漢趙曄撰，

越絕書十五卷……漢袁康撰，同吳平校定

二書，雖收錄於四庫全書提要史部載記類中，然都是後漢人所撰，今所傳的已不是全書了。兩書都是關於吳越底興亡的史傳，中有「伍子胥渡江」「風胡子說劍」「處女試

劍，」「老人化猿，」「公孫聖三呼三應」等許多小說底記事。提要評越絕書之文說，「其文縱橫曼衍，與吳越春秋相類，而博麗奥衍則過之。」這等卽是後世演義小說之祖，又在元曲等裏多引之以爲典故。

二 六朝小說

六朝底小說仍然是出入於神仙道術，都是十洲記與洞冥記之類，但在此有可注意的是佛教底影響，漸漸表現到小說裏來了。佛教雖後漢之初已傳入中國，但當時一般還未曾流行。魏晉以後，名僧輩出，經典底翻譯開始了，法顯、宋雲之徒爲了求法而入竺，加之梁武帝時有名的達摩太師來到中國，以武帝爲始，沈約等也皈依三寶，又北魏底胡太后篤信佛，刻石佛於龍門，通南北朝，佛教有横流之勢了。這樣佛說也浸染於小說中漸漸普及於讀書人中間。

拾遺記十卷……秦王嘉撰（四庫全書提要小說家類）

王嘉是苻秦底方士。本書從一卷到九卷是收錄了從庖羲、神農經五帝、三王、兩漢、三國而至晉底時事的奇談珍聞，特爲周穆王、燕昭王、秦始皇立傳；第十卷是載的崑崙山、蓬萊山等傳說。完全倣郭憲底洞冥記，盡是荒誕妖妄之言。元是不足信的，但文章自是豐豔縟麗適於詞客底談助。就中帝子與皇娥之讌戲（少昊）薛靈芸之入內（魏），是最出色之文。但帝子與皇娥以七言詩相唱和畢竟不是上代的詩式。反而證明了至六朝已有七言詩底事實。又崑崙山底記載也顯著地加了一種莊嚴。其中如

崑崙山者西方曰須彌山，對七星之下，出碧海之中。

於從來的崑崙思想中混入了佛說須彌山底理想，正可認識爲佛教底影響。

搜神記八卷……舊本題晉干寶撰（四庫全書提要小說家類）

干寶東晉人博覽強記以才器聞，元帝之時被召爲著作郎，著晉紀三十卷，稱爲良史。寶後感於父之婢底再生，兄病絕而復悟的奇怪，遂撰集古今神祇、靈異、人物變化，而作搜神記二十卷，以示劉惔，惔贊嘆爲「卿可謂爲鬼之董狐。」這樣看來，原書是二十卷，各篇目雖

有，其後散佚遂以不傳了。收在汲古閣毛氏底津逮秘書中的是二十卷，但已非原撰。漢魏叢書本僅有八卷。事實古雅，文字也簡潔，實是六朝小說中的白眉。中多參加佛說，或說慈悲，談輪迴，或有依和尚底佛力以退除妖怪變化的事。例如燕惠王墓上的狐狸化二少年，欲試司空張華底博學多才，而反被破露的事；終南山道士徐啓玄過王大夫底宅門，見亙於怨氣之天，殺其養女金英以祓除宿世底冤結的事；李楚賓射怪禽以除董元範底患的事；或在張安儒之喪，有胡女鬼尋來與安儒之屍飲酒歡笑；或是一豚精化爲少女潛來李汾底書房，以通慇懃等等有趣的話是很多的：爲後世剪燈新話與聊齋志異底源流。茲引帶着佛教臭味的兩則於後以供參攷。

彭蠡湖側，有鄉人李進勍者，以販彭蠡湖魚爲業，常以大船滿載其魚於金陵，及維揚市中，積有年矣。一旦復販魚於金陵，夜泊三山之浦。其夕風靜波澄，月色如畫。進勍乃步於岸側，聞船內有千萬人誦經聲，勍驚而異之，伺聽於岸，其音清亮非常，勍卽登舟察之，乃船內魚耳。進勍曰：由我鄙見，販易衆生輪迴之身，不可測也。因悉放魚於江中。臨放魚時言曰：諸魚既各通靈，他日某若困苦，敢希方便垂恩矣。由是改業，販鬻荻薪。數年之間，大作簰筏，載薪於金陵貨之。未到間，値大風吹溺簰筏，一時沈沒，惟進勍墮於江中不溺，足下各有所履，俄而吹風颱竹數竿至於進勍身側，進勍扶此竹，而稍獲其濟，乃見大魚數百頭於進勍足下，乘之，及有竹頭，共拽竹而行，於時到於洲，乃得登岸。回顧諸魚，各已散去，至夜不得渡江，卽棲於洲上。更將深矣，進勍卽獨坐愁苦，兩淚迸灑，嗟身之蹇躓，一至於茲。忽見荻叢碎罅中光芒然，進勍卽以手摸之，獲金二斤，乃袖於懷中，愁悶頗息。俄見一人者，白衣向波心踴立，謂進勍曰：朝來得存性命，及獲金，乃於前者所放諸魚，今各報子恩也。言訖不見。待旦，卽有魚數十頭，又拽一葉舟來，橈棹俱備。進勍因得及岸而歸矣。余嘗覽佛書，見論十千天子報恩，何異於是乎。（卷五）

昔僧志玄，河朔人也。工五步罡，持淸潔戒，行不衣紗縠，唯著布衣，行歷州邑，不住城中寺宇，惟宿郭外山林。至絳州城東十里，夜宿於墓林下月明如晝，忽見一野狐於林下，將枯骨髑髏安頭上，便搖之落者棄卻，如此三四度搖之不落，乃取草葉，裝束於身體，逡巡化爲一女子，眉目如畫，世間無比，著素衣於行路。立猶未定，忽聞東北上有鞍馬行聲，此女子便作哭泣，悲哀不堪聽。俄有一人乘馬而來，見女子哀泣。下馬曰：娘子深夜何故在此，竟如何，僕願聞之。女子掩泣而對曰：妾住易州，前年爲父母聘於北門張氏爲新婦，不幸妾夫去歲早亡。家事淪落，無所依投，尊堂遠地，豈知此孤苦。妾思父母心切，擬歸易州，緣女子不悉路途，所以怨恨。若何問之？使人曰：適將謂女子哀怨別事，某不敢言，若要還鄉，亦小事。某是易州等職，昨因差使令，卻返易州。娘子若不嫌鞭馬稍粗，僕願輒借便，請上馬赴前程。女子乃收泪謝曰：若能如此負德，德何可忘也。言訖，請娘子上馬之次，志玄從墓林而出，語軍使曰：此非人類，是妖狐化之。軍人曰：和尚莫謾語相誣此女子。志玄曰：君若不信，可住少時，當與君變卻。軍人曰：是實否？於是志玄結印口誦眞言，振錫大喝，何不速變本形！女子悶絕而倒，化爲老狐而死，鮮血交流，枯髑髏草葉尙滿其身。軍人見之，方信是實。遂頂禮再拜，嗟訝而去。（卷七）

描寫老狐戴髑髏於頭上以化爲女子眞如畫一樣，在日本底草草子等裏也很有這一類的話。曲亭馬琴博覽多識，精通中國雅俗體小說，揮其縱橫的才筆，或是翻譯或是改作，有奇想從天外飛來之感。其八犬傳就是脫胎於水滸傳的。然其卷頭伏姬底事實，完全是根據本書底盤瓠底話的。

昔高辛氏時有房王作亂，憂國危亡，帝乃召募天下，有得房氏首者，賜金千斤，分賞美女。羣臣見房氏兵強馬壯，難以獲之。辛帝有犬，字曰盤瓠，其毛五色，常隨帝出入，其日忽失此犬。經三日以上，不知所在，帝甚怪之。其犬走投房王，房王見之大悅，謂左右曰：辛氏其喪乎！犬猶棄主投吾，吾必興也。房氏乃大張宴會，爲犬作樂。其夜房氏飲酒而臥，盤瓠咬王首而還。辛見犬啣房首大悅，厚與肉糜飼之，竟不食。經一日，帝呼犬亦不起。帝曰：如何不食，呼又不來，莫是恨朕不賞乎。今當依召募賞汝物，得否？盤瓠聞帝此言，即起跳躍。帝乃封盤瓠爲會稽侯，美女五人，食會稽郡一千戶，後生三男六女。其男當生之時，雖似人形，猶有犬尾。其後子孫益昌，號爲犬戎之國，周幽王爲犬戎所殺，只今土蕃，乃盤瓠之孕也。（卷三）

盤瓠底傳說，亦見於宋范曄底後漢書，其子孫爲今長沙武陵蠻，且在其注裏說，辰州盧溪縣之西有武山，山高萬仞，山半有盤瓠之室，可容數萬人。然據佐原篤介君所主辦的上海週報雜誌上（從第二五七號至二五九）題爲「浙江處州盤瓠之遺種」的無名氏底雜錄，有所謂現住於處州地方的畲客底種族自說是盤瓠之遺種，祖先底祭祀猶保存着特異的風俗。

搜神後記二卷……舊本題晉陶潛撰（四庫全書提要小說家類）

在隋唐志作爲續搜神記十卷，津逮祕書本也是十卷，但漢魏叢書本斷爲從唐宋底叢書中采錄來的，本非陶淵明底原撰。因陶淵明曾作有名的桃花源記，故後人就假託而作此書。書中是短篇的故事，不很有趣味。

異苑十卷……宋劉敬撰 （四庫全書提要小說家類）

續齊諧記一卷……梁吳均撰 （同前）

述異記二卷……舊本題梁任昉撰 （同前）

右三書同是記錄神怪荒誕之說的，不必特別說述了。異苑在津逮祕書中，而漢魏叢書中卻未曾收入。述異記尤其是斷片的，四庫全書提要說是其文頗冗雜，大抵剽剟諸小說而成，一一舉剽剟之跡，而斷爲後人所依託的。最後有一大不相同的就是還冤志。

還冤志一卷……隋顏之推撰 （四庫全書提要小說家類）

元來是三卷，但漢魏叢書本是一卷。顏之推本是梁人，仕於北齊以至於隋的人。他底篤信佛法底事在其所著顏氏家訓中的歸心篇裏盛說因果之理，已很明白了。本書也舉上自春秋，下至晉宋的事例以證實報應之說。顏之推在六朝固是罕見的古文家，所以其文詞頗古雅，與小說體底冗濫不同。但其報應勸戒太淺薄，不如搜神記底津津有趣。

此外在西京雜記，博物志，世說新語，高士傳，神仙傳，枕中書，金樓子，華陽國志，佛國記，洛陽伽藍記，水經注，荊楚歲時記等中間還有小說底材料，成爲後人底典故的不少。

第三節　唐代小說

小說也與一般文學底發達一起至唐代而達於絢爛之域了。從前的漢晉小說不是神仙談就是宮闈底情話，而且不過是斷片的逸話奇聞；唐代底小說雖是短篇，然是關於一人一事的聯絡。加之作者多是如元稹、陳鴻、楊巨源、白行簡、段成式、韓偓等顯著的才人，其中自然也有出於假託的，但也因爲是下第不遇的秀才，輩籍仙俠豔情以吐露其無聊與不平的感慨，所以事既新奇情復悽惋，文又典麗而富於風韻，眞有一唱三嘆的妙味。洪容齋說：——

唐人小說不可不熟。小小事情，悽惋欲絕，洵有神遇而不自知者，與詩律可稱一代之奇。

然而總之不過是文人之餘業，酒後茶前的助談，卻非說大眞理垂大教訓的東西。無論怎樣，既非如李杜之詩一樣，或是韓柳之文一樣，使唐代底文學置重於後世，也並非是如水滸西廂那樣的雄篇傑作。眞的中國小說定要算是到元以後纔發生哩。唐代所謂傳奇小說只是一篇有條理的逸事奇談之類。後世底戲曲小說多取此以爲材料，有名的西廂琵琶底粉本，都在唐代底傳奇中已在前說明過了。

四庫全書提要分小說爲三類：

其一　敍述雜事

其二　記錄異聞

其三　綴輯瑣語

以漢魏叢書爲例來說，則西京雜記、世說新語屬第一類；神異經、十洲記屬第二類；博物志、述異記是屬於第三類的。然其區別總不甚明白，因而槐翁更改之爲如次的三類。

(一)別傳　關於一人一事的逸事奇聞。(所謂傳奇小說)

(二)異聞瑣語　架空的怪談珍說。

(三)雜事　史外的餘談，虛實相半，以補實錄所缺的。

依據其分類目錄，則集異記、博異記、杜陽雜編、酉陽雜俎等屬於(二)類，朝野僉載、明皇雜錄、開元天寶遺事、本事詩、教坊記等是屬於(三)類的。由是以觀，(三)類不足爲小說，(二)類稍有小說底材料，然唐人小說底精華是(一)類底別傳，所以以下想把其中的主要的從唐人說薈（一名唐代叢書）裏引來說一說，且細別爲別傳、劍俠、豔情、神怪四種。

(一)別傳（正史外的逸聞）

海山記　迷樓記　開河記　李衞公別傳　李林甫外傳　東城老父傳

高力士傳　梅妃傳　長恨歌傳　太眞外傳

(二)劍俠（俠男俠女底武勇談）

虬髯客傳　紅線傳　劉無雙傳　劍俠傳

(三)豔情（佳人才士底豔情故事）

霍小玉傳　李娃傳　章臺柳傳　會眞記　游仙窟

(四)神怪(神仙道釋妖怪談)

柳毅傳　杜子春傳　南柯記　枕中記　非烟傳　離魂記

一　別傳

海山記……韓偓撰(唐人說薈)

迷樓記……同　前(同前)

開河記……同　前(同前)

右三者都是記錄關於隋煬帝底事的。收於四庫全書提要底存目中以其文詞鄙俚而斷爲宋人依託之作。海山記從煬帝即位起著筆，中間主要的是述造西苑於長安的事實，末敍在江都底離宮遭弒的始末。試舉西苑遊幸底二三例來看。西苑周二百里，內有十六院，每蓄佳麗二十人，更鑿五湖。每湖四方十里，湖中積土石爲山，構亭殿極盡奢華；又鑿北海一周四十里，中有三山像蓬萊、方丈、瀛洲；帝常泛龍鳳舸游幸，作「望江南」之詞八闋。然望江南之詞，是從晚唐李德裕始創製的體，隋時原無有塡詞的道理。故爲後人僞撰是很明白的。

一夕帝泛舟遊於北海，昇海山。月色朦朧，萬籟寂靜之時，恍惚間有駕一葉小舟來訪的人。見則是陳之後主。帝在幼年時因與後主友善，是時已忘其已死的事，喜而迎之。然因後主賦五古長篇一首以誹帝之驕奢，帝怒叱之使去。後主一面走一面說道，「後一年吳公臺下相見」卽沒於水中了。帝方悟其死之已久，大爲驚愕。

一日從明霞院底美人楊夫人那里來一玉李在一夜中繁茂了的報告。帝不悅，使伐之；一夕又從晨光院底周夫人處傳來一院中楊梅忽茂的報告。後梅與李同時結了實。帝因問二果孰勝，院妃對以楊梅雖好而味酸，不及玉李之甘，院中人多好玉李云云。帝嘆息地說，惡梅好李，不知是人情還是天意。後帝欲幸揚州時，院妃來報楊梅已枯死了。結果帝崩於揚州。

一日洛水底漁者得生鯉一尾獻上。金鱗赭尾，鮮明可愛，帝大喜，問漁者底姓，答以姓解，名卻不知道。因而帝取朱筆題「解朱」於魚之額上而放之於北海中。後帝幸北海之時，其鯉已長成丈餘浮於水上，見帝而不沈。帝與后妃共看魚之額，「朱」字尙存「但解」已消滅了一半還存有「角」旁。蕭后甚驚訝，說鯉有角是龍，帝自己是天子，豈不知其意，遂引弓射之，魚乃沈潛。

所謂玉李繁，楊梅枯，因隋是楊氏，唐是李氏，寓有唐與隋亡之意。鯉亦音通李，日角龍顏是天子之象，唐太宗幼時有相者說是龍鳳之姿，天日之表。這與陳後主底事都是本李義山底詩句的。

隋宮　　李商隱

紫泉宮殿鎖烟霞　欲取蕪城作帝家
玉璽不緣歸日角　錦帆應是到天涯
於今腐草無螢火　終古垂楊有暮鴉

地下若逢陳後主　豈宜重問後庭花

因李德裕、李義山都是晚唐人，所以此篇的作者或是與兩人相距不遠的人。

迷樓記，煬帝晚年驕奢而沈迷於女色，命名匠項昇建築曲房小室幽軒短檻，極其雅致的宮殿。經歲而成功，如帝所計畫一樣。樓閣高下，軒窗掩映，幽房曲室，玉欄朱楯，互相連屬，囘環四合，曲屋自通，千門萬戶，上下金碧，金虬伏於棟下，玉獸蹲於戶傍，壁砌生光，瑣窗射日，工巧之極，從古未有，人一誤入其中，則終日不能出。帝大嘉，雖使眞仙遊於其中，當爲所迷，故名爲「迷樓。」帝又命畫工描寫士女會合之圖懸之閣中，極盡淫逸之遊。最後有這樣的一節：

大業九年帝將再幸江都，有迷樓宮人抗聲夜歌云：河南楊柳謝，河北李花榮，楊花飛去落何處，李花結果自然成。帝聞其歌，披衣起聽，召宮女問之，云孰使汝歌也？汝自爲之耶？宮女曰：臣有弟在民間，因得此歌。曰，道途兒女多唱此歌。

帝默然久之曰，天啓之也！天啓之也！帝因索酒自歌曰：宮木陰濃燕子飛，興衰自古漫成悲，他日迷樓更好景，宮中吐豔戀紅輝。歌竟不勝其怨。近侍奏無故而悲，又歌，臣皆不曉。帝曰，休問，他日自知也。後帝幸江都，唐帝提兵，號令入京，見迷樓，太宗曰：此皆民膏血所爲，乃命焚之，經月火不滅。前謠前詩皆見矣。方知世代興亡，非偶然也。

這與前面的楊梅、玉李底話是同樣的暗示，關於隋唐興亡之際的童謠是很多的。如前面作爲七絕底濫觴引過的隋底無名氏底送別歌——

楊柳青青著地垂　楊花漫漫攪天飛
柳條折盡花飛盡　借問行人歸不歸

也大概是諷煬帝巡幸不歸的罷。

開河記是煬帝爲江都游幸命麻叔謀等開鑿汴河使通河水與淮水的記事。工作中開掘諸人之陵墓有種種奇怪的事蹟。煬帝底運河開鑿與始皇底長城修築，實中國底二大事業。就運河底開鑿而論，雖是爲一人底游幸，傾海內之力，買萬民底怨苦，以致身死國亡，但至今日成爲南北糟運底要路，對於後世底功績到底不能與那無用的長城同日而語。

李衞公別傳……無名氏撰

衞國公李靖微時，嘗狩獵山中，迷途，見一燈火，欲求止宿，至則是一朱門白壁的大宅，這就是龍王之家。會龍王出外，只龍母在家，非常歡待李靖。適夜半天帝命降急雨，偏偏龍王不在，很是困難。龍母知道客是異人，乃託李靖代爲降雨。於是李靖從龍母處得到下雨的方法，拿着雨器，乘着馬，馬乘雲御風，刹時就上了天，以馬躍足嘶一聲爲記號，每次把瓶中的水滴一滴於馬鬣上。忽然電光射出，雲開處看見自己底村莊。李靖心想時常爲村人看待得好，特欲多降雨以救旱災，乃背龍母底吩咐自己隨手滴了二十滴，降到地即是二十尺深的大洪水。龍母觸怒天帝，罰鞭八十杖，泣告李靖，且請其在龍王沒有回來的時候早去。臨去的時候龍母特送奴僕二人以爲禮，他隨意帶一個或兩個同帶去都行。一奴從東廊出，儀貌和悅，一奴從西廊出，僨氣勃然拗怒而立。李靖乃乞猛者相將出門，數步一回顧，則不見了以前那樣的宏大的宅第，奴之影也立時消滅了。獨自尋路歸村一看，滿目都是大水，只露出大樹之梢，一人也沒有了。後來李靖爲大將，立大功，但終不曾做到宰相，畢竟是因爲沒有帶得那儀容和悅的奴。世云，關東出相，關西出將，若李靖取了悅者與怒者二奴，則定是能兼得出將入相的。這眞是一篇有趣的話，滴雨之一段文字很出色，不知何故未曾收入於唐人說薈中。此處是據古今說海本的。因便舉出同是關於李靖的虬髯客傳。

虬髯客傳……張說撰　（唐人說薈）

李靖以一布衣謁隋之司空楊素共談國事。時有執紅拂之妓，慧眼識客爲大豪傑，夜竊投靖寓說明衷曲，想共歸太原。在途中逢虬髯的異人，以與紅拂同姓張，結兄妹之約，與靖談論大嘉，覺着是大將之器。至太原，客因李靖謁李世民，退而感嘆爲眞命天子。後約與李靖會於長安，盡以己之財寶與靖，說「余本欲樹大功於此世，今眞王已出，余已無用，太原李氏既是眞的英主，三五年之內必致太平，君以不出世之才，很能輔佐之，後十年東南數千里之外，有異變起卽是我之得志之時，君幸與妹瀝酒以賀我。」言已，乘馬而去，數步遂不復見。迨世民起兵李靖以客之金獻於世民，遂成就大業。貞觀十年南蠻入奏道，有海船千艘，甲兵十萬，入扶餘國殺其主而自立。靖知是虬髯客底成功，與紅拂共對東南瀝酒而拜祝。扶餘國在今滿洲地，並不是東南海上。又唐時百濟雖是扶餘之後裔，但貞觀十年外人征服百濟的事實不見於史傳。這是虛造的話了。在本書之末以「或曰，衞公之兵法，半乃虬髯所傳也」作結。客屢與李靖相約會的一段，如圯橋老父之試張良。明六十種曲中的紅拂記是以此爲粉本的。

李林甫外傳……無名氏撰 (唐人說薈)

李林甫是一口蜜腹劍的陰險的天寶底宰相。然在本篇卻是仙籍中人，曾有一道士問他是白日昇天好呢，還是作二十年的宰相好呢？林甫選擇了後者，道士誠懇地告諭他宜行陰德。果然後爲玄宗所用爲宰相，忘卻道士之言，盛行陰賊，道士又復給他以警戒。又李林甫是爲安祿山所畏懼的。說安祿山周圍常有銅頭鐵額的陰兵五百人守護着，李林甫身邊是一青衣童子捧着香爐，因銅頭鐵額的陰兵爲辟易香烟而退卻的緣故。

唐時道教非常流行，李林甫之女騰空至成爲女道士，所以李林甫自己也信道教是無疑的。本篇是帶着道教臭味的小說，李林甫受道士之教底一段完全是學史記留侯世家底文筆的。

·東·城·老·父·傳……陳鴻撰（唐人說薈）

這是記載玄宗時代鬬鷄盛行的事的。賈昌（東城老父）是少年，善解鳥語，以鬬鷄爲玄宗所寵愛，稱爲「神鷄童」。時人爲之作一首嘲笑的謠歌說：

生兒不用識文字　鬬鷄走馬勝讀書
賈家小兒年十三　富貴榮華代不如
能令金距期勝負　白羅繡衫隨軟輿
父死長安十里外　差夫持道挽喪車

賈昌於清明節在驪山底温泉宮指揮鬬雞底一段，是描寫得很好的。在李白底古風詩

(第二十四首)裏也有

路逢鬪鷄者　冠蓋何輝赫

鼻息干虹霓　行人皆怵惕

之句。以此也很可以察知賈昌等底全盛的得意的情形了。「生兒不用識文字，鬪鷄走馬勝讀書」之句與長恨歌中的「遂使天下父母心，不重生男重生女」可稱爲雙璧，是可以窺見當時社會底享樂的頽廢的半面的好史料。洪容齋激賞本篇底文章，這樣地評道：

讀此傳，玄宗全盛，儼然在目，至寫昌一段，去國失寵，尤足寓悽感也。

高力士傳……郭湜撰（唐人說薈）

梅妃傳……曹鄴撰（同前）

長恨歌傳……陳鴻撰（同前）

太眞外傳……樂史撰（同前）

右四篇也可以說是明皇內傳，爲知道玄宗皇帝底宮闈祕事的好史料。高力士是玄宗底忠僕。元不是正人君子，但恪勤盡忠，在玄宗盛時，常侍左右，承貴妃之歡，當天寶之亂，跟從蜀中，備嘗辛苦。又玄宗還京師之後，賊臣李輔國擅權，欲阻隔玄宗、肅宗之間，而力士盡心於玄宗，獨如平昔，遂爲輔國竄謫巫州，旋玄宗、肅宗相繼崩，力士哀慟發病，以七十九歲沒。高力士傳別無奇事，是近於實錄的了。

梅妃傳是玄宗底寵姬江采蘋之傳。開元中高力士使閩粵，見采蘋底麗色選進於宮，遂得寵幸。當時長安底大內、大明、興慶三宮，及東都底大內、上陽兩宮，宮人幾及四萬，因爲得了妃，帝遂視宮人如塵土，宮人也自覺得不及。妃善屬文，性淡泊，因其愛梅，所以賜號爲「梅妃」。然自從楊貴妃入宮以來，俄而失寵，貴妃嫉妬深，非常纏攪梅妃。玄宗一夜，召梅妃私敍舊歡，忽被貴妃闖入，遂潰散了。梅妃悲身不遇，以千金贈高力士，求詞人擬一司馬相如底長門賦，欲邀天子之意，高力士畏貴妃底勢力不奉命。妃乃自作樓東賦。後玄宗思梅妃，賜金珠一斛，但妃不受，獻詩以述志：

柳葉雙眉久不描　殘妝和淚汚紅綃

長門自是無梳洗　何必珍珠慰寂寥

安祿山之亂，貴妃從幸被殺於馬嵬，梅妃在長安死於亂兵之手。玄宗還幸之後，懸錢百萬搜妃之所在，但終不明白了。又命方士昇天入地訪問消息，但仍是無功。因而宦者以其畫容進，雖是很相似，但不活着，非常悲感，取筆題一詩於其上：

憶昔嬌妃在紫宸　鉛華不御得天眞

霜綃雖似當時態　爭奈嬌波不顧人

後玄宗夢見梅妃，知道葬於溫泉湯池側的梅樹下，自製文以誄之，並以妃之禮改葬。

長恨歌傳卽世上有名的白樂天底長恨歌底敍傳，太眞外傳卽是記錄楊貴妃底故事的，有上下二卷。楊貴妃底事誰都知道，所以不必特別敍說。本篇要之是依據長恨歌傳與鄭嵎底津陽門詩註等，大概是宋人所作的罷；頗似飛燕外傳，是暴露玄宗宮中隱事的。

明皇、貴妃底情愛，是千古詞壇底佳話；或以之爲詩或以之爲劇，正是七夕私語，天長地久綿綿不盡的。元之白仁甫底梧桐雨雜劇，明之屠長卿底綵毫記，吳世美底驚鴻記，清之洪防思底長生殿傳奇，都是本於長恨歌，祖述太眞外傳等的作品，就中以長生殿爲最極盡詳細。其夜怨、絮閣之二齣，敍述楊妃、梅妃之爭寵，完全是據梅妃傳的。貴妃底唱曲如：

（北水仙子）問問問問華蕚嬌　怕怕怕怕不似樓東花更好　有有有有梅枝兒曾占先春　又又又又何用綠楊牽繞　請請請請眞心向故交　免免免免人怨爲妾情薄　拜拜拜拜辭了往日君恩天樣高　把把把把深情密意從頭繳　省省省省可自承舊賜福難消　（絮閣）

這把這貴妃底嬌嗔驕妬之狀活畫在眼前了。

二　劍俠

唐之中葉以後，藩鎭節度使非常跋扈，擁兵權而不奉天子之命，殆成獨立之勢，因各蓄死士以從事暗殺，所以所謂劍俠遂得以橫行當時，於是關於劍俠的小說遂發生了。例如元和十年刺客殺宰相武元衡，傷裴度，開成三年盜刺宰相李石，馬逸而脫於急。前者是平盧節度使李師道所遣，後者是宦官仇士良所遣。這等雖是見於正史的事實，但載於劍俠小說的藝是虛構的。然是唐代小說底特色，以此亦足以窺察時世，姑舉二三例如後。

紅線傳……楊巨源撰（唐人說薈）

劉無雙傳……薛調撰（同前）

劍俠傳……段成式撰（同前）

楊巨源是中唐有名的詩人。恐怕元來非他所撰，然文章與會眞記同樣是四六豔麗之調，在文筆上是成於通達的人之手是很明白的。紅線是潞州節度使薛嵩（史云嵩是相衞節度史，治河南彰德）家底青衣（婢）。善彈阮咸（樂器），又通經史，所以爲嵩司文書，號爲內記室。當是時承安祿山之亂後，地方騷動還未止。在潞州之隣，有魏博（直隸大名府）滑臺（河南衞輝府）兩鎮不相下，朝廷患之，諭三鎮互相通婚使弭兵禍。然魏博節度使田承嗣有肺疾，因遇熱則增劇，欲併潞州以移於涼的地方，私作出師的準備。紅線見薛嵩知道此事，憂慮無所措，因請爲嵩去探虛實，乃入閨房整行具，再拜而行，俄而形影不見了。嵩一面飲酒，一面不寢以待，忽聞曉角吟風，一葉墜落，紅線已經歸返了。嵩驚喜問事成否，紅線具首尾以告，並把其證據金盒呈上。蓋紅線以飛行術一舉走七百里直到魏博，入承嗣臥室，把在承嗣枕頭所放置的金盒取了回來了。這段底文字生動，記事極其精細，有如看活動電影之感。

乃入闈房，飾其行具，梳烏蠻髻，貫金雀釵，衣紫繡短袍，繫青絲絢履，胸前佩龍文七額，額上書太一神名，再拜而行，倏忽不見。嵩乃返身閉戶，背燭危坐。常時飲酒，不過數合，是夕舉觴十餘不醉。忽聞曉角吟風，一葉墜落，驚而起問，卽紅線迴矣。嵩喜而慰勞，問事諧否？紅線曰：不敢辱命。又問曰：無殺傷否？曰：不至是。但取床頭金盒爲信耳。紅線曰：某於夜前三刻，卽達魏城，凡歷數門，遂及寢所。聞外宅兒止於房廊，睡聲雷動；見中軍卒步於庭下，傳叫風生。某乃發其左扉，抵其寢帳，田親家翁止於帳內，鼓跌酣眠。頭枕文犀，髻包黃縠。枕前露七星劍，劍前仰開一金盒，盒內書生身甲子，與北斗神名，復以名香美珠壓鎮其上。然則揚威玉帳，坦其心豁於生前；熟寢蘭堂，不覺命懸於手下。寧勞擒縱，只益傷嗟。時則蠟炬烟微，爐香燼委，侍人四布，兵仗交羅：或頭觸屏風，鼾而嚲者，或手持巾拂，寢而伸者，某乃拔其簪珥，褰其襦裳，如病如醒，皆不能寤，遂持金盒以歸。出魏城西門，將行二百里，銅臺高揭，漳水東流，晨雞動野，斜月在林，忿往喜還，頓忘於行役，感知酬德，聊副咨謀。當夜漏三時，往返七百里，入危邦一道，經過五六城，冀減主憂，敢言其苦。

於是嵩大喜，即修一封書，遣使者，說是昨夜有一從魏中來的客，從元帥床頭獲來一金盒，不敢留，謹以送上。承嗣朝起不見金盒方大憂懼，嵩底使者即來呈金盒了。承嗣更驚，恐被暗殺，厚贈嵩禮物以議婚，由是兩河地方得以無事。不久紅線乞假，嵩甚惜別，雖欲阻之，但紅線不聽，自說前生會是男子，然爲了犯罪生爲女子。久託公家，幸除公患以報厚恩，且得防兩河之亂於未然，罪障已消滅，能再復男子底本身了，所以欲從此長辭塵世，逍遙物外。嵩知其不可留，乃設夜宴於中堂，以酒勸紅線，請座客冷朝陽賦詩。

採菱歌怨木蘭舟　送客魂消百尺樓
還似洛妃乘霧去　碧天無際水空流

紅線拜泣，醉而離席一看，其姿已消失了。

事實既有趣，文章又美麗，眞是很成功的作品。明之梁伯龍本此以作紅線記。胡元瑞底評裏有

唐傳奇小傳，如柳毅、陶峴、紅線、虬髯客諸篇，撰述濃至，有范曄、李延壽之所不及。

的話。又在額上書太一神名，一時飛行七百里，不但爲水滸傳中神行太保戴宗底飛行術底元祖，即在日本馬琴底小說俠客傳裏有所謂楠姑麻姬隱進足利義滿底第內以弓矢射義滿的事，也是本於唐劍俠底隱術的。

劉無雙是建中中朝臣劉震之女，幼已許嫁於震之甥王仙客。會涇原兵士反，長安城中大騷動，王仙客與劉震一家都離散了。後仙客遇舊僕塞鴻，探到了舅家底消息，知道無

雙已被召入後宮。仙客哀號欲絕，歎與無雙相見無期，勉強得無雙底侍婢採蘋以爲妾，然仕至長樂驛長官。但不久聞報，有宮女三十人被遣爲園陵底守候者，而通過此驛。仙客或者恐怕無雙也在其中，私自吩咐寒鴻煎茶於驛亭以探聽情形，無雙果然在其中。仙客驚喜，得在途中瞥見無雙之姿，遂與氣俠之士古押衙說明原委，並請託他設法。古押衙感於仙客底意氣，慨然答應。去半載無消息，一日忽然傳說守園陵的宮人被殺。仙客使寒鴻去探聽，不意是無雙遭了害，仙客惟有號哭而已。其夜更深有人敲仙客之門，看時卻是古押衙持着一個箯子進來了。這即是無雙底死屍。於是仙客灌以湯藥，無雙忽然蘇生了。蓋古押衙以非常手段殺了無雙，然後使蘇生的。寒鴻以與此事件有關係，即自殺以滅口，並以報仙客之恩。古押衙所做的事，出人意表，文筆也甚工，但覺得過於做作了。故胡元瑞也評道：

　　王仙客亦唐人小說，事大奇而不情，蓋潤飾之過，或烏有亡是類不可知。

又元之詩宗吳瀟穎先生曾賦劉無雙歌七言長篇，明之陸天池作明珠記，一名「王仙客無雙傳奇。」其明珠記中最妙的是煎茶底一齣，然以男僕塞鴻煎茶不相稱李笠翁爲作煎茶改本使侍婢採蘋當之，這是極其相合的。（閒情偶寄）

劍俠傳中載着車中女子、僧俠京西店老人等十一人底劍俠的話。（開首有老人化猿是吳越春秋底故事）就中舉出最有名的聶隱娘、崐崙奴底二篇來看看。

聶隱娘是唐貞元中魏博底大將聶鋒之女十歲時爲尼誘至山中授以劍術忍術等秘法。後雖還家，父卽不甚愛憐，任其所作所爲。隱娘乃請於父與一磨鏡的少年爲夫婦，不久其父死去了。至元和之間，魏帥田氏與陳許（河南許州）節度使劉昌裔不相能，魏帥使隱娘取劉昌裔之首。於是隱娘與少年共跨黑白衞出發。然劉有神算，豫知隱娘之來，迎之於途而厚待之。隱娘夫妻知魏帥之不及劉，遂留於許。忽不見了驢馬，劉覺着很奇怪，問之，則在布囊中僅一黑一白的二紙衞而已。後月餘，魏帥知道隱娘不返，更使精精兒去殺隱娘及許帥。其夜劉無畏色，坦然處之，旋有紅白二幡子飄飄然相擊於床之四隅，久之有一人砰然一聲從空中落下，一看，已身首異處了。隱娘亦露形，說精精兒已斃了，拽至堂下，洒以藥水使化爲水。尋魏帥又遣妙手空空兒去。空空兒底神術，雖鬼也不能躡其蹤，但到底非隱娘之敵。因使劉以于闐之玉繞其頸而擁着衾，己則化爲蠛蠓避於劉之腸中。到了三更時分，劉暝目尚未熟睡，遽聞項上鏗然有聲。這樣一來隱娘卽從劉之口中躍出，以巳經無事了相賀，說是空空兒如俊鶻一樣，一搏不中則翩然遠逝，恥其不中，不會再來，所以巳經安心了。劉仔細看其玉，果然歷歷有匕首的痕跡。從此劉厚禮隱娘，但隱娘不願留，卻辭去了。後劉赴京師死的時候隱娘亦乘驢來慟哭於柩前而去。開成中昌裔之子縱在蜀道遇見隱娘，仍是如前一樣的跨着白衛，知縱有大災，給與以藥使避其難。縱雖厚禮之，隱娘一無所受，只沈醉而去，其後沒有看見隱娘的人了。

這文章簡古幾欲躍出地會精聚神而寫的，宜乎在紅線之上了。其與精精兒鬬於空中，或變形以避空空兒底銳鋒，恰如見到西遊記底孫悟空。到淸朝尤西堂以這爲藍本作黑白衛傳奇。西堂是文章家，其傳奇在當時很被贊賞，曾傳至宮中爲康熙帝所賞鑑，王漁洋也作詩以贈西堂。

千金七首土花斑　兒女恩讎事等閑
他日與君論劍術　要離塚畔買青山

所謂崑崙奴卽黑人。大歷中有崔生者，其父服顯官，與蓋天的勳臣一品（故意匿其名）邀好。一日以父底使命去看一品底病，一品非常款待之。其席有美麗的三妓，一品卽命一名紅綃的進以一甌沃以甘酪的緋桃。生赤面不能食，一品命妓以匙進之，生不得已食了。迨生辭去妓送出院，臨別出三指，反掌三度，然後指胸前的一鏡，說是緊記勿忘。生從歸家以來思妓不已，神迷意奪不能進食，吟詩道：

悞到蓬山頂上遊　明璫玉女動星眸
朱扉半掩深宮月　應照瓊芝雪豔愁

左右不覺其意。家中有崐崙奴所謂磨勒者甚爲憂慮，尋之，生以實告。磨勒說這是易事，何不早告？並解其隱語道，立三指是一品宅中有歌姬十院，這姬是居第三院。三度反掌的是表示十五之數，胸前小鏡子是說圓月，總之是說於十五夜月明時來的意思。生大喜問其計。然一品之宅有如虎的猛犬，不能容易近歌妓之院，然世間能殺這犬的只有這磨勒。於是磨勒攜錐先入斃犬以除障害，於三更時節負生踰十重垣以抵妓院第三門，繡戶未扃，於金釭微明之下，妓猶未寢，而正在沈吟着生。即進而告以來由，妓驚喜即酌金甌之酒以謝磨勒，磨勒又負生與妓飛越峻垣帶還生家。翌日一品之宅，知道這事失驚，但終不知其所以。過二年，於花時生與妓遊於曲江，爲一品底家人所看見。一品呼崔生詰之，生不隱以實告。一品以過去的事宥之，但說崑崙奴不對，即命甲士五十人包圍崔氏之家。磨勒持七首飛出即不見了。後十餘年崔之家人見磨勒在洛陽市中買藥，其容貌如舊云。

右是其梗概，文章極其豔麗，與會眞記相伯仲。試錄磨勒負崔生三更訪紅綃底院底一段於後。

> 是夜三更，與生衣青衣，遂負而踰十重垣。乃入歌妓院內，至第三門，繡戶不扃，金釭微明，惟聞妓長歎而坐，若有所伺。翠環初墜，紅臉纔舒，幽恨方深，殊愁轉

結。但吟詩曰：

深谷鶯啼恨阮郎　偸來花下解珠璫
碧雲飄斷音書絕　空倚玉簫愁鳳凰

侍衛皆寢，鄰近闃然，生遂掀簾而入。姬默然良久，躍下榻執生手曰：「知郎君穎悟，必能默識，所以手語耳。又不知郎君有何神術而至此？」生具告磨勒之謀，負荷而至。姬曰：「磨勒何在？」曰「簾外耳。」遂召入，以金甌酌酒而飲之。姬白生曰「某家本居朔方，主人擁旄，逼爲姬僕，不能自死，尙且偸生，臉雖鉛華，心頗鬱結，縱玉筯舉饌，金鑪泛漿，雲屏而每近綺羅，繡被而常眠珠翠，皆非所願，如在桎梏。賢爪牙既有神術，何妨爲脫狴牢，所辱既伸，雖死不悔，請爲僕隸，願侍光容，又不知郎君高意如何？」生愀然不語。磨勒曰：「娘子既堅確如是，此亦小事耳。」姬甚喜。磨勒請先爲姬負其囊橐粧奩，如此三復焉，然後曰，「恐遲明。」遂負生與姬而飛，出峻垣十餘重，一品家之守禦，無有警者。

明之梁伯龍本此以撰紅綃雜劇，與紅線女（前人撰）併稱爲雙紅劇，在梨園博得聲名。又梅禹金有崑崙奴雜劇。

按紅拂、紅線、紅綃三女子皆將相之姬媵，而兼俠氣，有鬚男子亦應退避三舍，但事實原屬出於虛構不可考信的。世人以一品擬是汾陽王郭子儀，對於這不足深辯。惟覺着有點紅綃是本於紅拂，崑崙奴是附會虬髯客的感想。

三　豔情

豔情類，即以佳人才子底風流韻事爲主的，實唐代傳奇底菁華。

霍小玉傳……蔣防撰（唐人說薈）

這是中唐有名的詩人李益底逸聞。霍小玉是唐之宗室霍王底庶子，霍王沒後，以生母鄭氏之賤分給資財與王府離絕了。小玉長成後爲歌妓，卜居於勝業坊。李十郎益大歷中以年二十歲及第進士，麗詞佳句，當時無雙，自矜風流，思得佳偶，廣爲物色名妓，而厚賂媒婆鮑十一娘。鮑因說鄭氏使爲小玉迎李十郎。小玉亦夙慕十郎才名，常愛念其「開簾風動竹，疑是故人來」之句，與十郎相見大喜，遂成立婚約，定情之夕，山盟海誓，固結偕老之契。鴛鴦翡翠，同棲二年之後，益更及第於吏部底考試而爲鄭縣底主簿，要赴任地去了。小玉不忍別，請於益說，以君之才地名聲，求結婚的固衆，且嚴親在堂，室無冢婦，此去必別諧伉儷的。這也無法，只有一最要的懇求，妾今年十八，君二十二歲，待君之壯而有室，猶有八年。在這期間，望如現在這樣所過的生活以畢一生的歡愛於此期，然後君妙選高門諧秦晉也不爲晚。且說自己便將棄人事而爲尼去了。益且愧且感，誓以生死不渝，並約旣赴任地後，更當遣使來迎，遂分別了。益到了鄭縣，旋請假往東都省親，這時太夫人已與表妹盧氏女定了婚約了。因盧氏是名族，益從之，想與小玉絕緣，久不通音訊。然小玉待益底消息，渺無音信。因此小玉沈於病，千方百計欲探聽益之所在，占巫問卜，家道大衰，資財耗盡，結果連那最寶愛的紫玉釵也非賣不可了。會一老玉工見之大爲驚訝，便問這是我曾經作爲霍小玉小姐上鬟的祝儀，爲什麼要出賣呢？得知實情大悲，因爲賣去，得十二萬錢。

李益來長安與盧氏結婚，構建新第，把一切秘密着。其間病中的小玉知道益底消息，總想一次相會，然費盡方法，益常迴避不會。這話傳遍長安城中，風流之士，共感小玉底多情，豪俠之士皆怒李益底薄倖。三月底一日，益與同輩五六人詣崇敬寺賞牡丹的時候，一友人正責讓益底負心事，有一着黃衫的豪士，進揖益說道：久仰大名，今日無論如何要請光顧敝宅，一同策馬就到勝業坊去了。益雖欲託事辭去，但豪士不許。反命奴僕數人把益抱至小玉寓所，報道：李十郎來了。然前夜小玉曾夢見一黃衫的丈夫抱益至，使小玉脫鞋去，見自己斷夢以爲鞋卽是諧，脫卽是解，是蓋夫婦再合當永訣了罷。是朝強梳粧以待，果然益來了。小玉與益相見，含怒凝視，如不勝情，時時掩袂顧益，滿座爲之感動。既進酒肴，開宴會，這都是豪士所準備的。小玉舉杯酒酹於地，責益之負心，死後當爲厲鬼以祟君之妻妾，左手握生之臂，右手擲杯於地，慟哭放聲而氣絕。這一段文字實在悽怨極了。

玉乃側身轉面，斜視生良久，遂舉杯酒酹地曰：「我爲女子，薄命如斯；君是丈夫，負心若此！留顏稚齒，飲恨而終！慈母在堂，不能供養，綺羅絃管，從此永休！徵痛黃泉，皆君所致。李君李君，今當永訣，我死之後，必爲厲鬼，使君妻妾，終日不安。」乃引左手握生臂，擲杯於地，長慟號哭，數聲而絕。

益爲之服喪，厚葬之。自是而後，益傷情感物，鬱鬱不樂，猜妬之念生，而與盧氏不和，三次換婦皆不至偕老。又寵廣陵底名姬營十一娘，每次外出，以浴斛（浴盆）覆營娘床頭，把周圍封署起來，歸來詳細檢視，然後開封。此事恰與在十字軍時遠征勇士封固其留在家裏的妻妾底腰部的那有名的「貞操帶」這東西同爲笑話。

湯臨川底玉茗堂四夢中的紫釵記就是翻案這篇的，加上一段的作工，紫玉釵後復入了盧氏之手。

李娃傳……白行簡撰（唐人說薈）

白行簡字知退，白樂天底季弟，其文有兄之風，辭賦尤稱精密。近頃在從敦煌底石窟所發見的古字本內有題為白行簡撰的天地陰陽交歡大樂賦。這傳奇與那賦固然都是假託的，但文筆非老手到底不能辦。李娃傳與霍小玉傳共是艷情傳奇中的白眉。

李娃是長安底任俠名妓。天寶中常州刺史滎陽公（雖未舉其名氏，但滎陽大族是鄭氏無疑）名望高一時，及知命之年而一子甫弱冠，文采詞藻深為時輩所推重，公鍾愛之，誇為吾家千里駒。旋當上京應試時，公豐富地給與以二年分的學資，生亦自負其才，視上第如指掌，至長安卜居於布政里。一日遊於東市，過平康（妓女居所）底鳴珂曲，來至一宅門之前，一絕世之艷姿正倚門而立。生一見而魂飛天外，徘徊不能去，特意墜鞭於地而待從者使取之，累以流盼送娃。娃也回眸凝睇表示很戀慕的樣子，然竟未交一詞而別。生茫然如有所失，訊之友人纔知道是名妓李娃，盛裝叩其門，侍兒啓扃驚覗，叫道：這是那天落了馬鞭的那郎君來了。（前時遺策郎也。）娃大悅，易服出迎，設盛饌盡慇懃，遂告姥使留生宿以定情交。

從此生屛跡不通親知，日會娼優而遊，囊中空澀，就把駿乘家僮都賣了，貲財蕩然，姥之意雖漸怠，然娃之情彌篤。他日娃對生說：與郎相知已一年了，不幸無嗣，願一謁竹林神者之祠去禱告。生不知爲計，大喜，與娃同出再宿而歸，途中在娃底姨家休憩飲茶，有騎馬的使者來報告姥急病。娃匆匆辭姨而去，說隨後來迎與生一同去。生卽欲隨娃歸，姨止之。然至晚並無音信，姨促生往看。生至舊宅，一看則門已鎖且封，大駭，問之隣人則答道，此家原是李姓借租，因期限已滿，家主自收，姥於前天已搬走了。生立刻想回頭問姨，但因自己晚在旅邸過了一夜，憤怒不能睡，待天明卽尋至姨處，頻扣其扉大呼。有一官者走出來，一經問及姨，則答以並無這樣的人。生說：昨日晚還在此地，斷無是理，請不要藏匿罷！那官者說，這是崔尙書之宅，昨日有人借此院以等待親戚，日暮時便去了。生聞其實，惶惑得欲發狂，不知所措，因訪布政里底舊旅館。主人招待不甚好，生怨懣絕食遂以得病，經旬餘病愈沈重。館主懼其不起，無人情地把他置於葬具店而去。然生漸漸痊癒了，就在那里傭作送葬人過日子，練習哀歌極盡其妙。元來葬儀店分東西二肆，互相競爭。東肆車轝綺麗，壓到西市，但哀挽甚劣。東肆長知生妙於曲，醵二萬迎生，使充分練習哀唱。其間二肆長開兩肆底競技會，約定負者罰五萬錢作爲備酒饌之用。此事傳播，當日長安城中幾乎空家與會，結局因生出在挽歌上也是東肆勝了。這比歌的一段文字很好。

歷舉輦轝威儀之具，西肆皆不勝，師有慚色。乃置層榻於南隅，有長髯者擁鐸而進，翊衞數人，於是奮髯揚眉，扼腕頓顙而登。乃歌白馬之詞，恃其夙勝，顧眄左右，旁若無人，齊聲讚揚之。自以爲獨步一時，不可得而屈也。有頃，東肆長於北隅上設連榻，有烏巾少年左右五六人，秉翣而至，卽生也。整衣服，俯仰甚徐，中喉發調，容若不勝。乃歌薤露之章，舉聲清越，響振林木，曲度未終，聞者歔欷掩泣。西肆爲衆所誚，益慚恥，密置所輸之直於前，乃潛遁焉。四座愕眙，莫之測也。

恰巧生父滎陽公正在京師，加入了看客之羣，從者知道歌者是生，乃以告於公。公使豎子往詢問，生見豎而色動，想在羣衆中躲避。豎勉強帶了回來，公非常發怒，帶至曲江邊，剝其衣服，以馬鞭鞭之數百，生不勝其苦而斃，公棄之而去。東肆長憐之，正欲使夥伴以葦蓆去埋，以其心下微溫，共抬歸，用了種種的手段救護，就蘇生了。然其被鞭打的傷痕潰爛，穢氣不堪。同輩患之，一夕棄於道側。過路者可憐他，投其餘食以充空腹，經過十旬漸能扶杖而起了。身纏繿縷，持一破甌，乞食於市。

一日大風雪，生不堪凍餒，冒雪出門乞食，因在雪中人家之門多是關着的，只走到一處，有一故意開着門底左扉之家。生不知是娃之宅，速聲叫饑凍，音聲凄切不忍聽聞。娃辨其音知是生，急走出見生底枯瘠疥厲殆非人狀，大爲感動，問道非某郎耶？生憤懣絕倒，口不能言，唯頷之而已。娃進而抱其頸，以繡襦擁歸西廂，放聲長慟，說道使子今朝至此的都是我之罪！息絕而復蘇。姥大駭，追而問之，欲逐生出，娃歛容拭淚諫阻說：始貪生之金。後設詭計以棄生，使其失志，見棄於父，欺天負人莫此爲甚。且對於六十餘歲之姥，給以二十年養老之資使之別居，以其餘金，自構一家，與生同棲，進以滋養飲食，圖健康底恢復。熱心看護的結果，經過一年生病完全復元，娃乃爲生購書使溫習舉子學業。生大發憤，孜孜勤讀，二年業大就，三年登科甲，名聲振禮闈，更應直言極諫之科，及第第一，授成都府參軍。將欲赴任時，娃乞假自願歸養老姥，請君與大家通婚。生以死懇娃與同行，送至劍門，恰好生父拜命成都府尹，在赴任的途次也到了劍門。生因通刺謁於郵亭，公大驚，撫生背而慟哭，遂爲父子如初，且備禮娶娃以爲子婦。娃婦道甚修，治家嚴謹，極受雙親底眷愛。生積功累遷顯要之官。娃被封汧國夫人，四子皆爲大官。這樣的娼妓而節行如是，雖古烈女輩竟有不能及的處所。

李娃傳在元曲中成爲石君寶底曲江池，以李娃爲李亞仙，滎陽公子爲鄭元和。至明而成爲金懷玉底繡襦記。

章臺柳傳……許堯佐撰（唐人說薈）

這是唐代有名的詩人韓翃底逸話。天寶中韓翃詩名雖高，然頗落魄，靠其友人李生底照料。李生家累千金，負氣愛才，其寵姬柳氏豔絕一時，喜談謔，善歌詠，慕翃之才私屬意他。李生知之遂以柳氏贈翃。明年翃擢上第，歸省於家，值安祿山反亂，京師大騷動。柳氏知不能免，變姿寄跡於法靈寺。是時翃爲淄青節度使侯希逸底書記，亂平後，遣使者求柳氏，贈詩以惜其落於他人之手。

章臺柳　章臺柳　昔日青青今在否

縱使長條似舊垂　也應攀折他人手

柳氏大悲，答道：

楊柳枝　芳菲節　所恨年年贈離別

一葉隨風忽報秋　縱使君來豈堪折

時蕃將沙吒利初立功，聞柳氏之色，刼歸其第寵愛之。後翃從侯希逸入朝，尋柳氏不遇，某日在途中逢柳氏乘牛車，知失身於蕃將大失望。會淄青諸將開宴請翃，翃悵然不樂。座中有虞侯許俊者任俠而有材力，察見翃不快，問之，翃以實告。許虞侯說這事甚易。請翃寫一手書給他。立刻馳馬而至沙吒利之宅，候其外出，直入叫道，將軍在途有病特叫我來迎夫人，遂昇堂出翃書示柳氏，扶之乘馬，急驅歸營。四座驚歎，柳氏與翃執手而泣。然沙吒利為當時有勢的將軍，翃等懼後難，以告侯希逸。希逸大驚上書訴沙吒利之暴，代宗見奏，下詔使歸還柳氏於翃，且賜許俊錢二百萬。

此事出於孟啓底本事詩，章臺柳之詞，在全唐詩中蓋是實錄。許虞侯之事很似崑崙奴傳底結構。

會眞記……元稹撰（唐人說薈）

德宗貞元中有張生者，內秉堅固，二十三歲未曾近女色。適生遊蒲郡，寓於普救寺，恰遇崔氏孀婦欲歸長安也寄住於此寺。崔氏孀婦是鄭氏所出，與生母同屬鄭氏，從親屬關係說，實是異派的從母。是歲渾瑊薨於蒲，中人丁文雅與軍隊不和，軍人因主將之喪出來騷擾，刼掠人家宅。崔氏之家因財產多大惶駭。元來生與蒲將為友，請吏護崔，遂不及於難。後十餘日廉使杜確以天子之命來號令軍隊，軍由是安治。鄭氏厚德生，設宴堂中勞之，呼其女鶯鶯出以兄妹之禮拜生。鶯鶯芳紀正十七，顏色豔異，光輝動人，凝睇怨絕如不勝其體。生一見驚其艷姿，稍以詞誘之不對。生自是焦思鶯鶯，欲由鶯之婢紅娘以通慇勤，起初雖被拒絕，但後因其言，遂作春詞二首以投之。其夕紅娘持綵箋來說是鶯所命給他的，啓視則是一首題爲明月三五夜的詞。

待月西廂下　迎風戶半開
拂牆花影動　疑是玉人來

生略喻其旨，旣望之夕，攀樹踰牆以達西廂，且喜且駭，以爲必得如願，然鶯卻端服嚴容出來，大責生之不義。生自失絕望而臥病了。然一夕鶯來看病，遂得交歡。此段是這篇中的精采處，已引見在前面第五章第四節第三項裏了。後十餘日杳無音信，生賦會眞詩三十韵以貽鶯，鶯容之，又續歡會。旋生爲應試赴長安，鶯甚惜別。明年（貞元十七年）生文戰不利，遂止於京師，貽書於鶯，說及此事，鶯亦裁答，致綢繆繾綣之情，並寄玉環等數件。生之友人多聞之，楊巨源賦崔娘詩一絕，元稹續生之會眞詩三十韵。後生絕念於鶯，歲餘，鶯已委身於人生亦別娶了。生因鶯之夫而言於鶯，欲以外兄之禮求面會，然鶯終不出，賦詩二章以謝絕之。

自從別後減容光　萬轉千迴懶下床
不爲旁人羞不起　爲郎憔悴卻羞郎

棄置今何道　當時且自親
還將舊來意　憐取眼前人

會眞記與他種傳奇不同，這是元微之自己底手筆，又是他底自傳。記中的張生即元微之自己，說是誣其表妹而作的。關於這事，諸家都有考證。據微之所作姨母鄭氏墓誌，及白樂天所作微之之母鄭夫人墓誌等，微之與鶯鶯底關係就很明瞭了。據此則微之底母親是鄭濟之女，鶯鶯之父崔鵬亦是娶鄭濟之女，所以兩人底母親是姊妹，微之與鶯鶯是中表了。與傳奇指鄭氏爲異派的從母相合。近頃文求堂主人得唐故滎陽鄭府君(恆)夫人崔氏合祔葬誌銘底拓本付之玻璃版以頒同好，然這事從古來是非不定：恐怕是好事者底僞撰。縱然是眞物，其崔氏比記中的鶯鶯年長四歲，自是別人罷。

會眞記是記私期密約之歡會的，事實並不怎樣有趣，文章也不特別出色，然以元才子之名遂爲藝苑所艷稱，在後世也不會那樣被贊美了。如果一尋那轉爲趙德麟底商調鼓子詞——董解元底西廂搊彈詞——王關底西廂雜劇——明人底西廂傳奇而來的會眞記底末流，則把在宋金元明間的聲曲發達的沿革最明白地認識了。換言之，會眞記常爲中國戲曲底中心發達而來。看來會眞記在中國文學史上所殘留的功績很是偉大哩！

游仙窟……張文成撰

在我國（日本）數爲第一的淫書，在其本國（中國）反亡失而不傳。這書所談的是張文成奉使河源迷入神仙之窟，受十娘、五嫂兩女仙底款待的事。文章是純然的四六，極其絢爛綺麗，羅列故事，有時插以俗語調子。世傳在本朝嵯峨天皇時，召紀傳之儒者使傳受游仙窟，諸家皆不傳，學士伊時深歎之。時在木島之社頭，林木之深處，有一構草庵的老翁閉着兩眼，時常誦念着什麽似的。問之，則回答是讀游仙窟。伊時聞之，潔齋七日，整衣冠帶陪從而往翁所，受訓讀，還後送種種的珍寶去，庵之跡異香馥郁，而翁之姿卻不見了。這是木島大明神底化現，記在文章生英房底序上。今游仙窟底付以訓讀講釋的本甚多。風流之士沒有不讀游仙窟的，在日本文學上留了很多的印象。相傳紫式部底源氏物語猶受了這書底影響。因而拙堂文話上也有左之一節。

> 物語、草紙之作，在於漢文大行之後，則亦不能無所本焉。枕草紙，其詞多沿李義山雜纂；伊勢物語，如從唐本事詩、章臺柳傳來者；源氏物語，其體本南華寓言，其說閨情，蓋從漢武內傳、飛燕外傳及唐人長恨歌傳、霍小玉傳諸篇得來。

如拙堂也是讀漢文底小說傳奇以修養其文才的。

四　神怪

神怪類是關於神仙釋道怪談的小說，是神異經與搜神記底流亞。然因其是唐人手筆，事跡有趣，文章華麗，因不可同日而論。

柳毅傳……李朝威撰（唐人說薈）

儀鳳（高宗年號）中有所謂柳毅的儒生，因考試落第，欲還於湘濱故里，為向鄉人乞借而往涇陽。去六七里，驚聞鳥飛之音，而馬奔逸，又六七里而止。有一婦人正牧羊道畔。毅怪而視之，頗是美人，但眉宇之間有憂色。就而詰之，女泣答道：妾是洞庭龍君底少女，嫁於此地涇川君底次子，然夫壻游蕩，自己為舅姑所虐待，日夜涕泣，不堪其悲。且洞庭與此地遠隔，長天茫茫，消息不通。今聞君欲南還，特託尺書，請以事情告父兄，不知願意否？毅慨然承諾，但問如何能潛入洞庭底深水以傳遞書信。女大感謝，並授以術。臨去時相互惜別，不數十步而回顧，則女與羊都不見了。後月餘毅還鄉，訪於洞庭，依龍女所教之術，於洞庭之陰有社橘的大木，毅因易帶三度擊樹，俄一武夫從波間現出，導毅進水中而抵龍宮。白壁之柱，青玉之砌，珊瑚之床，水晶之簾，以瑠璃雕翠楣，以琥珀飾虹棟，奇秀深杳，美不可言。旋洞庭君披紫衣執靑玉而出，接見毅，毅呈書達龍女之意。洞庭君見書流涕，以告宮中，一宮皆慟哭。忽有如天地窖裂的大音，而現出一電目血舌，朱鱗火鬣，長千餘尺的赤龍，喚風起雲，擘靑天而飛去。這卽是錢塘君，洞庭君之弟，堯時九年的洪水就是此毒龍所作的。錢塘君激怒，直至涇陽，大戰，而殺了涇陽君之子，帶了龍女回來了。這段實是一篇中出色的文字。

詞未畢而大聲忽發，天拆地裂，宮殿擺簸，雲煙沸湧，俄有赤龍長千餘尺，電目血舌，朱鱗火鬣，項掣金鏁，鏁牽玉柱，千雷萬霆，激繞其身，霰雪雨雹，一瞬皆下，乃擘靑天而飛去！毅初恐蹶仆地，君親起持之曰：「無懼，固無害。」毅良久稍安，乃獲自定，因告辭曰：「願得生歸以避復來！」君曰：「不必如此，其去則然，其來則不然。幸爲少盡繾綣。」因命酌互擧，以款人事。俄而祥風慶雨，融融怡怡，幢節玲瓏，簫韶以隨，紅粧千萬，笑語熙熙，中有一人，自然蛾眉，明璫滿身，綃縠參差，迫而視之，乃前寄辭者。然而若喜若悲，零淚如絲。須臾，紅煙蔽其左，紫氣舒其右，香凝環旋，入於宮中。君笑謂毅曰：「涇水之囚人至矣。」

文法變化，波瀾曲折，有雷雨一過水面如鏡之觀，眞可謂老手筆了。於是洞庭君張盛宴，設歌舞，以慰勞毅，錢塘君乘酒與說欲把龍女配毅，毅辭之，僅帶許多珍寶以歸。因過廣陵市，賣之，成爲富翁。兩次娶婦皆亡。第三次娶一盧氏女，卽洞庭君底愛女，歲餘舉一子，蓋與毅有宿緣也。後毅與婦相攜歸洞庭，遂成神仙。

柳毅底故事，宋以來串入歌曲中，在元曲中有尙仲賢底柳毅傳書雜劇，被收入元曲選中；又在同集裏有所謂張生煑海，這也是翻案柳毅娶龍女的故事，本於宋人小說的一種作品。卽張生欲娶東海龍王之女，而龍王不許。張生由一仙人給與以鍋鐺，汲海水而煑之，則海中之水全體與鍋中之水同其熱度了。龍王大苦，遂以女給張生。又李笠翁十種曲中的蜃中樓，是倂合了兩者底趣向的。

杜子春傳……鄭還古撰（唐人說薈）

南柯記……李公佐撰（同前）
枕中記……李　泌撰（同前）

右三者都是從仙翁聞道的故事。杜子春是周隋間人，落魄而蕩盡資產，被親故所棄，不堪饑餓，乃仰天嘆息。適一老人來問他嘆什麼，乃給與錢三百萬任其揮霍。然子春不以之治生，於一二年之間隨意地便使用盡淨又成爲元來的赤貧，又自嘆息。老人復來給與錢一千萬。子春想這一次要開始從事商業積蓄金錢，但見錢心變，三四年光景又用盡了。旋老人第三次來給與錢三千萬。子春大慚愧，盡以之投於慈善事業，賑給孤孀，或幫助人婚姻葬祭。一年之後，子春如約訪老人於華山，在其仙室中受惡鬼、猛獸等的種種試驗，得克服喜、怒、哀、懼、惡、欲六情，最後對於愛底試驗落第了，但重奉道士之教遂至仙化。道家說：丹將成魔輒害之，種種的魔障即七情底幻想。這篇說七情中愛底執着最深，而諭以去煩惱求解脫的方法。

南柯記大意是說淳于棼在槐樹之下晝寢，忽爲「槐安」國王底女壻，統治「南柯郡」的一個夢「槐安國」即蟻之世界。如讀莊子列子底寓言很覺有趣，是譏諷人生之營營逐逐者。棼既從夢中醒來，與二客查看蟻穴一段實極精密。雖近世的動物學者對於這種記事也應投筆而三歎。

生感念嗟歎，遂呼二客而語之，驚駭，因與生出外，尋槐下穴。生指曰：此即夢中所經入處！二客將謂狐狸木媚之所爲祟，遂命僕夫荷斤斧，斷擁腫，折查枿，尋穴究源。旁可袤丈，有大穴洞然明朗，可容一榻，根上有積土壤，以爲城郭臺殿之狀，有蟻數斛，隱聚其中。中有小臺，其色若丹，二大蟻處之，素翼朱首，長可三寸，左右大蟻數十輔之，諸蟻不敢近，是其王矣。即槐安國都也。又窮一穴，直上南枝，可四丈，宛轉方平，亦有土城小樓，羣蟻亦處其中，即生所領南柯郡也。又一穴西去二丈，磅薄空墟，嵌窞異狀，中有一腐龜，板大如斗，積雨浸潤，小草叢生，繁茂翳薈，掩映振殼，即生所立靈龜山也。又窮一穴，東去丈餘，古根盤屈，若龍虺狀。中有小土壤高尺餘，卽生所葬妻龍岡之墓也。追想前事，感歎於懷，披穴窮跡，皆符所夢，不欲二客壞之，遽令掩塞如舊。是夕風雨暴發，覩其蟻遂不見，莫知所去。故先言國有大恐，都邑遷徙，此其驗矣！

枕中記是當世有名的盧生底邯鄲夢底故事。盧生在邯鄲底客舍，借仙翁之枕而寢，在夢中過了五十年的榮華，長夜夢醒，仙翁在旁，主人蒸黃粱之飯還未熟，意卽五十年的榮華，實不過黃粱一炊之夢而已。仙翁姓呂，又其枕瓷而竅其兩端，其中空無所有，只成回字之形，呂字亦有二口，蓋是回字之謎語。回卽回教，由此可知在唐時回教極其流行。槐翁這樣說過頗是有趣的話。實際在唐時，道、釋之外，回教、景教、祆教等都通行，關於這等的小說想是很多，不幸皆不傳，僅此枕中記存在，誠是可寶貴的。因此南柯、枕中兩記被收於湯臨川玉茗堂四夢中，爲名曲南柯記、邯鄲記底藍本。

非烟傳……皇甫枚撰（唐人說薈）

步非烟是武公業底愛妾，與靑年趙象通事露爲公業所笞死，後象夢二友立於枕上，一名謝恩，一名復仇。這是艷情而兼幽靈的小說，事實雖不甚有趣，但詩文卻頗艷麗的。

離魂記……陳元祐撰（唐人說薈）

張鎰底幼女倩娘有許配與鎰之外甥王宙的關係，兩人相愛而深契。然後來鎰欲把倩娘嫁於別人，倩娘不樂，宙亦恨且悲，訣別上船。夜半宙還未寢時，忽聞岸上有人行聲。既到船一看，卻是倩娘。宙驚喜，共赴蜀，凡五年舉兩子。倩娘思念父母不置，與宙相伴而歸衡州，宙獨先至鎰家以謝罪，鎰說決無是理，倩娘正臥病着呢。宙說伊很好現在船中，鎰大驚，迎之。閨中病人聞之大喜，盛裝走出相迎，則兩女忽合爲一體，甚至衣裳都重合了。此話多用爲詞曲底典故。元鄭德輝有著名的倩女離魂雜劇。

周秦行記……牛僧儒撰（唐人說薈）

陸仁蒨傳……陳　鴻撰（同前）

蔣子文傳……羅　鄴撰（同前）

人虎傳……李景亮撰（同前）

白猿傳……無名氏撰（同前）

袁氏傳……顧夐撰（同前）

任氏傳……沈旣濟撰（同前）

玃狐記……孫恂撰（同前）

以上各篇都是妖怪變化的故事。周秦行記與睦仁蒨傳爲遇鬼的話，蔣子文傳爲子文死而成爲土地神的話，人虎記是人變爲虎的話，白猿傳是去除怪猿的話，袁氏傳是猿化爲美人的話，任氏傳與玃狐記都是爲狐所魔的話。要之事情雖沒有什麼意思，然文章照例是四六縟麗，頗覺有趣。

以上雖把唐代小說底極有名的列舉出來了，但唐人說薈中還有許多。例如李泌傳、同昌公主傳（說薈中無）屬於第一類（別傳），馮燕傳、謝小娥傳、黑崑崙傳、奇男子傳屬第二類（劍俠），楊娼傳、杜秋傳、楊州夢記屬第三類（豔情），中宗傳、牛應貞傳、陶峴傳、龍女傳、妙女傳、神女記、尸媚傳、才鬼記、再生記、寃債志、靈鬼志、靈應傳、幽怪錄、續幽怪錄、夜怪錄、物怪錄等屬於第四類（神怪）。此外還有許多的小說從爛漫地爭奇競豔之中選其精萃的，要算裴鉶傳奇。

裴鉶是唐末人，高駢底幕客。因駢好神仙，所以鉶集妖妄的寓言以進駢。故傳奇爲裴鉶所作，恰與漢時虞初之作小說同樣。後世元明底戲曲多求題材於傳奇中，故轉而把南曲一說作傳奇了。

迨至宋諱詞小說起，漢唐駢儷體的舊小說漸漸衰了。然並非全亡。明清底諸文豪，也當作餘技而取了佳人才士、英雄豪傑底逸事逸聞，弄其豔麗的筆致，以作成傳奇。例如宋景濂底秦士錄、侯朝宗底馬伶傳、王于一底湯琵琶傳、魏叔子底大鐵椎傳，其文章都是很有趣的，都是傳奇體。此類很多，其以專書著名的，有——

太平廣記五百卷 宋李昉勅監修

夷堅志五十卷 宋洪邁撰

剪燈新話四卷　明瞿佑撰
同餘話四卷附錄一卷　明李禎撰
聊齋志異十六卷　清蒲松齡撰
觚賸八卷續編四卷　清鈕琇撰
虞初新志二卷　清張潮撰
板橋雜記三卷　清余懷撰
燕山外史八卷　清陳球撰

而這些書早已傳到我國（日本），影響於淺井了意、上田秋成、瀧澤馬琴等的小說。就中淺井了意底伽婢子是剪燈新話底翻譯，其中一篇牡丹燈記卽爲圓朝底牡丹燈籠底藍本。菊池三溪著本朝虞初新誌，燕山外史有和譯本，聊齋志異向來也多被翻案，近年其中的數篇曾譯出揭載於某雜誌。實際聊齋底故事篇幅短而文章莊麗，可供文人底助談，又爲小說家底寶庫。

第四節 諢詞小說

一 諢詞小說底起原

如上所述，小說起於漢代。從六朝經唐漸漸發達，但還不過是詞人文士底餘業，其文體是穠艷綺縟的文言。真正有國民文學底意味的小說是創始於宋代。這就叫做諢詞小說。諢爲戲言、笑語、滑稽談底意味。所謂諢詞小說是以俗語體很有趣地寫成的小說，恰如日本底講談、落語之類。在輟耕錄上說的「宋有戲曲唱諢詞說」，即是說戲曲與小說在宋代已經有了的意思。這「諢詞說」即是諢詞小說。又在明郎瑛底七修類稿裏也有如下面的記述。

小說起宋仁宗，蓋時太平盛久，國家閑暇，日欲進一奇怪之事，以娛之，故小說

得勝頭迴之後，卽云「話說趙宋某年。」（卷二十二）

仁宗之時，宋與方百年，太平日久，一代文化底醞釀許多的平民文學，遂因而勃興了。例如看古本水滸傳，引首之次，第一回以「話說大宋仁宗天子在位嘉祐三年三月三日」云云開始。又在七修類稿裏有

閭閻淘眞之本之起，亦曰：「太祖太宗眞宗帝四祖仁宗有道君」；國初瞿存齋過汴之詩有「陌頭盲女無愁恨，能撥琵琶說趙家，」皆指宋也。

的話。淘眞亦創於宋仁宗之時。淘眞一作陶眞（堯山堂外記云：杭州瞽女唱古今小說評話，謂之陶眞，）恰如日本底琵琶法師。又在南宋孟元老底東京夢華錄「京瓦伎藝」之條裏敍汴京底繁華的情形，在列舉徽宗皇帝時代都下的藝人中有講史、小說、說評話、說三分、五代史等的分科。說三分卽是三國志底講談，在講史之中特別有趣的很流行。在東坡志林裏載其事。（見後）

南渡後益盛，孝宗時南北交通，得小康，雜劇小說等頗極一時之盛，在武林舊事底序

裏說得很明白。

乾道、淳熙間，三朝授受，兩宮奉親，古昔所無，一時聲名，文物之盛，號小元祐。豐亨、豫大，至寶祐、景定，則幾於政宣矣。

乾道、淳熙是孝宗底年號，三朝卽高宗、孝宗、光宗，元祐是哲宗底年號，從司馬溫公、蘇東坡起，是北宋名臣蠭出的時代；寶祐、景定是理宗底年號，政宣卽政和、宣和，都是徽宗年號，是宋朝文化爛熟的時代。以外在吳自牧底夢粱錄，與耐得翁底古杭夢游錄等裏說是說話有四家，各有專門說話的人。

說話有四家：一曰小說，謂之銀字兒，如烟粉、靈怪、傳奇；說公案皆是搏拳、提刀、桿棒及發跡變態之事；說鐵騎兒謂士馬金鼓之事；說經謂演說佛書；說參請謂參禪；說史謂說前代興廢戰爭之事。（古杭夢游錄）

又在武林舊事「諸色伎藝人」條裏與雜劇、傀儡、影戲等相並舉出，

演史……喬萬卷以下二十三人，（有張小娘子、宋小娘子、陳小娘子三女流）

說經諢經……長嘯和尚以下十七人，（有陸妙慧、陸妙靜二女流）

小說……蔡和以下五十二人，（有女流史惠英）

說諢話……蠻張四郎（一人）

又在同書「社會」條裏有雜劇則緋綠社，小說則雄辯社之名。由是可知說話在北宋時愈加盛行，名流輩出，且有結合，因而有當時所流行的說話底書物，即諢詞小說之多也可想像了。

但從來宋代底諢詞小說傳至今日的僅有宣和遺事。（民國三年的石印題爲仿宋本宣和遺事的小本二冊，上海掃葉山房印行，容易見到。）爲南宋無名氏所作，徽宗、欽宗底二代記，恰如日本底平家物語與太平記之類。徽宗誠是驕奢淫逸之君，任用小人，毫不用心政治，遂以亡國，且父子被囚於金，於北狩之途中，到處遭軍民底凌辱，嘗盡辛酸，幽於五國城（今北滿洲三姓附近），後二帝吞恨客死異城，這書就是記述這些事實的。時高宗即位於南方，宗澤、岳飛等連敗金兵，謀恢復，然誤於秦檜底和議，終不能經略中原。作者大爲憤慨，在末尾說：

中原之境土未復，君父之大仇未報，國家之大恥不能雪，此忠臣義士之所以扼腕，恨不食賊臣之肉而寢其皮也歟。

眞可爲投筆而長嘆息的。以此可以窺其微意了。其尤可注意的事，卽宋江等三十六人底始末，都出於本書，成爲水滸傳底藍本。

宣和遺事雖然說作諢詞小說，但文體不是純俗話體。是稍近於文語，如三國志演義一樣，不像水滸傳那樣難讀。其中前半是徽宗盛時如伴高俅等微行在金環巷訪李師師一段頗覺華麗，後半敍二帝北狩是極其悽愴的。

六月初一日，時甚暑，行沙磧中，每風起，塵埃如霧，面目皆昏，又乏水泉，監者二十餘人，爲首者阿計替稍憐二帝，乃謂曰：今大暑熱，稍稍食飽，恐生他疾，此中無藥。至有水處，必令左右供進；又戒左右，勿得叱喝。日中極熱時，亦得少息於木陰之下。時帝年二十二歲，太上年五十六歲，形容枯黑，不復有貴人形質。若此行，無阿計替護衛，六月甚暑中，一死無疑也。十二日，至安肅軍城下，其城皆是土築，不甚高。入門，守衛皆搜撿，以至鄭后臍腹間亦不免摸過，雖他人出入亦然，蓋入城防內事故也。

自此以後，日行五七十里，辛苦萬狀。二帝及后，足痛不能行，時有負而行者。漸入沙漠之地，風霜高下，冷氣襲人，常如深冬。帝后衣袂單薄，病起骨立，不能飲食，有如鬼狀。途中監者，作木格，付以茅草，肩輿而行，皆垂死而復甦。又行三四日，有騎兵約三四千，首領衣紫衣袍，訊問左右，皆不可記。帝臥草輿中，微開目視之，左隊中有綠衣吏。若漢人，乃下馬駐軍，呼左右取水，喫乾糧，次於皮篋中，取出乾羊肉數塊贈帝，且言曰：臣本漢兒人也。臣父昔事陛下，爲延安鈐轄周忠是也。元符中，因與西夏戰，父子爲西夏所獲，由是皆在西夏。宣和中，西夏遣臣將兵，助契丹攻大金，爲金人執縛，降之。臣今爲鹽州總管，願陛下勿泄！又言四太子下江南，稍稍失利，金國中皆言：張浚、劉錡、韓世忠、劉光世、岳飛數人，皆名將，皆可中興。臣本宋人，不忍陛下如此，故以少肉爲獻。言訖別去。經行已久，是夕宿一林下，時月微明，有番首吹笛，其聲嗚咽特甚。太上口占一詞曰：

玉京曾憶舊繁華，萬里帝王家。瓊林玉殿，朝喧弦管，暮列笙琶。

花城人去今蕭索，春夢繞胡沙。家山何處？忍聽羌笛、吹徹梅花！

太上謂帝曰，汝能賡乎？帝乃繼韻曰：

宸傳四百舊京華，仁孝自名家。一旦奸邪，傾天拆地，忍聽搊琶。

如今塞外多離索，迤邐遠胡沙。家邦萬里，伶仃父子、向曉霜花！

歌成，三人相執大哭。或日所行之地，皆草莽蕭索，悲風四起，黃沙白霧，日出尚烟霧，動經五七里，無人迹。時但見牧羊兒往來，蓋非正路。忽見城邑，雖在路之東西，不復入城。時方近夏，榆柳夾道，澤中有小萍，褐色不青翠。又如此行十餘日，方至一小城，云是西汚州衞者。

至近年有影景宋殘本五代平話與京本通俗小說二書出現。都說是宋板底覆刻，但從板式考來，狩野博士說寧怕是元板罷。五代平話是講史之類，文體也似宣和遺事，爲梁、唐、晉、漢、周五代底軍政談，可惜缺了梁史與漢史底下卷。這是後來演義小說底元祖。

京本通俗小說，頗是珍本。開始盛用當時通行的略字俗字，很似京都大學覆刻的元槧古今雜劇；雖然難讀，但對於漢字研究者頗有興味。僅存從第十卷至第十六卷的二册底零本，然每卷都有讀不厭的短篇小說。

碾玉觀音　菩薩蠻　西山一窟鬼　志誠張主管　拗相公　錯斬崔寧

馮玉梅團圓

拗相公是宋王安石底事，安石罷相，在被貶於南京底途中，所到之處都攻擊新法底不便，這書把那安石大爲所困的事情，都非常有趣地描寫出來了。但在其卷首說「如今說先朝一個宰相，它在下位之時」云云，不能不覺得本書是成於元人之手，但其下緊接着說「這朝代不近不遠，是北宋神宗皇帝年間一個首相，姓王名安石，臨川人也；」又從其末尾以「后人論，我宋元氣，都爲熙寧變法所壞，所以有靖康之禍。」作結看來，覺着作者是南宋人故指北宋爲先朝，又因通南北同是宋的緣故所以說作我宋。在錯斬崔寧之首有「先引下一個故事來，權做個得勝頭迴，我朝元豐年間有一個少年舉子，姓魏名鵬舉字仲霄，」在前以北宋爲前朝，在此同樣說元豐（神宗年號）作我朝，雖是很矛盾似的，但這也是同是宋朝的緣故所以說「我朝元豐」的。以外或說「我宋建炎年間」（馮玉梅團圓）或說「話說大宋高宗紹興年間」（菩薩蠻）或說「紹興年間」（碾玉觀音）從這等例子看來作者是南宋底人覺着愈加明白了。文體比較宣和遺事稍鎖碎，譚詞小說底面目活躍於紙上。其錯斬崔寧是錯認寃罪的故事。試引其中劉貴底妾陳氏（小娘子）在急忙歸家的途中與一不相識的後生（崔寧）同行的一段以供參攷。

卻說那小娘子清早出了隣舍人家，挨上路去，行不上一二里，早是脚疼，走不動。坐在路旁，卻見一個後生，頭帶萬字頭巾，身穿直縫寬衫，背上馱了一個搭膊，裏面卻是銅錢，脚上絲鞋淨襪，一直走上前來。到了小娘子面前，看了一看，雖然沒有十二分顏色，卻也明眉皓齒，蓮臉生春，秋波送媚，好生動人。正是

野花偏豔目　村酒醉人多

那後生放下搭膊，向前深深作揖：「小娘子獨行無伴，卻是往那裏去的？」小娘子還了萬福道：「是奴家要往爹娘家去，因走不上，權歇在此。」因問：「哥哥是何處來？今要往何方去？」那後生叉手不離方寸：「小人是村裏人，因往城中賣了絲帳，討得些錢，要往褚家堂那邊去的。」小娘子道：「告哥哥，則個奴家爹娘也在褚家堂左側，若得哥哥帶挈奴家同走一程，可知是好？」那後生道：「有何不可！既如此說，小人情願伏侍小娘子前去。」

狩野博士往年遊歷英、法兩京的時候，在檢點斯泰因、培利奧兩氏從燉煌石室所帶歸的

經籍卷子之中，偶然發現一種用了雅俗折衷體，或口語體寫的散文或者韻語的小說；其鈔本研究底結果是唐末或五代頃所寫的很爲明白。由此看來在唐末五代之頃，於優雅典麗的傳奇體小說之外，還有一種極俚俗的爲一般下級的民衆所翫賞的平民文學，可以想像到的了。卽比較小說起宋仁宗還要更在百年前。博士曾把其珍貴的材料發表於藝文雜誌藝文第七年第一號及第三號。在中國俗文學史研究底材料上是一種極貴重的發見。

二　四大奇書

及於元代與雜劇底流行同時評・詞・小・說也大勃興。這如前所述一樣，因蒙古人入主中原醉心漢族底文明，傾向娛樂的方面，歡迎雜劇和小說，又實際據此以爲考察中國底歷史與人情風俗的捷徑。被稱爲元代小說底雙璧的是水滸傳與三國志演義。這配以西廂、琵琶爲元代底四大奇書，又與明代底二大傑作西遊記與金瓶梅相配而稱爲小說界底四大奇書。

關於水滸傳底作者諸說紛紛，一般所傳說是施耐菴所作。

（一）施耐菴所作——此說出於胡應麟底莊嶽委談（詳後）。

（二）羅貫中所作——此說出於郎瑛底七修類稿；王圻底續文獻通攷也說：

水滸傳羅貫著。貫字本中，杭州人。編撰小說數十種，而水滸傳敍宋江事，奸盜脫騙機械甚詳。然變詐百端，壞人心術，說者謂子孫三代皆啞，天道好還之報如此。

（三）兩人合作的——李卓吾本底水滸傳題爲施耐菴集撰，羅貫中纂修。曲亭馬琴也是依據此說的。

（四）施作羅續的——金聖歎在水滸傳卷首辯之；在第七十回評語裏這樣說：

一部書七十回可謂大鋪排。此一回可謂大結束，讀之正如千里羣龍，一齊入海，更無絲毫未了之憾。笑殺羅貫中橫添狗尾，徒見其醜也。

施耐菴之名不明，又羅本字貫中，（七修內稿）或說羅貫字本中，兩人傳都不詳。但作者是什麼人，與水滸傳本身底價値沒有什麼關係，所以不必過於討論。在莊嶽委談裏這樣說：

今世傳街談巷語，有所謂演義者，蓋尤在傳奇雜劇下。然元人武林施某所編水滸傳，特爲盛行，世率以其鑿空無據，要不盡原也。余偶閱一小說序，稱施某常入市肆，紬閱故書，於敝楮中得宋張叔夜禽賊招語一通，備悉其一百八人所由起，因潤飾成此編。其門人羅某亦效之，爲三國志，絕淺鄙可嗤也。——郞（瑛）謂此書及三國並羅貫中撰，大謬，二書深淺工拙，若霄壤之懸，詎有出一手理。世傳施號耐菴，名字竟不可攷。

施耐菴所見的舊書是什麼，雖不知道，但宋江等三十六人橫行河朔，後降於張叔夜的事，是見於宋史的。加之在宣和遺事之中也有三十六員底渾號，（如花和尚魯智深，九紋龍史進，黑旋風李逵之類，）並詳載花石綱、生辰綱、蒙汗藥，（見後）李師師底事，而關於宋江等底結局如左。

宋江統率三十六將往朝東嶽賽取金爐心願。朝廷不奈何，只得出榜招諭宋江等。有那元帥姓張名叔夜的是世代將門之子，前來招誘宋江，和那三十六人歸順宋朝，各受武功大夫誥敕，分注諸路巡檢使去也。因此三路之寇悉得平定。後遣宋江收方臘，有功，封節度使。

其他在元之雜劇中也有黑旋風李逵，武松打虎，燕青博魚等事，可見當時這樣的斷片的故事是很多的。施耐菴以燃犀的眼光，揮如椽的大筆，綜合諸種的傳聞以成此驚天動地的快文。施耐菴當著作時，曾以自己底意匠畫三十六人之像張貼於壁上，日日眺視考究，所以其人物活躍之狀潑溂陸離，有龍躍於天虎嘯於地之概。其結構底雄大，文字底剛健，人物描寫的精細，不獨為中國小說之冠冕，且足以雄飛於世界底文壇哩！宜乎金聖歎極口稱揚，配以莊、騷、馬史、杜詩而稱為天下第五才子書。

關於水滸傳底內容，現在沒有述說的必要了罷。然而有百二十回本與七十回本兩種行於世。前者卽李卓吾底忠義水滸傳（也有百囘本）後者卽金聖歎底第五才子書。前七十囘敍述天罡星三十六員地煞星七十二員合爲百零八個豪傑底離散集合之迹，以至會於梁山泊打止爲主，是描寫豪壯快活的方面的；後半述宋江等應招諭改節仕於朝廷的始末北伐契丹，南征方臘，以立大功多數豪傑喪於此役，病死的也有，出家的也有，或辭官爵，或逃海外，當年的豪傑四散；至副統領盧俊義，統領宋江等相尋斃於讒人底毒手爲止，是描寫其悲痛慘澹的方面的。因而金聖歎取了豪快的前半，捨了悲慘的後半，翻忠義爲盜賊，在第七十囘「梁山泊英雄驚惡夢」切斷其以夢結尾之點，是非常神韻縹渺而留着有無量的感慨的，確使一讀不禁拍案叫快；雖爲水滸吐其萬丈的氣燄，但依據宣和遺事底原文，尚不能說是全璧。以一百二十囘的水滸傳於七十囘處腰斬之，是極其暴亂的了。後金聖歎自己也被腰斬於吳門至於身首異所，恐是其果報罷。總之欲知水滸傳底全體非讀百二十囘本不可。

試引水滸傳中智勇兩方面的情節，以介紹全豹之一斑。且供研究中國國民性及風俗底研究底一端。快人魯達(智深)特地三拳打死那騙取金老底女兒做妾的惡漢，渾名鎮關西鄭屠所謂「魯提轄拳打鎮關西」一段，實是筆下生風，肉躍血踴的快文字。

且說鄭屠開着兩間門面，兩副肉案，懸挂着三五片猪肉。鄭屠正在門前櫃身內坐定，看那十來個刀手賣肉。魯達走到門前，叫聲：「鄭屠！」鄭屠看時，見是魯提轄，慌忙出櫃身來唱喏道：「提轄恕罪！」便叫副手掇條凳子來，提轄請坐。魯達坐下道：「奉着經略相公鈞旨，要十斤精肉，切做臊子，不要見半點肥的在上面。」鄭屠道：「使得！你們快選好的切十斤去。」魯提轄道：「不要那等腌臢廝們動手，你自與我切。」鄭屠道：「說得是。小人自切便了。」自去肉案上揀了十斤精肉，細細切做臊子。那店小二把手帕包了頭，正來鄭屠家報說金老之事，卻見魯提轄坐在肉案門邊，不敢攏來，只得遠遠的立住，在房簷下望。這鄭屠整整的自切了半個時辰，用荷葉包了道：「提轄，叫人送去。」魯達道：

「送什麼！且住，再要十斤都是肥的，不要見些精的在上面，也要切做臊子。」鄭屠道：「卻纔精的怕府裏要裹餛飩，肥的臊子何用？」魯達睜着眼道：「相公鈞旨，分付洒家，誰敢問他。」鄭屠道：「是合用的東西，小人切便了。」又選了十斤實膘的肥肉，也細細的切做臊子，把荷葉來包了。整弄了一早辰，卻得飯罷時候，那店小二那裏敢過來，連那正要買肉的主顧也不敢攏來。鄭屠道：「着人與提轄拿了送將府裏去。」魯達道：「再要十斤寸金軟骨，也要細細地剁做臊子，不要見些肉在上面。」鄭屠笑道：「卻不是特地來消遣我！」魯達聽得，跳起身來，拿著那兩包臊子在手，睜着眼，看着鄭屠說道：「洒家特地要消遣你！」把兩包臊子劈面打將去，卻似下了一陣的肉雨。鄭屠大怒，兩條忿氣，從腳底下直衝到頂門，心頭那一把無明業火，焰騰騰的按捺不住，從肉案上搶了一把剔骨尖刀，託地跳將下來。魯提轄早拔步在當街上，衆鄰舍並十來個火家，那個敢向前來勸；兩邊過路的人，都立住了腳；和那店小二也驚得呆了。鄭屠右手拿刀，左手便來要揪魯達，被這魯提轄就勢按住左手，提將入去，望小腹上只一脚，騰地踢倒在當街上。魯達再入一步，踏住胸脯，提着那醋鉢兒大小拳頭，看著這鄭屠道：「酒家始投老种經略相公，做到關西五路廉訪使，也不枉了叫做鎮關西。你是個賣肉的操刀屠戶，狗一般的人，也叫做鎮關西？你如何強騙了金翠蓮？」撲的只一拳，正打在鼻子上，打得鮮血迸流，鼻子歪在半邊，卻便似開了個油醬舖，鹹的酸的辣的一發都滾出來。鄭屠掙不起來，那把尖刀也丟去一邊，口裏只叫「打得好！」魯達罵道：「直娘賊！還敢應口！」提起拳頭來，就眼眶際眉稍只一拳，打得眼稜縫裂，烏珠迸出，也似開了個彩帛舖的，紅的黑的紫的都綻將出來。兩邊看的人懼怕魯提轄，誰敢向前來勸。鄭屠當不過，討饒。魯達喝道：「咄！你是個破落戶，若是和俺硬到底，酒家便饒了你！你如今對俺討饒，酒家偏不饒你！」又只一拳，太陽上正着，卻似做了一個全堂水陸的道場，磬兒鈸兒鐃兒一齊響。魯達看時，只見鄭屠挺在地上，口裏只有出的氣，沒了入的氣，動彈不得。魯提轄假意道：「你這廝詐死！洒家再打！」只見面皮漸漸的變了，魯達尋思道：「俺只指望痛打這廝一頓，不想三拳眞個打死了他，洒家須喫官司，又沒人送飯，不如及早撒開，拔步便走。回頭指着鄭屠屍道：「你詐死，洒家和你慢慢理會！」一頭罵，一頭大踏步去了。

魯達後來逃難至代州雁門縣，不意與金老再會，因其女底官人趙員外底周旋入五臺山爲智眞長老底弟子，法號智深。然魯智深下山飲酒，亂醉歸寺，破壞山門，打傷衆僧，極亂暴狠籍之至，使智眞長老沒法處置。這是「魯智深大鬧五臺山」底一齣，又是極豪快的好文章。魯智深底傳曾被翻譯成德文收入勒克拉姆文庫中的 "Wie Lo-Ta unter die Rebellen Kam." 就是這個。

以上實是花和尙魯智深底剛勇快舉。其次話頭一轉，且舉智多星吳用底奇智妙計。

其神出鬼沒不可端倪之處，也可以窺見詭譎陰險的國民性底一面。

北京大名府底梁中書是當時有勢力的太師蔡京底女壻。中書爲了丈人底生辰慶祝，備了十萬貫底財寶禮物，使幕下的勇士青面獸楊志送往東京。楊志豫慮途中的危險，揀選禁軍底壯士十一人爲脚夫，擔着禮物裝扮做商人樣子，自己與老都管兩虞侯同樣扮作商客出發。於是晁蓋、吳用、公孫勝、劉唐、阮小二、阮小五、阮小七七人相謀，於黃泥岡要而刼之。用吳用之計，先使白勝去賣酒，投蒙汗藥於其中，使一齊昏倒，因此以謀奪其生辰綱。時當五月半將過的天氣，炎熱嚴酷，行路極其困難。楊志宰領禮物，警戒不怠，或乘早涼行，日中休息，或故避早行而選了日中，必要在六月十五日的太師底生辰趕到，所以只管在途中着急了。然十一個禁軍，擔着重荷行於日中，頗苦暑熱，欲在樹林下取涼，楊志卻催促急行，若是不走就怒罵就鞭打，因此無一人不怨楊志，兩虞侯老都管也難於忍耐而起了反對。但楊志毫不聽，旋即到了黃泥岡。至此，軍士等極其勞頓，買白勝底酒來喝，就都陷其毒計了。晁蓋等七人扮作販棗的商人，拉了七輛車子來，乘其一齊昏倒，把十一擔的金珠寶貝滿載於車而去了。這叫做「吳用智取生辰綱，」實水滸傳中最精采的處所。玆鈔錄其大概於左。

正是六月初四日時節，天氣未及晌午，一輪紅日當天，沒半點雲彩，其實十分大熱。當日行的路，都是山僻崎嶇小徑，南山北嶺，卻監着那十一個軍漢，約行了二十餘里路程。那軍人們思量要去柳陰樹下歇涼，被楊志拿着籐條打將來，喝道：快走！教你早歇。衆軍人看那天時，四下裏無半點雲彩，其實那熱不可當。楊志催促一行人在山中僻路裏行，看看日色當午，那石頭上熱了脚疼，走不得。衆軍漢道：「這般天氣熱兀的不晒殺人。」楊志喝着軍漢道：「快走！趕過前面岡子去，卻再理會。」正行之間，前面迎着那土岡子，一行十五人奔上岡子來。歇下擔仗，那十一人都去松林樹下睡倒了。楊志說道：「苦也！這裏是什麼去處！你們卻在這裏歇涼。起來快走！」衆軍漢道：「你便剁做我七八段，也是走不得了。」楊志拿起藤條，劈頭劈腦打去，打得這個起來，那個睡倒，楊志無可奈何，只見兩個虞侯和老都管氣喘急急，也爬到岡子上，松樹下坐下喘氣。看這楊志打那軍健，老都管見了說：「提轄！端的熱了，走不得，休見他罪過。」楊志道：「都管你不知，這裏正是強人出沒的去處，地名叫做黃泥岡，閒常太平時節，白日裏兀自出來刼人，休道是這般光景，誰敢在這裏停脚！」兩個虞侯聽楊志說了，便道：「我見你說好幾遍了，只管把這話來驚嚇人。」只見對面松林裏，影著一個人，在那裏探頭探腦偵望。楊志道：「俺說甚麼？兀的不是歹人來了？」撇下籐條，拿了朴刀，趕入松林裏來，喝一聲道：「你這廝好大膽！怎敢看俺的行貨！」趕來看時，只見松林裏一字兒擺著七輛江州車兒，六個人脫得赤條條的在那裏乘涼。一個鬢邊老大一搭珠砂記，拿著一條朴刀，見楊志趕入來，七個人齊叫一聲：「阿也！」都跳起來。楊志喝道：「你等是甚麼人？」那七人道：「你是甚麼人？」楊志又問道：「你等莫不是歹人？」那七人道：「你顛倒問。我等是小本經紀，那裏有錢與你！」楊志道：「你等小本經紀人，偏俺有大本錢？」那七人問道：「你端的是甚麼人？」楊志道：「你等且說那裏來的人？」那七人道：「我等弟兄七人，是濠州人，販棗子上東京去，路途打從這裏經過，聽得多人說，這裏黃泥岡上時常有賊打劫客商，我等一面走，一頭自說道：『我七個只有些棗子，別無甚財貨，只顧過岡子來。』上得岡子，當不過這熱，權且在這林子裏歇一歇，待晚涼了行。只聽得有人上岡子來，我們只怕是歹人，因此使這個兄弟出來看一看。」楊志道：「原來如此！也是一般客人！卻纔見你們窺望，惟恐是歹人，因此趕來看一看。」那七個人道：「客官請幾個棗子了去。」楊志道：「不必。」提了朴刀，再回擔邊來。老都管坐着道：「既是有賊，我們去休。」楊志說道：「俺只道是歹人，原來是幾個販棗子的客人。」老都管別了臉，對衆軍道：「似你方纔說時，他們都是沒命的。」楊志道：「不必相鬧，俺只要沒事便好，你們且歇了，等涼些走！」衆軍漢都笑了，楊志也把朴刀插在地上，自去一邊樹下坐了歇涼。沒半碗飯時，只見遠遠地一箇漢子，挑着一付擔桶，唱上岡子來。唱道：

赤日炎炎似火燒　野田禾稻半枯焦
農夫心內如湯煮　公子王孫把扇搖

那漢子口裏唱着，走上岡子來，松林裏頭歇下擔桶，坐地乘涼。衆軍看見了，便問那漢子道：「你桶裏是甚麼東西？」那漢子應道：「是白酒。」衆軍道：「挑往那裏去？」那漢子道：「挑出村裏賣。」衆軍道：「多少錢一桶？」那漢子道：「五貫足錢。」衆軍商量道：「我們又熱又渴，何不買些喫，也解暑氣。」正在那裏湊錢，楊志見了，喝道：「你們又做甚麼？」衆軍道：「買碗酒喫。」楊志調過朴刀桿便打，罵道：「你們不得洒家言語，胡亂便要買酒喫，好大膽！」衆軍道：「沒事又來鳥亂，我們自湊錢買酒喫，干你甚事？也來打人！」楊志道：「你這村鳥！理會得甚麼？到來只顧喫嘴，全不曉得路途上的勾當艱難！多少好漢被蒙汗藥麻翻了！」那挑酒的漢子，看着楊志冷笑道：「你這客官好不曉事，早是我不賣與你喫，卻說出這般沒氣力的話來。」正在松樹邊鬧動爭說，只見對面松林裏那夥販棗子的客人，都提着朴刀，走出來問道：「你們做甚麼鬧？」那挑酒的漢子道：「我自挑這酒，過岡子村裏賣，熱了在此歇涼，他衆人要問我買些喫，我又不曾賣與他，這個客官道我酒裏有甚麼蒙汗藥，你道好笑麼，說出這般話來？」那七個客人說道：「呸！我只道有歹人出來，原來是如此！說一聲也不打緊，我們正想酒來解渴，既是他們疑心，且賣一桶與我們喫。」七個人立在桶邊，開了桶蓋，輪替換着舀那酒喫，把棗子過口。無一時，一桶酒都喫盡了。那對過衆軍漢見了，心內癢起來，都待要喫。數中一個看着老都管道：「老爺爺與我們說一聲！那賣棗子的客人買他一桶喫了，我們胡亂也買他這桶喫，潤一潤喉也好，其實熱渴了沒奈何！這裏岡子上，又沒討水喫處，老爺方便！」老都管見衆軍所說，自心裏也要喫得些，竟來對楊志說：「那販棗子客人，已買了他一桶喫，只有這一桶，胡亂教他們買喫些避暑氣。岡子上端的沒處討水喫。」楊志道：「既然老都管說了，教這廝們買喫了，便起身。」衆軍健聽了這話，湊了五貫足錢來買酒喫，那賣酒的漢子道：「不賣了！不賣了！這酒裏有蒙汗藥在裏頭！」衆軍陪着笑說道：「大哥，直得便還言語？」那漢道：「不賣了，休纏！」這販棗子的客人勸道：「你這個鳥漢子，他也說得差了，你也忒認眞，連累我們也喫你說了幾聲，須不關他衆人之事，胡亂賣與他衆人喫些。」那漢道：「沒事討別人疑心做甚麼？」這販棗子客人，把那賣酒的漢子推開一邊，只顧將這桶酒提與衆軍去喫，就送這幾個棗子過酒。衆軍謝道：「甚麼道理？」客人道：「休要相謝，都是一般客人，何爭在這百十個棗子上？」衆軍謝了，先兜兩瓢叫老都管喫一瓢，楊提轄喫一瓢，楊志那裏肯喫，老都管自先喫了一瓢，兩個虞候各喫一瓢。衆軍漢一發上，那桶酒登時喫盡了。楊志見衆人喫了無事，自本不喫，一者天氣甚熱，二乃口渴難熬。拿起來，只喫了一半，棗子分幾個喫了。衆軍漢湊出錢來，還那賣酒的漢子。那漢子收了錢，挑了空桶，依然唱着山歌，自下岡子去了。那七個販棗子的客人，立在松樹旁邊，指著這一十五人說道：「倒也！倒也！」只見這十五個人，頭重脚輕，一個個面面廝覷，都軟倒了。那七個客人，從松樹林裏，推出這七輛江州車兒，把車子上棗子都丟在地上，將這十一擔金珠寶貝都裝在車子內，遮蓋好了，叫聲聒噪，一直望黃泥岡下推去了。楊志口裏只是叫苦，軟了身體，扎掙不起。十五人眼睜睜地看著那七個人都把這金寶裝了去。

右之紀事完全出於宣和遺事，原文頗簡而得要，而水滸傳底結構與文采實是青出於藍：

是年正是宣和二年五月，有北京留守梁師寶將十萬貫金珠珍寶奇巧疋段，差縣尉馬安國一行人，担奔至京師，趕六月初一日爲蔡太師上壽。其馬縣尉一行人行到五花營隄上田地裏，見路旁垂楊掩映，修竹蕭森，未免在彼歇涼。片時擡着有八個大漢，担得一對酒桶，也來隄上歇涼，靠歇了。馬縣尉問那漢：「你酒是賣的？」那漢道：「我酒味清香滑辣，最能解暑薦涼，官人試置些飲。」馬縣尉方爲飢渴疲困，買了兩瓶，令一行人都喫些個。未喫酒時，萬事俱休，纔喫酒後，便覺眼花頭暈，看見天在下，地在上，都麻倒了，不省人事。籠內金珠寶貝疋段等物，盡被那八個大漢刼去了。

水滸傳底後編有雁岩山樵底水滸後傳。又水滸傳影響於我國（指日本）底俗文學之大自不待言。翻譯有岡島冠山、曲亭馬琴、高井蘭山等底訓譯，擬作則不但有建部綾足底本朝水滸傳、山東京傳底本朝忠義水滸傳、馬琴底傾城水滸傳等，而且馬琴底八犬傳是學水滸傳的，弓張月是水滸後傳底翻案。水滸後傳有槐翁底譯本，又近來完成的平岡龍城氏底訓譯水滸傳實是苦心之作，可謂學界底奇蹟。然究竟不能與那在木島明神底靈前得受遊仙窟底讀法的學士伊時相比擬。

三國志演義我們都知道是三國底軍談，傳說是羅貫中所作。

三國、宋江二書乃杭人羅本貫中所編云云（七修類稿）

這不過是依據陳壽底三國志小說的地演述而已。漢士人物輩出，前推春秋戰國，後推三國。蓋從漢末底爭亂起至三分鼎立止，董卓、呂布、二袁底忽起忽滅；曹操底戡定羣雄而奄有中原；孫權據父兄之資以割據江東；劉玄德底流寓漂泊，備嘗辛苦後得孔明始開拓運命；隆中底三顧，赤壁底一戰，變轉無極的如走馬燈一樣的局面實古今爭天下的一大奇局，以此演義的三國志，亦說話中的最有趣的了。李義山底驕兒詩中有「或謔張飛胡，或笑鄧艾吃」之句，在東坡志林裏也有左記的一條。

王彭嘗云：塗巷中小兒薄劣，其家所厭苦，輒與錢，令聚坐聽說古話。至說三國事，聞劉玄德敗，頻蹙眉，有出涕者；聞曹操敗，卽喜唱快。以是知君子小人之澤，百世不斬。（卷六）

這樣在唐宋之頃，三國志底軍談或演劇，已經流行起來了。在金元曲目中有赤壁鏖兵、諸葛亮秋風五丈原等題目，在元曲選中收入之隔江鬬智、連環計之二種。不僅於此，就是現在所謂空城計、打鼓駡曹、轅門射戟等三國史劇，也是舊劇中的白眉，幾乎在舞臺上沒有一日不看見綸巾羽扇的諸葛先生，戰袍橫槊的美髯公底英姿的。三國史劇底流行實盛恰如日本忠臣藏之類。

本書全百二十回以宴桃園豪傑三結義開始，降孫皓三分歸一統終局。內容如前所說，據陳壽底三國志而小說的地演述出來的，有史實作根柢，不是如水滸傳與西遊記一樣憑空構想無中生有，任意揮筆，但不免有所拘束。於其中有作者底苦心可以窺見其大手筆。在明謝肇淛底五雜俎裏這樣說：

惟三國演義與錢唐記，宣和遺事，楊六郎等書，俚而無味。何者？事太實則近腐，可以悅里巷小兒，而不足爲士君子道也。

胡應麟也大不滿意於三國志。實際是不能與水滸比較。如東坡志林所說，誰都有同情於劉玄德，對曹操抱惡感，但在本書奸雄曹操底面目，卻躍如成了天眞爛漫可愛的人；重賢謙虛的玄德近於僞君子，忠亮貞節的諸葛孔明卻成了富於權謀的策士，要之，實有一種撥擧的拉倒之感。然無論如何，縱是天下的名文，然西廂誨淫，水滸誨盜，爲名教底罪人。三國志在這點上做爲家庭底讀物是很適合的。實際在明之宮中已成爲皇帝必讀之書，與四書、五經、通鑑等均有內府底刻版。從隆中三顧起到赤壁之戰止，尤其有趣，文章雖是小說體，實是近於雅馴典麗的古文，爽快易讀，所以宜編入漢文教科書中。中國人沒有不讀三國志的，無論怎樣非勸諸君讀讀不可。茲抄錄玄德伴着關羽、張飛第一次訪臥龍岡的一段於左。

次日，玄德同關張並從人等來隆中。遙望山畔，數人荷鋤，耕於田間，而作歌曰：

蒼天如圓蓋，陸地如棋局；世人黑白分，往來爭榮辱：榮者自安安，辱者定碌碌，南陽有隱居，高眠臥不足。

玄德聞歌，勒馬喚農夫問曰：「此歌何人所作？」答曰「乃臥龍先生所作也。」玄德曰：「臥龍先生住何處？」農夫曰「自此山之南，一帶高岡，乃臥龍岡也。岡前疎林內，茅廬中卽諸葛先生高臥之地。」玄德謝之，策馬前行，不數里，遙望臥龍岡，果然清景異常。後人有古風一篇，單道臥龍居處，詩曰：

襄陽城西二十里，一帶高岡枕流水，高岡屈曲壓雲根，流水潺湲飛石髓。勢若困龍石上蟠，形如單鳳松陰裏，柴門半掩閉茅廬，中有高人臥不起。修竹交加列翠屏，四時籬落野花馨。牀頭堆積皆黃卷，座中往來無白丁。叩戶蒼猿時獻菓，守門老鶴夜聽經。囊裏名琴藏古錦，壁間寶劍映松文。廬中先生獨幽雅，閒來親自勤耕稼，專待春雷驚夢回，一聲長嘯安天下！

玄德來到莊前下馬，親叩柴門，一童出問。玄德曰：「漢左將軍宜城亭侯領豫州牧皇叔劉備特來拜見先生。」童子曰：「我記不得許多名字。」玄德曰：「你只說劉備來訪。」童子曰：「先生今早少出。」玄德曰：「何處去了！」童子曰：

「蹤跡不定，不知何處去了。」玄德曰：「幾時歸。」童子曰：「歸期亦不定，或三五日或十數日。」玄德惆悵不已。張飛曰：「既不見，自歸去罷了。」玄德曰：「且待片時。」雲長曰：「不如且歸，再使人來探聽。」玄德從其言，囑咐童子，如先生回，可言劉備拜訪。遂上馬行數里，勒馬回觀隆中景物，果然山不高而秀雅，水不深而澄清，地不廣而平坦，林不大而茂盛，猿鶴相親，松篁交翠，觀之不已。

漢末兵馬倥傯之際，忽有此一幕仙境，恰如在喉渴汗流的炎天的旅行中，得到綠陰流水，實有清風滿懷之感。茲更進而舉其第二次訪問臥龍岡底記事。

三人回至新野，過了數日。玄德使人探聽孔明。「回報曰：臥龍先生已回矣！」玄德便教備馬。張飛曰：「量一村夫，何必哥哥自去，可使人喚來便了！」玄德叱曰：「汝豈不聞孟子云：『欲見賢而不以其道，猶欲其入而閉之門也。』孔明當世大賢，豈可召乎！」遂上馬再往訪孔明。關張亦乘馬相隨。時值隆冬，天氣嚴寒，彤雲密布，行無數里，忽然朔風凛凛，瑞雪霏霏，山如玉簇，林似銀妝。張飛曰：「天寒地凍，尙不用兵，豈宜遠見無益之人乎？不如回新野以避風雪。」玄德曰：「吾正欲使孔明知我慇懃之意，如弟輩怕冷，可先回去。」飛曰：「死且不怕，豈怕冷乎！但恐哥哥空勞神思。」玄德曰：「勿多言！只相隨同去！」將近茅廬，忽聞路旁酒店中有人作歌，玄德立馬聽之。其歌曰：

壯士功名尙未成，嗚呼久不遇陽春。君不見東海老叟辭荆蓁，後車遂與文王親，八百諸侯不期會，白魚入舟涉孟津。牧野一戰血流杵，鷹揚偉烈冠武臣。又不見高陽酒徒起草中，長揖芒碭隆準公，高談王霸驚人耳，輟洗延座欽英風，東下齊城七十二，天下無人能繼踪。兩人非際聖天子，至今誰復識英雄？

歌罷，又有一人，擊桌而歌。其歌曰：

吾皇提劍淸寰海，創業垂基四百載，桓靈季業火德衰，奸臣賊子調鼎鼐。青蛇飛下御座旁，又見妖虹降玉堂。羣盜四方如蟻聚，奸雄百輩皆鷹揚。吾儕長嘯空拍手，悶來村店飲村酒。獨善其身盡日安，何須千古名不朽。

二人歌罷，撫掌大笑。玄德曰：「臥龍其在此間乎？」遂下馬入店，見二人憑桌對飲，上首者白面長鬚，下首者淸奇古貌。玄德揖而問曰：「二公誰是臥龍先生！」長鬚者曰：「公何人？欲尋臥龍何幹？」玄德曰：「某乃劉備也，欲訪先生，求濟世安民之術。」長鬚者曰：「吾等非臥龍，皆臥龍之友也。吾乃穎州石廣元，此是汝南孟公威。」玄德喜曰：「備久聞二公大名，幸得邂逅，今有隨行馬匹在此，敢請二公同往臥龍莊上一談。」廣元曰：「吾等皆山野慵懶之徒，不省治國安民之事，不勞下問，明公請自上馬尋訪臥龍。」玄德乃辭二人，上馬投臥龍岡來。到莊前下馬，叩門問童子曰：「先生今日在莊否？」童子曰：「現在堂上讀書。」玄德大喜，遂跟童子而入至中門，只見門上大書一聯云：「淡泊以明志寧靜以致遠。」玄德正看間忽聞吟詠之聲，乃立於門側窺之，見草堂之上一少年擁爐抱膝歌曰：

鳳翱翔於千仞兮非梧不棲士伏處於一方兮非主不依樂躬耕於隴畝兮吾愛吾廬，聊寄傲於琴書兮以待天時。

玄德待其歌罷，上草堂施禮曰：「備久慕先生，無緣拜會，昨因徐元直稱薦，敬至仙莊，不遇空回，今特冒風雪而來，得瞻道貌實爲萬幸！」那少年慌忙答禮曰：「將軍莫非劉豫州欲見家兄否？」玄德驚訝曰：「先生又非臥龍耶？」少年曰：「某乃臥龍之弟諸葛均也。愚兄弟三人，長兄諸葛瑾，現在江東孫仲謀處爲幕賓；孔明乃二家兄。」玄德曰：「臥龍今在家否？」均曰：「昨爲崔州平相約出外閒遊去矣。」玄德曰：「何處閒遊？」均曰：「或駕小舟遊於江湖之中；或訪僧道於山嶺之上；或尋朋友於村落之間；或樂琴棋於洞府之內；往來莫測，不知去所。」玄德曰：「劉備直如此緣分淺薄，兩番不遇大賢。」均曰：「小坐，獻茶。」張飛曰：「那先生既不在，請哥哥上馬。」玄德曰：「我既到此間，如何無一語而回。」因問諸葛均曰：「聞令兄臥龍先生，熟諳韜略，日看兵書，可得聞乎？」均曰：「不知。」張飛曰：「問他則甚！風雪甚緊，不如早歸。」玄德叱止之。均曰：「家兄不在，不敢久留車騎，容日卻來回禮。」玄德曰：「豈敢望先生枉駕！數日之後，備當再至，願借紙筆作一書留達令兄以表劉備慇懃之意。」均遂進文房四寶，玄德呵開凍筆，拂展雲箋，寫書曰：

備久慕高名，兩次晉謁，不遇空回，惆悵何似！竊念備漢朝苗裔，濫叨名爵，伏覩朝廷陵替，綱紀崩摧，羣雄亂國，惡黨欺君，備心膽俱裂。雖有匡濟之誠，實乏經綸之策。仰望先生仁慈忠義，慨然展呂望之大才，施子房之鴻略，天下幸甚！社稷幸甚！先此布達，再容齋戒薰沐，特拜尊顏，面傾鄙悃，統希鑒原。

玄德寫罷，遞與諸葛均收了，拜辭出門。均送出，玄德再三慇懃致意而別。方上馬欲行，忽見童子招手籬外叫曰：老先生來也。玄德視之，見小橋之西，一人煖帽遮頭，狐裘蔽體，騎着一驢，後隨一青衣小童，攜一葫蘆酒，踏雪而來。轉過小橋，口吟詩一首。詩曰：

一夜北風寒，萬里彤雲厚，長空雪亂飄，改盡江山舊。仰面觀太虛，疑是玉龍鬭。紛紛鱗甲飛，頃刻遍宇宙。騎驢過小橋，獨嘆梅花瘦。

玄德聞歌曰：「此眞臥龍矣。」滾鞍下馬，向前施禮曰：「先生冒寒不易，劉備等候久矣。」那人慌忙下驢答禮。諸葛均在後曰：「此非臥龍家兄，乃家兄岳父黃承彥也。」玄德曰：「適聞所吟之句，極其高妙！」承彥曰：「老夫在小壻家，觀梁父吟，記得這一篇；適過小橋，偶見籬落間梅花，故感而誦之，不期爲尊客所聞。」玄德曰：「曾見賢壻否？」承彥曰：「便是老夫也來看他。」玄德聞言，辭別承彥，上馬而歸。正值風雪又大，回望臥龍岡，悒怏不已。後人有詩，單道玄德風雪訪孔明。詩曰：

一天風雪訪賢良，不遇空回意感傷。凍合溪橋山石滑，寒侵鞍馬路途長。當
頭片片梨花落，撲面紛紛柳絮狂。回首停鞭遙望處，爛銀堆滿臥龍岡。

讀去讀來，興趣如湧，殆不覺終卷了。由此是第三次的臥龍岡訪問，終竟與孔明相會了，聽取三分之策底一段以過長只好割愛了。切望有志的諸君請就原書一讀。

西遊記傳就是丘眞人所作，借以說金丹之旨的。丘眞人卽長春眞人丘處機眞人是山東底道士（登州棲霞人）曾應元太祖之聘，西遊萬里，涉沙漠，行積雪中，千辛萬苦的結果，達於雪山底幕營。其事見於元史底釋老傳。

歲己卯太祖乃變命近臣，持詔求之。處機乃與弟子十有八人同往見焉。明年宿留山北；又明年趣使再至。乃發撫州，徑數十國，爲地萬有餘里。蓋蹀血戰場，避寇叛域，絕糧沙漠，自崑崙歷四載而始達雪山。常馬行深雪中，馬上舉策試

之，未及積雪之半。既見，太祖大悅。

其弟子李志常為此著長春眞人西遊記二卷。然此自是別本。本書是明代無名氏所作，借唐之名僧玄奘三藏入天竺齋佛經以歸的事實，運其絕大的幻想，把佛旨小說的地演述出來。玄奘之傳在舊唐書方伎傳中，其所著大唐西域記即入竺的紀行，極有名的。

僧玄奘，陳氏，洛州偃師人。太業末出家。博涉經論，嘗謂翻譯者多有訛謬，故就西域廣求異本以參驗之。貞觀初，隨商人往遊西域。玄奘既辨博出羣，所在必為講釋論難，蕃人遠近咸尊服之。在西域十七年，經百餘國，悉解其國之語，仍采其山川謠俗，土地所有，撰西域記十二卷。貞觀十九年，歸至京師。太宗見之，與之談論大悅。於是詔將梵文六百五十七部於宏福寺翻譯。（舊唐書）

由此看來玄奘入竺的始末很明白了。然唐人底小說在獨異志裏曾加了多少的粉飾，說：

沙門玄奘，唐武德時往西域取經，行至罽賓國，道險虎豹，不可過。奘不知為計，乃鏁房門而坐，至夕開門，見一異僧，頭面瘡痍，身體膿血，牀上獨坐，莫知來由。

奘乃禮拜勤求僧口授多心經一卷，令奘誦之，遂得山川平易，道路開闢，虎豹藏形，魔鬼潛跡。至佛國，取經六百餘部而歸。（莊嶽委談）

還有，在兪曲園底曲園雜纂中也有關於西遊記的記事數條，其一就是引歐陽修底于役志記揚州壽寧寺藏經院底壁畫上有玄奘取經的圖。又在輟畊錄底院本名目中有所謂唐三藏，在錄鬼簿裏也載有吳昌齡底唐三藏西天取經之目。這樣，玄藏入竺之事，從唐末起已做成了故事，並表現於畫中，至金元之際，且有關於這事實的劇，是很明白的了。小說家本這等的傳奇更取神異經、十洲記等神仙譚做材料。逞其絕大的想像力，設種種妖魔底危害與三徒弟底保護等荒誕繆悠之着想，就作成這一部書。全書一百回。以「靈根育孕源流出，心性修持大道生」始，「以徑回東土五聖成眞」終。

原來東勝神洲傲來國花果山底一仙石，含天地之精氣，生了一石猴。此石猴旋從羣猿在花果山水簾洞內稱爲美猴王。後遊西牛賀洲，從須菩提祖師修仙道，命法名爲孫悟空，學了七十二般變化之術，一個觔斗能飛行十萬八千里，又因入龍宮取得禹王底遺物金箍棒，所以所向無敵，猴王之威不可當。適被召至天上，怒其授官之小，嘗大鬧天宮二次，依佛祖如來底法力纔鎮壓住，監押在五行山下。當玄奘三藏入竺之際，孫悟空其厄已釋，請爲弟子，另外還有猪悟能（卽猪八戒豚之妖精）沙悟淨（卽沙和尙河童之精）二人從之。周流十四年，大小八十一難，備嘗辛苦，幸賴三徒弟底法力，征服羣妖魔怪，漸達天竺，得了三十五部五千零四十八卷的經，於貞觀二十七年返唐京，受太宗皇帝以下的歡迎；再駕香風赴西天，靈鷲峯頭霞彩聚集，極樂世界祥雲靄靄，各得成道正果，爲諸佛羅漢於大衆合掌歸依之中，十方三世一切佛，諸尊菩薩摩訶薩，摩訶般若波羅密底大團圓，遂告終結。在五雜俎上面說：

> 西遊記曼衍虛誕，而其縱橫變化，以猿爲心之神，以豬爲意之馳，其始之放縱，上天下地，莫能禁制，而歸於緊箍一咒，能使心猿馴伏，至死靡他，蓋亦求放心之喻，非浪作也。

總之，全部用比喻，巧於曲寫人類底性情，說去煩惱求解脫底方便，童話的地演述幽玄的佛理。悟元道人評道西遊貫通三教一家之理，槐翁也說在西遊記中的種種的怪談籠著把儒、道、佛三者打成一團的理想。無論怎樣的變幻出沒，荒誕不稽，但在寓意的譬喻談方面其結構底雄大世界多不見其比，比讀以奇幻譎怪見稱的阿剌伯夜話更加感著有趣。試抄錄一二節先敍長安出發的光景：

卻說三藏自貞觀十三年九月，望前三日，唐王與多官送出長安關外。馬不停蹄，早至法雲寺，本寺住持帶領衆僧有五百人，接至裏面，相見獻茶進齋。不覺天晚，衆僧們燈下議論佛門定旨，上西天取經的原由：有的說山遠水高難度，有的說毒魔惡怪難降，三藏箝口不言，但以手指自心，點頭幾度，衆僧們莫解其意。三藏道：「心生種種魔生，心滅種種魔滅，我弟子曾在化生寺，對佛說下誓願，不由我不盡此心。這一去，定要到西天見佛，求經，使我們法輪回轉，皇圖永固。」（第十三回）

這就是玄奘三藏入竺求法的大祈願途中的毒魔惡怪不外人心之煩惱。所謂降伏其惡魔經過大小八十一難，入西天於靈鷲峯頭得佛果，成諸佛羅漢，即是去煩惱求解脫以說明入於悟道的路徑的一篇比喻譚。西遊記著撰的大旨實在此。其想像之幽玄文筆之變幻，隨處都可以發見其例，但經過火焰山時孫行者與牛魔王所演的大戰鬭之一齣，實是八十一難中的最大的，且是出色的大文章。先從其由來說：

話表三藏遵菩薩教旨，收了行者。與八戒沙僧，剪斷三心，鎖韁猿馬，同心戮力，趕奔西天，說不盡光陰似箭，日月如梭，歷過了夏月炎天，卻又值三秋霜景。師徒四衆行處，漸覺熱氣蒸人。三藏勒馬道：「如今正是秋天，卻怎返有熱氣？」八戒道：「聞得西方路上有個斯哈哩國，乃日落之處，俗呼爲天盡頭，若到申酉時，國王差人上城，擂鼓吹角；日乃太陽眞火，落於西海之間，如火淬水，接聲滾沸；若無鼓角之聲混耳，卽振殺城中小兒，此地熱氣蒸人，想必到日落之處也。」大聖聽說，忍不住笑道：「獃子莫亂談！若論斯哈哩國，正好早哩！似師父朝三暮二的，這等擔擱，就從小至老，老了又小，老小三生，也還不到。」八戒道：「哥哥！據你說，不是日落之處，爲何這等酷熱？」沙僧道：「想是天時不正，秋行夏令故也。」他三個正都爭講，只見那路旁有座莊院，乃是紅瓦蓋的房舍，紅磚砌的垣牆，紅油門扇，紅漆板榻，一片都是紅的。三藏下馬道：「悟空！你去那人家，問個消息，看那炎熱之故何也？」大聖收了金箍棒，綽下大袖，徑至門前，那門裏走出一個老者，猛擡頭看見行者，吃了一驚，拄着竹仗喝道：「你是那里來的怪人？在我這門首何幹？」行者施禮道：「老施主休怕我！我不是甚麽怪人，貧僧是東土大唐欽差上西方求經者，師徒四人，適至寶方，見天氣蒸熱，一則不解其故，二來不知地名，特拜問，指教一二。」那老者卻纔放心笑云：「長老勿罪！我老漢一時眼花，不識尊顏，令師在那條路上？請來請來！」行者把手一招，三藏卽同八戒沙僧，牽馬挑擔，近前作禮。老者見三藏丰姿標致，八戒沙僧相貌稀奇，又驚又喜，請入裏坐，教小的們看茶辦飯。三藏起身稱謝道：「敢問公公，貴處遇秋，何返炎熱？」老者道：「敝地喚做火焰山，無春無秋，四季皆熱。」三藏道：「火焰山卻在那邊？可阻西去之路？」老者道：「西方卻去不得，那山離此有六十里遠，正是西方必由之路，卻有八百里火焰，四週圍寸草不生，若過得山，就是銅腦蓋，鐵身軀，也要化成汁哩！」三藏聞言大驚失色，不敢再問。只見門外一個男子，推一輛紅車兒，住在門旁，叫聲賣糕。大聖拔根毫毛，變個銅錢，問那人買糕。那人接了錢，揭開車兒上衣裏，熱氣騰騰，拿出一塊糕，遞與行者，行者托在手中，好似火裏燒的灼炭，只道「熱！熱！熱！難喫！難喫！」那男子笑道：「怕熱莫來這里，這里是這等熱。」行者道：「你這漢子，好不明理，常言道，不冷不熱，五穀不結，這等熱得很，你這糕粉自何而來？」那人道：「若要糕粉米，敬求鐵扇仙。」行者道：「鐵扇仙怎的？」那人道：「鐵扇仙有柄芭蕉扇，求得來。一扇息火，二扇生風，三扇下雨。我們就布種及時收割，故得五穀養生；不然誠寸草不生也。」行者聞言，急抽身走入裏面，將糕遞與三藏道：「師父放心，且莫隔年焦嘆，了糕，我與你說。」長老接了糕，行者對老者道：「老人家，我問你鐵扇仙在那里住？」老者道：「你問他怎的？」行者道：「適纔那賣糕人說，此山有柄芭蕉扇，求得來，一扇息火，二扇生風，三扇下雨。我欲尋他討來，煽息火焰山過去，且使這方依時收種，得安生也。」老者道：「果有此說。你們卻無禮物，恐那聖賢不肯來也。」三藏道：「他要甚禮物？」老者道：「我這里人家，十年拜求一度，花紅表禮，猪羊鵝酒，沐浴虔誠，拜到那仙山，請他出洞，至此施爲。」行者道：「那山坐落何處？喚甚地名？有幾多里數？等我問他要扇子去。」老者道：「那山在西南方，名喚翠雲山。山中有個芭蕉洞，離此有一千四五百里。」行者笑道：「不打緊！我去也！」說一聲，忽然不見。那老者慌張道：「爺爺呀，原來是騰雲駕霧的神人也！」（第五十九回）

這樣，孫行者踏雲一足飛到翠雲山芭蕉洞，訪鐵扇公主羅剎女，欲求借其芭蕉扇。先是在火雲洞因其兒子紅孩兒欲蒸燒三藏，行者殺之，所以公主一聽見是孫行者大怒。卽雙手輪劍來擊。行者無論怎樣求乞宥，但不聽，不得已取金箍棒應戰。公主知不能敵，取出芭蕉扇、颯地一扇，忽然陰風驟起，恰如旋風翻敗葉，把行者吹得無形無影，飄飄蕩蕩一直吹飛到小須彌山。行者幸爲靈吉菩薩所救，且贈以一粒的定風丹，再返翠雲山，就公主求芭蕉扇。公主怒，再與之交戰，取扇來扇，但無論怎樣扇，這囘行者因身帶有定風丹，端然不爲少動。公主驚，急入內鎖門，行者搖身一變，成爲蟭蟟蟲，從門隙間鑽進，窺伺情形，於公主渴而欲飲的時候飛入茶泡之中，等公主把茶一喝就降到公主底肚裏了。行者在肚中現了原身，大暴叫，公主大爲所困，遂把芭蕉扇交與行者。行者大喜，得意洋洋地囘去，到了火焰山，把火一煽，很奇怪地火愈加燃起來了，很危險地一同遭了火傷。這原來是一把假扇子呀！於是行者從了火焰山土地神底指教，至積雷山、摩雲洞訪鐵扇公主之夫牛魔王欲借眞扇。牛魔王新爲狐精玉面公主底贅壻，流連於摩雲洞，已經久棄鐵扇公主不顧。忽見行者來，大怒，擧了混鐵棍就打，行者也執金箍棒應戰，至百十數合，勝負不分。其時因亂石山碧波潭龍王底使者來迎接牛魔王，休了戰，直驅金睛獸赴龍王底招宴去了。行者從後而追了去，到碧波潭，變一個螃蟹入龍宮以探聽牛魔王底消息，心生一計，從水底躍出變作牛魔王的樣子，乘了放在門前的金睛獸直到芭蕉洞。鐵扇公主喜夫之久別重來，毫不知其爲僞，具酒肴大歡待之。行者乘公主之醉，騙取了芭蕉眞扇，且在聽到了其用法的時候，俄而現出原身，大罵公主而去。公主追悔不及，只長嘆息而已。牛魔王宴罷欲歸，卻不見了金睛獸，因先前那螃蟹很奇怪，所以想是孫行者，駕起黃雲徑至翠雲山，向羅刹女，探得仔細，大怒，急趕到火焰山欲取還芭蕉扇。然牛魔王也是強者，亦設一計以欺行者，於是演成驚天動地的大活劇。

話表牛魔王趕上孫大聖，只見他肩膊上掮著那柄芭蕉扇，怡顏悅色而行，魔王大驚道：「猴猻原來把運用的方法兒也叨餂得來了！我若當面問他索取，他定然不與，倘若搧我一扇，要去八萬四千里遠，卻不遂了他意。我聞得唐僧二徒弟豬精，三徒弟沙流精，我當年也曾會他，且變作豬精的模樣，反騙他一場，料猴猻得意之際，必不提防。」好魔王他也有七十二變，只是身子狠犺，欠鑽疾些。他把寶劍藏了，念個咒語，搖身一變，即變作八戒一般臉嘴，抄下路，當面迎著大聖叫道：「師兄，我來也！師父見你許久不回，恐牛魔王手段大，難得他的寶貝，教我來幫你的。」行者笑道：「不必費心，我已得了手了！」牛王又問道：「你怎麼得的？」行者道：「那老牛與我戰經百十合，不分勝負，他就撇了我，去那亂石山碧波潭底，與一夥龍精飲酒，是我暗跟他去，偷了他所騎的金睛獸，變做老牛的模樣，徑至芭蕉洞哄那羅剎女，那婦人與老孫結了一場乾夫妻，是老孫設法騙將來的。」牛王道：「卻是生受了，哥哥勞碌太甚，可把扇子我拿。」孫大聖那知眞假，遂將扇子遞與他，原來他知扇子收放的根本，接過手，不知捻個甚麼訣兒，依然小似一片杏葉，現出本像，開言罵道：「潑猴猻，認得我麼！」行者見了，心中自悔道：「是我的不是了。」恨了一聲，狠得他爆躁如雷，掣鐵棒劈頭便打。那魔王就使扇子搧他一下，不知那大聖先前變蟭蟟蟲入羅剎女腹中之時，將定風丹噙在口裏，不覺的嚥下肚裏，所以五臟皆牢，皮骨皆固，憑他怎麼搧，再也搧他不動。牛王慌了，把寶貝丟入口中，雙手輪劍就砍。他兩個在那半空中，一場相鬭，難解難分。卻說唐僧坐在途中，火氣蒸人，心焦口渴，對土地道：「敢問尊神，那牛王法力如何？」土地道：「那牛王神通不小，法力無邊，正是孫大聖的敵手。」三藏道：「悟空是個會走路的，往常家二千里路，一霎時便回，怎麼如今去了一日，斷是與牛王賭鬭，」叫悟能悟淨「那一個去迎你師兄！一迎，倘或遇敵，就當用力相助，求得扇子來，早早過山去也。」八戒道：「我想著要去接他，但只是不認得積雷山路。」土地道：「小神認得。且教捲簾將軍與你師父做伴，我與你去來。」三藏大喜。那八戒抖擻精神，搴著鈀，與土地縱雲經向南方而去。正行時，忽聽得喊殺聲高，狂風滾滾。八戒按住雲頭看時，原來行者與牛王廝殺哩！土地道：「天蓬不上前，還待怎的？」獃子掣釘鈀，高叫道：「師兄！我來也。」行者恨道：「你這劣貨！誤了我多少大事。」八戒道：「我如何誤事？」行者道：「這潑牛十分無禮。我已向羅刹處弄得扇子來，卻被這廝變作你的模樣，騙了去，又和我在此比併，所以誤了大事也。」八戒聞言大怒，舉鈀罵道：「我把你這遭血皮脹的瘟牛！你怎敢變你祖宗的模樣騙我師兄，使我兄弟不睦。」你看他沒頭沒臉的使釘鈀亂築。那牛王鬬了一日，力倦神疲，見八戒的釘鈀兒猛，遮架不住，敗陣就走。

（第六十一囘）

牛魔王且戰且走，至摩雲洞口，玉面公主放羣妖以援戰。行者與八戒不意爲敵所隔，暫時退囘，再率土地神底陰兵一齊攻入，打破洞口底前門。牛魔王大怒揮鐵棍打出，行者八戒手中各執法物互盡祕術戰鬭。行者與牛王七十二變之術，實忙得眼睛都花了。忽爲飛鳥而翺翔於空中，忽爲走獸而奔走於曠野，有如見飛行機底空中戰爭和「譚克」隊底奮鬭之感。

那牛王奮勇而迎，這場比前番更勝。三個人攪在一處，捨死忘生，又鬭有百十餘合。八戒發起獃性，仗着行者神通，舉鈀亂築。牛王遮架不住，敗陣回頭，就奔洞門，卻被土地陰兵攔住喝道：「大力王那裏走！吾等在此。」那老牛不得進洞，急抽身，又見八戒行者趕來，慌得卸了盔甲，丟了鐵棍，搖身一變，變作一隻天鵝，望空飛走。行者看見笑道：「八戒，老牛去了！」那獃子漠然不知，土地亦不能曉，一個個東張西顧。行者指道：「那空中飛的不是！」八戒道：「那是一隻天鵝。」行者道：「正是老牛變的。你兩個打進此門，把羣妖盡情勦除，拆了他的窩巢，絕了他的歸路，等老孫與他賭變化去。」那八戒與土地依言，攻破洞門，不題。這大聖藏了金箍棒，捻訣念咒，搖身一變，變作一個海東青，搜的一翅，鑽在雲眼裏，倒飛下來，落在天鵝身上，抱住頸項嗛眼；那牛王也知是孫行者變化，急忙抖抖翅，變作一隻黃鷹，反來嗛海東青；行者又變作一個烏鳳，專一趕黃鷹，牛王識得，又變作一隻白鶴，長唳一聲，向南飛去；行者立定，抖抖翎毛，又變作一隻丹鳳，高鳴一聲；那白鶴見鳳是鳥王，諸禽不敢妄動，刷的一翅，淬下山崖，將身一變，變作一隻香獐，乜乜些些，在崖前喫草，行者認得，也就落下翅來，變作一隻餓虎，剪尾跑蹄，要來趕獐作食；魔王慌了手脚，又變作一隻金錢花斑的大豹，要傷餓虎。行者見了，迎着風，把頭一晃，又變作一隻金眼狻猊，聲如霹靂，鐵額銅頭，復轉身要食大豹。牛王看了，急又變作一個人熊，放開脚就來擒那狻猊，行者打個滾，就變作一隻賴象，鼻似長蛇，牙如竹筍，撒開鼻子，要去捲那人熊。牛王嘻嘻的笑了一笑，現出原身，一隻大白牛，頭如峻嶺，眼若閃光，兩隻角似兩座鐵塔，牙排利刃，連頭至尾，有千餘丈長短，自蹄至背，有八百丈高下，對行者高叫道：「潑猴猻你如今將奈我何！」行者也就現了原身，抽出金箍棒來把腰一躬，喝聲叫長長得身高萬丈頭如泰山，眼如日月，口似血池，牙似門扇，手執一條鐵棒着頭就打。那牛王硬着頭，使角來觸，這一場，眞個是撼嶺搖山，驚天動地！有詩爲證：

道高一尺魔千丈，奇巧心猿用力降。若要火山無烈焰，必須寶扇有清涼。黃婆矢志扶元老，木母同情掃獸王。和睦五行歸正果，煉魔滌垢上西方。前同

這眞是天地開闢之初，鬼怪巨靈底大戰鬭也不過如是了。就是驅使熊羆貔貅犀象而戰的黃帝與炎帝、蚩尤之戰於涿鹿、阪泉，終不能與此相比。牛魔王遂以大敗而投歸芭蕉洞去了。這樣，八戒等既屠摩雲洞盡除羣妖而來援戰，共圍住了芭蕉洞。羅剎女從牛魔王聞到首尾大感嘆，說不如把芭蕉洞與行者以退兵，但牛魔王不答應，又整理準備揮兩口寶劍去迎敵，駕狂風離洞府到翠雲山上與行者交鋒。然因被衆神四面圍住攻擊，牛魔王力

屈，遂以降伏歸順佛家。行者等因返芭蕉洞，至則羅刹女作道姑裝束，捧芭蕉扇，磕頭禮拜乞哀。行者向前取扇，與大衆駕祥雲回到東路，謁三藏委細報告。三藏扣頭謝諸神菩薩之恩。行者卽執扇近火焰山用力一搧，則猛火平息，再搧則起了習習的清風，三搧則雲漠漠遮天細雨霏霏降地了。

火焰山遙八百程，火老大地有聲名。火煎五漏丹難熟，火燎三關道不清。特借芭蕉施雨露，幸蒙天將助神兵。牽牛歸佛休頑劣，水火相聯性自平。

於是行者、八戒、沙僧三徒弟再保護三藏前進。眞正身體清涼，足下滋潤，所謂

坎離既濟眞元合，水火均平大道成。

這就是大難大戰底收局。如此很可以窺見去煩惱求解脫的西遊記底眞諦了。

西遊記底評註有淸悟一子底西遊眞詮，與悟元道人底西遊原旨，都以闡明其理法爲務。又西遊記底續編有續西遊記，後西遊記等。

金瓶梅誰也知道是古今第一的淫書，不要多說了。全書百回，取水滸傳中第一的豔話西門慶與潘金蓮底情事爲骨子，加以複雜的描寫而成的。要之，止於西門慶一家底婦女、酒色、飲食、言笑之事。例如西門慶淫過的婦女從潘金蓮始有十九人，男寵二人，意中人三人；潘金蓮所淫過的男子，西門慶外有四人，其意中人爲武二郎。描寫極其淫褻鄙陋的，市井小人底狀態非常逼眞，曲盡人情底微細機巧。其意在替世人說法，戒好色貪財，無奈爲了取材野鄙，到底不能登士君子之堂。然而因爲是反於西遊記底空想，爲極其寫實的小說，所以在認識社會底半面上，實是一種倔強的史料。至其作者或傳說是明之大文豪王世貞，或說是王氏底門人。蓋王世貞恨嚴嵩、嚴世蕃父子殺死其父親王忬，作此書以罵嚴世蕃底昏庸而多內寵。又知道他好讀淫書，且讀時每一頁必以指頭蘸唾翻過，故於每頁底紙角上染置毒藥以謀害之。由其近侍獻進，然因毒濺得輕，世蕃性聰穎，書頁底翻轉極快，不達其目的。尤其是說那述楊椒山以直諫取禍的暴露嚴氏父子底惡狀的鳳鳴記(傳奇)也是王世貞所作的，有關於金瓶梅這樣的妄說，未免誣枉大家太甚了。總而言之，不論是何人所作，若非大手筆，到底不能成這樣一部大書。顧曲雜言說是嘉靖間大名士底手筆。

> 聞此爲嘉靖間大名士手筆，指斥時事，如蔡京父子則指分宜、林靈素則指陶仲文，朱勔則指陸炳，其他各有所屬云。——尙有名玉嬌李者亦出此名士乎。金瓶梅底續編卽玉嬌李。這是因前書以說其報應因果之理的。此書今名隔簾花影。

今通行本叫玉嬌梨的却是別本。

明代小說底傑作，就是上面的西遊記與金瓶梅，但以外有名的還不少。試舉其目錄：

好逑傳 Davis: The Fortunate union.
G. d' Arcy: Hao-Khieou-Tchouan, ou la femme accomplie.

玉嬌梨 Stan. Julien: Yu-kiao-li, ou les deux cousines.

平山冷燕 Stan. Julien: Ping-chan-ling-yen, ou les deux jeunes filles lettrées.

平妖傳

今古奇觀

龍圖公案

女仙外史

兩漢演義

東周列國志

右之中，好逑傳，玉嬌梨，平山冷燕三種是言情小說。我（原著者）往年留學德國於遊威曼爾市，訪席勒爾紀念館時，看見其自筆草稿中有題爲"Hao-kiu-chuan"的一紙片，德國文豪對於中國文學有着深的興味，頗意外地感動了。實際中國戲曲小說類歐文譯意外地多，在哥爾徹氏底漢籍解題裏載得很明白了。又馬琴底俠客傳即出於好逑傳，其松染情史，美少年錄是以今古奇觀作藍本的。平妖傳也是俠客傳，美少年錄之流。龍圖公案是宋底名判官包拯底公案，如日本底大岡裁判一樣。女仙外史是盡忠義於建文帝的宮女底故事，其唐賽兒即俠客傳中姑麻姬底模特兒。又兩漢演義與東周列國志早傳到日本，已被翻譯了。通俗列國志前編稱武王軍談，後編稱吳越軍談；兩漢演義成爲通俗漢楚軍談，通俗西漢紀事，通俗東漢紀事三書，都收在早稻田大學刊行的通俗二十一史中。就中以漢楚軍談與吳越軍談極有趣，我在少年時代是與通俗三國志共爲愛讀之書。

三 紅樓夢

清朝雖是學問興盛的時代，但詩文概不及明代。但是當康熙、乾隆底盛時承明末右文之影響乘開國之氣勢，來文運之隆昌，以至詩宗文豪輩出，就中在俗文學界出現了如金聖歎、李笠翁那樣的大批評家。金聖歎初名采，字若采，後改名人瑞，字聖歎，評撰第五才子書，第六才子書，爲戲曲小說吐萬丈的氣焰。李笠翁名漁，笠翁乃其號。作曲之外，精於論曲，他底著作有閒情偶寄一書。他以爲帝王之國事，以塡詞而得名，大大地推重元曲，至以之與漢史，唐詩，宋文相配。

歷朝文字之盛，其名各有所歸，漢史，唐詩，宋文，元曲，此世人口頭語也。漢書、史記，千古不磨，尙矣！唐則詩人濟濟，宋有文士蹌蹌，宜其鼎足文壇，爲三代後之三代也。元有天下，非特政刑禮樂，一無可宗，卽語言文字之末，圖書翰墨之微，亦少概見。使非崇尙詞曲，得琵琶、西廂以及元人百種諸書，傳於後代，則當日之元，亦與五代、金、遼同其泯滅，焉能附三朝驥尾，而掛學士文人之齒頰哉！此帝王國事，以塡詞而得名者也。由是觀之，塡詞非末技，乃與史傳詩文，同源而異派者也。

在戲曲方面有洪昉思底長生殿，與孔云亭底桃花扇，是可與西廂、琵琶並稱的。小說有紅樓夢，堪與水滸、西遊相當。實際西遊記底幽玄奇怪，水滸傳底豪宕博大，紅樓夢底華麗豐贍，可以之配列天、地、人三才，不獨在中國小說界鼎立爭霸，卽推出於世界底文壇也無遜色。

紅樓夢一名石頭記。其原由在開卷第一就詳細地說述過。據說從前女媧氏煉石補天的時候，在大荒山底無稽崖煉成了高十二丈方二十四丈的頑石三萬六千五百零一塊，只用了三萬六千五百塊。乘下的一塊石被棄於此山底青埂峯下，誰知此石既經過鍛煉，已通靈性，嗟嘆衆石俱得補天只自己因爲無材不能入選，且日夜啼泣着。有一天，一僧與一道士經過，看見一塊鮮明瑩潔的美玉，縮成扇墜那樣大小，恰好可以佩帶，其僧取於掌上，笑着說道，照這原樣纔不見得有趣，須鐫刻幾個文字，使人一見就知道爲奇物纔好。且說，攜你到隆盛昌明之邦（京師），詩書簪纓之族（榮國府），花柳繁華之地（大觀園），溫柔富貴之鄉（紫芝軒）安身樂業去罷。石頭非常喜歡，問其字其處，但僧卻笑而不答，說後日自明白，即袖此石與道士一起飄然而去，終竟不知道往何方，又不知經歷幾世幾刼。後有所謂空空道人者，訪道求仙，經過此地，忽見一大石上字跡寫得分明，從頭仔細看去，原來記的，是因這石不是補天之材，所以幻形入世，茫茫大士與渺渺眞人把他帶到紅塵之中，歷盡離合悲歡、炎涼所有的世態人情，從家庭閨閣底瑣事以至閑情、詩詞、謎語都全備了，只朝代年紀缺而不明。其後有偈一首道：

無材可去補蒼天　枉入紅塵若許年
此係身前身後事　倩誰記去作奇傳

道人再把石頭記細閱，其中大旨雖是談情但其事卻是實錄，絕無假擬、妄稱、私約、偷盟底淫穢，原是君臣、父子、夫婦、兄弟、倫常攸關之所，爲詩人忠厚之至，實非別書所可比。因此從頭至尾都抄錄下來。由此因空見色，由色生情，傳情入色，因色悟空，遂名「情僧，」並把石頭記改爲「情僧錄，」東魯底孔梅溪則題爲「風月寶鑑。」後曹雪芹於悼紅軒中，披閱十載，增刪五度，纂成目錄，分出章回，又題曰「金陵十二釵，」並題一絕道：

滿紙荒唐言　一把辛酸淚
都云作者癡　誰解其中味

這就是石頭記卽紅樓夢底緣起。

這書以那含着通靈寶玉而生的榮國府底賈政底公子賈寶玉爲中心，配之以楚腰纖細的情塊「金陵十二釵」底正册，卽賈家四豔：元春、迎春、探春、惜春，寶玉底愛人林黛玉，後爲正室的薛寶釵，以外就是王熙鳳其女巧姐，以及李紈、秦可卿、史湘雲，道院底尼姑妙玉之十二姬，更以侍妾、丫鬟等十二釵底副册二十四個美人爲副，加之以外家底兄弟，僮僕等總計以男子二百三十五人女子二百十三人錯綜配合，全篇分章爲一百二十回。計畫規模非常偉大，結構細密，用意周到，禍福相倚，吉凶互伏，雖千變萬化，然如線之穿珠，如珠之走盤，情節底概略是很能一貫的了。偶然時日有矛盾，事件缺照應，特別是十二釵中的史湘雲，和妙玉底來歷沒有明記，何時進賈府，實不免粗漏，要之，這只是白璧之微瑕，不足以蔽其眞美。全書滔滔九十萬言，殆是一部倍於史記與水滸傳的大册子，爲古今東西第一的言情小說。以天地底秀氣，不鍾於男子而鍾於女子，女子實是情塊。水滸傳主要的是各式各樣地描寫三十六個男子底剛德，紅樓夢反之，務在各人各樣地發揮金陵十二釵三十六美人底女性美，曲盡溫柔、優雅、淸高、戀愛、執着、嫉妬、淺慮、陰險等所有的情海底波瀾，把男女兩性底悲歡離合，嬉笑怒罵底心理狀態，詳細地演述出來了。雖同是言情小說，卻與金瓶梅大異其趣。這是描寫才子佳人，那是描寫奸夫淫婦，這是描寫紈綺少年，那是描寫市井小人即金瓶梅爲下等社會底談話之類，是記載世間一般的下層的戀愛關係的，頗是卑下的作品，然而紅樓夢是以富貴紅樓底上流社會爲中心的，恰相當於日本底源氏物語，故不妨以此爲士君子底愛玩品。總之，中國是文明之舊邦，文化爛熟之地，人情風俗充分發達，發展之極，則流爲享樂的，遂終於頽廢。例如中國飲食底濃厚一樣，只因爲中國人底性情，是極其複雜的緣故，以喜歡淡泊的刺激與鹽燒的日本民族底單純的性情，到底不是其敵手。實際與中國人初見面的寒暄話，其辭令之巧，眞只有驚服而已。在中國文學裏見到其虛飾之多，也很可以知道其複雜的國民性。餐藜藿食粗糠的人不足與論太牢底滋味，慣於淸貧的生活的，不能與通溫柔鄉裏的消息，窮措大底心理，無論怎樣也是不能領會到紅樓夢底妙文章的了。在這點上，即如我（原著者）就完全沒有談紅樓夢的資格。

閑話休題。先以學究底態度試把賈家底系譜抄錄出來，以示主人翁賈寶玉與十二金釵底關係，如別表。

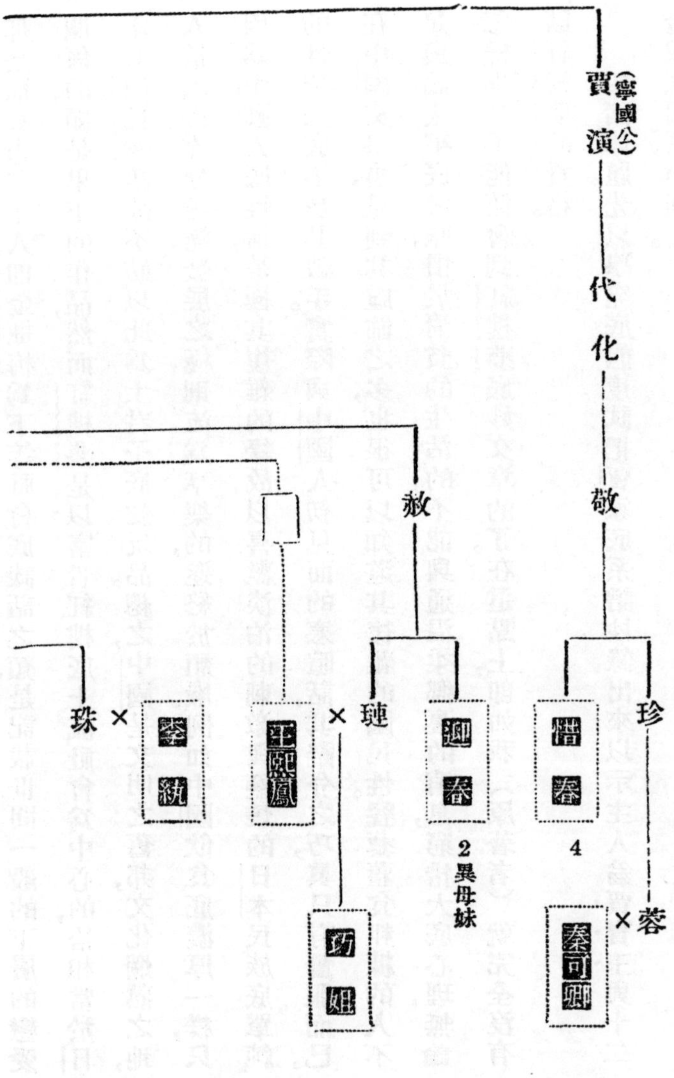

賈演（寧國公）
代化
敬
敷
珍
蓉
秦可卿
惜春
4
迎春
2
異母妹
璉
王熙鳳
巧姐
珠
李紈

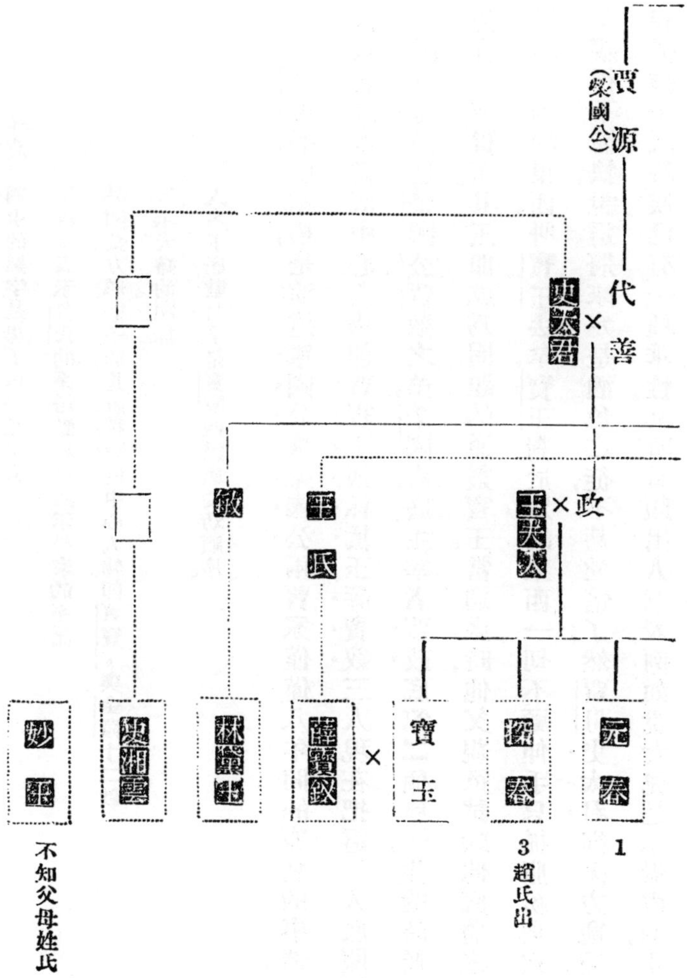
賈源
（榮國公）
代善
史太君
政
王夫人
敏
王氏
元春
1
探春
3
趙氏出
寶玉
薛寶釵
林黛玉
史湘雲
妙玉
不知父母姓氏

注意：圖中的黑字是男子，白字是婦女。
黑線是表示賈氏的系譜，點線是表示外家的系譜。
外圍長方形框子的，是紅樓夢的中心人物。即賈寶玉與金陵十二釵。
×示夫婦的關係。
人名下底數目字，是賈家四豔底長幼順序。

紅樓夢底結構，是演述寧國公與榮國公兩賈家僅僅八年間的盛衰的事情。但這是背景，實際本書底中心人物即賈寶玉與林黛玉，薛寶釵三人，現在把這三人底關係略說一說。寶玉乃是榮國公賈赦之弟，榮國府底主宰者賈政底第二個兒子，生的時候口裏曾含着一塊寶玉。其玉即成爲問題的通靈寶玉。寶玉當週歲時，他父親欲試驗他底將來的志向，擺的種種的東西，叫寶玉去拿，寶玉對於別的東西一切不顧，伸手只抓脂粉與釵環。因此父親很不愉快，說這將來定是酒色之徒，不甚愛惜了；然賈母史太君卻多方寵愛，儘量撫養。從孩子底時候已有一種乖性，其所言頗出人意表，例如說女兒是水做成的，男子是泥做成的；我一見女兒便覺爽快，一見男子便覺煩惱之類。黛玉是寶玉之父底妹敏底女兒，寶釵是寶玉之母王夫人底妹底女兒，與寶玉都是表姊妹。這兩人因家庭底事故，於己酉之歲（紅樓夢正傳底第一年）相尋而來到榮國府。時黛玉僅十一歲，寶釵十二歲與寶玉同年。寶釵很奇怪地在小時從一癩頭和尚，送給了伊一把金鎖。這金鎖與寶玉所有的寶玉，是證明兩人底夫婦緣的。紅樓夢一說作金玉緣就是基於此。風流蘊藉，可以說是古今第一淫人的寶玉，圍繞以正副十二釵的美人，恰如遊戲於千紅萬紫中的蝴蝶。壬子（第四年）底正月十五日因寶玉之姊賈妃（元春）省親，在邸內的大觀園開大遊園會，其盛況難以言語形容，實有天下的富貴集於賈家的觀感。這是賈府全盛的時代。黛玉於絕世美人之上，又加以極聰慧，人品才情實是紅樓夢中第一人，可惜的只是身體多病。寶釵才不及黛玉，然溫柔閑雅，具有一種爲人所愛的女性底素質。譬之如花，則黛玉如梅如蘭，寶釵卻如牡丹。然黛玉是寶玉最愛敬的意中人，兩人深相契於心。黛玉思寶玉情切，終至臥病，寶玉自身也發生了一不祥的事。那就是把寶玉常掛在身上的那塊玉失掉了。由此寶玉如失了神的一般，家內都憂慮非常。賈政因新拜命地方官，想在其赴任前完了寶玉底婚事；因賈母底意見，結果不迎娶他人，就黛玉與寶釵兩人中銓議，以健康的緣故選擇了寶釵配寶玉。事情在綽號鳳辣子的王熙鳳底毒計之下，極其祕密進行，但不意傳到了病中的黛玉耳中。黛玉自信爲寶玉底妻的，自己以外再沒有他人，今聽到這事，驚得氣幾欲絕，直赴寶玉之室問病，寶玉答以並不知道這麼一回事，且笑說：我正爲林姑娘害着病呢。黛玉不堪憂慮，歸到自己房中暈倒吐血，從此病勢轉劇，恰於寶玉喜慶之日，痛哉辭了此世。時當乙卯（第七年）之春，黛玉年十七歲。寶玉自信得與黛玉結婚，非常愉快，迨臨禮堂，那料新婦不是黛玉卻是寶釵。寶玉呆然如夢，驚異悲嘆，又至於病了。先是賈妃薨，兩國府不幸續出，家運漸傾，賈政赴外任，賈母尋亡。寶玉思黛玉不休，醫藥無效，殆陷於瀕死的狀態，家人擁枕憂慮，忽來一僧，拿着寶玉所失掉的玉，求一萬兩的償銀。寶玉拿着那玉在手，一旦蘇醒，然忽又氣絕，寶玉之靈已被那僧導遊幻境，奉神仙之教去了。大旨與曾從警幻仙姑那裏所聽到的相同。（見後）寶玉在天宮底深處，看見黛玉之姿，即欲相近，卻被仙姑斥退，正在望着迎春等一羣女子求救，忽變成鬼怪底形像來打寶玉。寶玉在這進退維谷的時候，又爲那僧所救，從僧那裏聽到世上的情緣卽魔障的話，喝了一聲回去罷，就突然飛去了。寶玉叫了一聲，在牀上再蘇醒過來，翻然悔悟，從此改行如另外一人一樣，大大地發憤以謀挽回家名，丙辰（第八年）之年，應鄉試中舉人第七名，寶釵也旋成爲母底身體，但寶玉不知何時已失所在了。適賈政葬亡母史太君於金陵，在歸途中，雪夜泊舟昆陵驛，忽見一光頭赤脚身穿一領的猩猩紅的外套的人，立在船頭四拜。仔細一看，不是別人，乃是寶玉底和尙裝扮，大驚欲去問話。然來一僧一道士，說俗緣已畢，把寶玉拉去了，三人飄然上岸，歌道：

我所居兮青埂之峯　我所遊兮鴻蒙太空

誰與我遊兮吾誰與從　渺渺茫茫兮歸彼大荒

賈政急追之，終不見其姿。那享盡了紅樓富貴之樂的寶玉，喪失了愛人，感覺世之無常，終於入了佛門了。這就是紅樓夢底要領。

最後又應照前面作結，那僧和道士照舊把玉拿到靑埂峯下置於女媧煉石的原處而去。後空空道人又經過，細讀石頭記恐怕歲久磨滅，再抄錄至悼紅軒以之示曹雪芹請求整理，雪芹先生笑道：這原不過是假語村言，可供二三同志酒餘飯後，雨夕燈下，消閒之樂，不必要大人先生之品題以傳世。空空道人聽之，仰天大笑，擲抄本飄然而去，口中說道：果然是敷衍荒唐。不但作者不知，抄者不知，並閱者亦不知，委之爲遊戲之筆墨，不過陶情適性而已。後人見這傳奇亦曾題了四句的詩：

說到辛酸處　荒唐愈可悲
由來同一夢　休笑世人癡

這就是紅樓夢第百二十回的大結尾。

要之，紅樓夢是滿紙荒唐之言，是演述因情以說色，因色以悟空的悟道的大旨的。那「厚地高天，堪歎古今情不盡，癡男怨女，可憐風月債難酬；」與「假作眞時眞亦假，無爲有處有還無」兩聯，是很能洩漏情海底祕密的全篇的警句。試引那住在離恨天，忘愁海中的放春山遺香洞的太虛警幻仙姑導賈寶玉之靈至太虛幻境，進以美酒，饗以佳肴，命歌姬舞女演紅樓夢仙曲十四遍，然後告戒寶玉的一節以介紹作者底微意。

歌畢，寶玉自覺朦朧恍惚，告醉求臥。警幻便命撤去殘席，送寶玉至一香閨繡閣中，其間鋪陳之盛，乃素所未見之物。更可駭者，早有一位女子在內，其鮮豔嫵媚，有似乎寶釵；風流嬝娜，則又如黛玉；正不知何意。忽警幻道：塵世中多少富貴之家，那些綠窗風月，繡閣烟霞，皆被淫汚紈袴，與那些流蕩女子，悉皆玷辱；更可恨者，自古來多少輕薄浪子，皆以好色不淫爲解，又以情而不淫作案，此皆飾非掩醜之語也。好色卽淫，知情更淫，是以巫山之會，雲雨之歡，皆由既悅其色，復戀其情所致也。吾所愛汝者，乃天下古今第一淫人也！寶玉聽了，唬的忙答道：仙姑差了！我因懶於讀書，家父母尙每垂訓飭，豈敢再冒淫字；況且年紀尙幼，不知淫爲何物？警幻道：非也！淫雖一理，意則有別：如世之好淫者，不過悅容貌，喜歌舞，調笑無厭，雲雨無時，恨不能天下之美女供我片時之趣興，此皆皮膚濫淫之蠢物耳！如爾則天分中生成一段癡情吾輩推之爲意淫。惟意淫二字可心會而不可口傳可神通而不能語達，汝今獨得此二字，在閨閣中固可爲良友，然於世道中，未免迂闊怪詭，百口嘲謗，萬目睚眦；今旣遇令祖寧榮二公剖腹深囑，吾不忍君獨爲我閨閣增光，而見棄於世道，故引子前來，醉以美酒，沁以仙茗，警以妙曲，再將吾妹一人，乳名兼美表字可卿者，許配與汝。今夕良時，卽可成姻，不過令汝領略些仙閣幻境之風光尙然如此，何況塵境之情景哉！而今後萬萬解釋，改悟前情，留意於孔孟之間，委身於經濟之道。說畢，便祕授以雲雨之事，推寶玉入房中，將門掩上自去。那寶玉恍恍惚惚，依警幻所囑之言，未免有兒女之事，難以盡述。至次日，便柔情繾綣，軟語溫存，與可卿難解難分。因二人攜手出去遊玩之時，忽然至一個所在，但見荊榛遍地，狼虎同行，迎面一道黑溪阻路，並無橋樑可通，正在猶豫之間，忽見警幻從後追來說道：快休前進！作速回頭要緊！寶玉忙止步問道：此係何處？警幻道：此即迷津也！深有萬丈，遙亘千里，中無舟楫可通，只有一個木筏，乃木居士掌柁，灰侍者撐篙，不受金銀之謝，但遇有緣者渡之。爾今偶遊至此，設如墮落其中，則深負我從前諄諄警戒之語矣。話猶未了，只聽迷津內響如雷聲，有許多夜叉海鬼，將寶玉拖將下去，嚇得寶玉汗下如雨，一面失聲喊叫：可卿救我！

俄然覺醒，這實是紅樓一齣之夢。全篇底大旨也在此。

紅樓夢底作者如書中所明記的一般，都以爲是曹雪芹。雪芹是曹寅之子，寅字子清號楝亭，漢軍旗人，康熙中爲江寧底織造（官名）頗富貴財，且是風雅之人。雪芹是舉人，其傳雖不明，但是雍正、乾隆時代的人，亦頗文采風流是可想像的。因此作爲紅樓夢底作者，雖則無異議，然除此以外，卻也沒有有力的證據。可是在袁隨園詩話中明說是曹雪芹所撰。

康熙間，曹楝亭爲江寗織造，其子雪芹撰紅樓夢一部，備記風月繁華之盛。中有所謂大觀園者，卽余之隨園也。（卷二）

又槐翁曾在早稻田文學雜誌上，引桐陰淸話，極信成於康熙年間京師某府底幕賓某孝廉之手之說。本書有八十回本與百二十回本，後面的四十回一說是高鶚所續。鶚字蘭墅，乾隆六十年進士，以詩得名，娶張船山之妹，亦是有詩才的人，近頃題爲原本紅樓夢的八十回本在上海出版，然八十回本只是說了一半並沒完結。據通行本之首的程偉元之序說「原本目錄一百二十卷，然只藏有八十卷。其後數年間苦心集了二十餘卷，更又求得十餘卷與同志加以修正，鈔成全部始鐫板」那末，無論怎樣曹雪芹百二十回的計畫，恐怕是有了的罷。後半的四十回，也許還未完成，而爲高蘭墅所續成的。然這因沒有確證，所以從結構而論，從文筆上看，作爲成於一人之手較穩妥。其文體不但是純粹的北京官話，且風俗習慣底一切，都是北京化的，所以究非北京人不能做出。我以爲還是照着古來所說作爲曹雪芹所編好了。而其年代大概是乾隆初年。如開首緣起所說，恐怕曹雪芹也是有一種原本作根據而纂成的。實際曹楝亭是一個愛書家，其家想是藏着有許多的珍書祕本之類。這些書就是紅樓夢底粉本了。至於影寫曹雪芹以後的事情，自然這是後人底補筆。爲了參攷，姑引俞曲園之說於此。（春在堂叢書曲園雜纂小浮梅閒話）

　　此書末卷自具作者姓名，曰曹雪芹。袁子才詩話云：曹楝亭康熙中爲江寧織造，其子雪芹撰紅樓夢一書，備極風月繁華之盛，則曹雪芹固有可考矣。又船山詩草有贈高蘭墅鶚同年一首云：豔情人自說紅樓。注云：傳奇紅樓夢八十回以後，俱蘭墅所補。然則此書非出一手。按鄉會試增五言八韻詩，始乾隆朝，而書中敍科場事已有詩，則其爲高君所補可證矣。（自注：納蘭容若飲水詞集有滿江紅詞，爲曹子清題，其先人所構楝亭，卽曹雪芹也。）

曲園直以曹子淸爲曹雪芹，殊不知子淸是雪芹之父寅之字。（葉德輝先生筆談）

在紅樓夢裏所記的，既是當時貴族社會底寫實，但主人翁賈寶玉究是影寫何人，攷究起來，是很有興味的問題。其第一是納蘭成德說。據曲園雜纂：

紅樓夢一書，膾炙人口，世傳爲明珠之子而作。明珠之子何人也？余曰：明珠子名成德，字容若，通志堂經解，每一種有納蘭成德容若序，卽其人也。

明珠是滿洲底世族，在康熙朝爲宰相。其子納蘭成德從少年時代就有才名，康熙十五年賜進士出身，極得皇帝底寵愛，但不幸於康熙二十四年以三十一歲而亡。成德長於塡詞，與朱竹坨，陳迦陵齊名，其集名飲水詞。遊於徐健菴之門，與一時名士嚴蓀友、姜西溟等交尤厚，在滿洲人中，如他那樣的學力文才的人實在沒有。因是翩翩的風流貴公子，擬以賈寶玉的資格是充分的。且以兩人底事跡、性行比較也是很符合的。曹雪芹之父寅與成德爲深交，記中的逸事，說是從父處聽到的。這是從來爲一般人所相信的一說。

第二清之世祖順治帝說。在王夢阮、沈瓶菴所共撰的紅樓夢索隱之提要裏這樣說破過：

蓋嘗聞之京師故老云：是書全爲淸世祖與董鄂妃而作，兼及當時諸名王奇女也。

即「世祖曾納冒氏之妾董小宛爲妃，因董妃不幸早世，帝傷感不已，遂遁跡於五臺山爲僧。這就是所謂情僧，林黛玉不外是董妃底影寫。紅樓夢之作，畢竟是諷刺世祖的。」然順治帝與秦淮名妓董小宛實際年歲非常相差，（小宛於順治八年以二十八歲而亡，時帝纔十四歲）其謬妄不待論。其說在石頭記索隱底附錄董小宛考裏詳細地辨明了。

第三康熙帝底廢太子胤礽說。這是石頭記索隱底著者蔡元培氏底主張。蔡氏爲我（著者）在德國留學時相識的一人，爲南方派底重要人物，第一次革命後任教育總長，現爲北京大學校長。學問淹博，識見高邁，其說頗足傾聽，特爲介紹。蔡氏在其卷首揭破道：

> 石頭記者清康熙朝政治小說也。作者持民族主義甚摯。書中本事，在弔明之亡，揭清之失，而尤於漢族名士仕清者，寓痛惜之意。

即以紅樓夢底紅字影射朱字，意謂明朝（姓朱）或漢人；石頭記即指明之舊都金陵（今南京，古名一云石頭城），賈府是僞朝（賈假同音假借）之意，係指清朝，賈寶玉是僞朝底帝，系以寶玉爲傳國璽之義；並以廢太子胤礽底事跡與賈寶玉底事跡對照。又以書中的男子是指滿人，女子是指漢人，以金陵十二釵的美人擬淸初的江南學者，加以細評。例如：

林黛玉……朱竹垞

薛寶釵……高江村

探春……徐健菴

王熙鳳……余國柱

史湘雲……陳其年

妙玉……姜西溟

惜春……嚴蓀友

寶琴……冒辟疆

劉老老……湯潛菴

之類是。以外各人要一一盡舉實是至難，強勉爲之，則陷於傅會。然大體卻是有趣的研究。

其所本是出於郎潛紀聞底徐柳泉之說。

紅樓夢一書，卽記故相明珠家事。金釵十二皆納蘭侍御所奉爲上客者也。寶釵影高澹人，妙玉卽影西溟先生。

小說叢考底編纂者錢靜方氏底紅樓夢攷（石頭記索隱附錄）也有同樣之說。但不如蔡氏所說的詳。博引旁索，精比細較，如蔡氏可以說是熟讀紅樓夢的了。

蔡氏爲民國時代的人，所以極明顯地以民族主義說紅樓夢，但在淸朝底時代一般以爲誹謗滿洲朝廷，發露滿洲貴族家庭底隱事，很遭滿人底忌諱，其版遂被毁。然隨毁隨刻的結果，到底不能廢絕。且愈加流行起來，評之贊之猶不足，並演之，繪之，刻之以至所有的模樣、裝飾、家具、食器等無不受紅樓夢底影響。就是在會話中也以用其語句爲得意，其流行之勢力，實是很雄厚的。紅樓夢底作者底深意雖在諷諭，但因爲是腐敗的上流社會底內情底寫實，在讀得很有興趣的時候，不知不覺精神上便受了影響，流行享樂主義，而成爲耽溺、淫蕩、墮落、頹廢了，消耗青年底元氣，莫此爲甚，簡直與鴉片的毒沒有兩樣。於是紅樓夢底亡國論就因之而起了。然以一管的綵筆，能左右天下之人心，至於如此，實具有一種不可思議的力。文章眞是經國的大業，不朽的盛事哩！興國自有興國的文學，亡國有亡國的文學，文學以之可以興國，以之也可以亡國，不但要十分注意選擇書籍，且讀的方法也不可不研究。一概說是亡國的文學而專意排斥的，猶之看見酒底弊害而強行禁酒一樣，也是極其不徹底的論調。因爲那樣的固陋的見解，到底不能指導世間底人心。唯讀的人底理解極重要，所以這是應預爲注意的。

紅樓夢底續編甚多。有紅樓夢補，紅樓後夢，紅樓續夢等；以外還有紅樓夢賦，紅樓夢詩，紅樓夢詞，紅樓夢論贊，紅樓夢譜，紅樓夢圖詠，紅樓夢散套，紅樓夢傳奇等等。把這等搜集攏來就能很出色地成立了一種紅樓夢文學。中國人呼此爲紅學。還有英譯有 Rene-raft Joly底譯本二册，但只到第五十六回止。日文譯的就我所知，僅有最近岸春風樓氏底新譯紅樓夢與關天彭氏底紅樓夢傳奇梗概（中國戲曲集）。這都是因爲如紅樓夢那樣的名文讀起來實不容易。說從事翻譯，必得有非常的大手筆與努力，總該有一部完全的紅樓夢底訓譯出現罷，我不勝切望着。

除了紅樓夢，清朝底小說殆不可見。先把就中有名的書目舉出，則有：

笠翁十二樓

兒女英雄傳

儒林外史

品花寶鑑

鏡花緣

花月痕

等。李笠翁底十二樓（合影樓、奪錦樓、三與樓、夏宜樓、歸正樓、萃雅樓、拂雲樓、十卺樓、鶴歸樓、奉先樓、生我樓、聞過樓）是短篇的值得讀的小說。兒女英雄傳是燕北閑人所作，說是反對紅樓夢而作的，爲滿州人底武勇故事。在北京官話底研究上，是與紅樓夢共爲必讀之書。儒林外史是暴露那空老科場間的書生氣質的，品花寶鑑是相公（美少年）底祕密故事，鏡花緣是描寫周遊海外的情形的，花月痕是才子底佳話。在考察中國底人情風俗，研究中國底國民性上這些都是重要的材料。

近來西洋底翻譯品與新小說盛行，不單是揭載於新聞及雜誌上，且有小說月報等的專門底雜誌。中國到底是大國，是古文之邦。清末革命以來，英雄乘時而起，爭亂無止時，際此生民流離四百餘州鬼哭啾啾，獨上海租界別有天地，學士文人多來此避亂，使文藝復興，以林紓等爲始，新進的作家輩出，加之關於戲曲小說底出版物陸續刊行，這是很可驚服的了！從彙刻傳奇叢書數十種起，出版了讀曲叢刊，（錄鬼譜、劇說、外五種）五代平話、京本通俗小說、傳奇彙攷、宋元戲曲史、顧曲塵談、小說叢考、梨園佳話（以上四本係商務印書館刊行的洋裝小本）等得見從來不容易得的書籍，得聞前人未發的學說，眞乃後學之餘慶！加以近來我國（指日本）也盛開此種的學風，在前說過，接近諸君子底新研究，啓蒙得益，實是稱心如意的事！余於此謹祝兩國間國民文學界之隆昌，而作爲本講話底獲麟。

附錄

論明之小說「三言」及其他

我於上學年在大學編中國小說史底講義，其時於調查各種材料的必要上麻煩了內閣文庫，宮內省底圖書寮及上野圖書館，偶然發現了一種非常珍奇的材料，竟有爲從前著宋元戲曲史的王國維氏，與近來著中國小說史的北京大學底魯迅周樹人氏等所還未曾見的書籍，現卻發見已傳到日本，驚喜非常，同時並把這樣的貴重的東西傳來到我國的事廣爲介紹給各位。於時因斯文會有研究部底講演底請求，所以並想請其與漢學會一同舉行，且稍邀集同學和同好的諸位，把這等的書籍底介紹說一說，斯文會照樣承諾，且給與了種種的便宜，特別給我印刷目錄，我很感謝。又，雖然也許不能說是世界有一無二，但總之把那到今日爲止，雖中國人還沒見過的非常貴重的材料，爲了學術研究，尤其是對於允許把書籍拿到書庫之外的內閣文庫、宮內省圖書寮、帝國圖書館底當局諸位，以及因借用此書籍而給與以種種便宜的大學當局諸位，更是首先應該表示感謝的。

現在在這裏所要說的，是以明代底小說三言爲中心而窮究其源流並影響，更把其在日本有一種怎樣的影響大體地說一說。

原來所謂小說底起源在中國可說是很早。漢書藝文志既區分有所謂小說家底部門，而說明爲「街談巷語，道聽塗說者之所造也。」這還是說的世俗底談話似的。其所蒐集的，雖總共明記着爲「小說十五家千三百八十篇。」但這些作品元早已都不傳了。總之是起於漢代，經六朝而漸漸發達，至唐代而大盛。現在在漢魏叢書中所收，那名爲漢代底小說的，大抵出於六朝人底假託。究竟說起來，小說底發達與一般文化之發達一起，不能不俟唐代。唐人底小說頗有趣味，在洪容齋底隨筆中也極口稱贊地說：

唐人小說，不可不熟。小小情事，悽惋欲絕，洵有神遇而不自知者，與詩律可稱一代之奇。

其小說就是所謂傳奇。全是文人底餘業成於文士之筆。因而文體頗麗，多用豔麗綺縟的文言體。其中也有用四六駢儷體極其固定的作品，故特名爲傳奇，例如海山記、會眞記、劍俠傳就是。而眞正的國民文學以俗語作成的小說，必得要說是創於宋代。所謂譯詞小說一般都說是創於宋代的。然而一件事實底發生，不是在其顯著之時就成功了，必有其源流可尋的。我們要知從唐末以來，已經有用俗語體作小說的萌芽了。當唐之中葉以後發生有所謂塡詞的東西，其中就有用俗語作的。所以與塡詞底流行同時，用俗語作的小說也就從唐末到五代跟着發生了。現在從燉煌所發掘的書籍中，可看作爲小說底源流的即有好幾種。先年京都狩野博士漫遊英法時，在倫敦底博物館與巴黎底圖書館調查其材料，已經在雜誌藝文上發表過了。因爲如此的緣由，所以雖說是創始於宋，但其源流說是在於唐代也無妨的。即是，唐之小說一方有豔麗的文言體，同時又已經有以俗語作的小說了。我想從此主要，即就這種目錄說，覺易明白，所以現在即與目錄相引證來說罷。

最初先引用的，是在元之陶宗儀底輟耕錄所說的唐有傳奇，宋有戲曲唱，諢詞說。

的話，諢詞說即諢詞小說底略稱。所謂諢詞即是笑話底意義，是說用俗語作的小說。想即是我國（指日本以下同）底講談落語之類。

其次在明郎瑛底七修類稿就說得稍詳了。

小說起宋仁宗。蓋太平盛久，國家閒暇，日欲進一奇怪之事以娛之，故小說得勝頭迴之後，即云話說趙宋某年。

這裏可注意的即小說創始於宋仁宗之時，明確地把時代斷定了。所謂「得勝頭迴」是用於話頭一轉或「元來」的處所的話。這雖不十分明白，然大概是得勝而迴轉馬頭底意義，喜樂緣起的語句罷。有名的水滸傳起初在前面雖寫了許多，但一入正文卻是立從仁宗皇帝時說起的。

話說大宋仁宗天子在位，嘉祐三年三月三日云云

即是因仁宗之時，宋興恰百年，仁宗恰是如諡號一樣的仁君，且太平久，文化醞釀，許多的

遊戲文學類多是在這時產出的。其事在宋之孟元老底東京夢華錄中有所謂「京瓦技藝」一條，在那裏面，把北宋底都會卽汴京底繁華的情形述說出來了。主要的是徽宗皇帝時代的事，都下遊藝的種目，並舉出其專門藝人底名。其中有講史、小說、說諢話、說三分、五代史等，既把說三分與五代史從一般的講史分開來，這是值得注意的事。說三分卽是三國志底軍談，已經進而有所謂三國志專門的講談師了。更在東坡志林中也說到當時民間也有三國志底講談的事。

> 王彭嘗云：塗巷中小兒薄劣，其家所厭苦，輒與錢令聚坐聽說古話。至說三國事，聞劉玄德敗，頻蹙眉，有出涕者；聞曹操敗，卽喜唱快。以是知君子小人之澤百世不斬。（卷六）

北宋之都因爲金所陷，不得已高宗南渡，都於臨安（杭州），作爲南宋。孝宗之時通南北稍得小康，文物之盛至稱小元祐。因而戲曲小說之類頗盛。其事在宋之耐得翁底都城紀勝、吳自牧底夢粱錄、周密底武林舊事等書裏明載着。據此，當時的遊戲文學底盛況很可見了。在都城勝紀裏說：

> 說話有四家一者小說，謂之銀字兒，如煙粉靈怪傳奇。說公案，皆是扑刀桿棒及發跡變態之事。說鐵騎兒，謂士馬金鼓之事。說經，謂演說佛書。說參請，謂賓主參禪悟道等事。講史書，講說前代書史文傳興廢戰爭之事。

而各部門名人輩出，在夢粱錄裏有說話人底名。這書全是倣東京夢華錄之體而成功的，以兩書比較起來，很可以知道北宋與南宋底風俗。不憚煩地都鈔錄在這裏。說明之語，有少許不同，還有意義不明白的地方，很覺困難的。

> 說話者謂之舌辯。雖有四家數，各有門庭。且小說名銀字兒，如煙粉靈怪傳奇公案扑刀桿棒發跡參請之事。有譚淡子、翁二郎、雍燕、王保義、陳良甫、陳郎婦、棗兒徐二郎等，談論古今，如水之流。談經者，謂演說佛書。說參請者，謂賓主參禪悟道等事，有寶庵、管庵、喜然和尚等。又有說諢經者，戴忻庵。講史書者，謂講說通鑑漢唐歷代書史文傳興廢爭戰之事，有戴書生、周進士、張小娘子、宋小

娘子、邱機山、徐宣教。

還有在武林舊事裏也有「諸色伎藝人」之條，列舉演史二十三人，說經諢經（陳眉公祕笈本無諢經二字）十七人，小說五十二人，說諢話一人之名。其中也有女流數人加入，是很值得注意的。今把以上四書示圖如左：

（北宋）（東）	小說　說諢話	講史——說三分　五代史	
（南宋）（都）	小說（銀字兒）——說公案	講史——說鐵騎兒	說經　說參請
（同上）（夢）	小說（銀字兒）	講史	談經　說諢經　說參請
（同上）（武）	小說　說諢話	演史	說經　（諢經）

如右表小說與講史四書都有，可謂最盛，說經三書，說諢話、說諢經、說參請僅有二書，都是從到了南宋纔盛的。而說公案因是關於裁判的事，所以收入於小說之中，說三分、五代史

是講史的小別。三國是英雄輩出之時古今爭天下的奇局。五代史想是因直當宋前故事底根據多的緣故罷。說鐵騎兒是對於以小說作銀字兒而特指戰爭的武戲的，想是當時的一種市語罷。平易地說：小說即是講談，說諢話即落語，講史即軍談，說經即說教之類，說參請即如禪宗問答之類，說諢經即阿呆陀羅經底流亞。

這樣在宋代小說雖很流行，但能說是傳到現在的，不過宣和遺事、京本通俗小說二種、五代平話、唐三藏取經詩話底四種。除宣和遺事外，三種都是最近的覆刻本，但至今日四種都有新式標點本，實有三日不見便當刮目相看之感。在這方面的中國學界底活躍，實有了不起之勢，不勝欣快。

宣和遺事誰也知道是徽宗、欽宗父子二帝底二代記。前半是徽宗底盛時，如帝伴高俅等微行金環巷訪名妓李師師一段是很豔縟的，但後半反之，是述汴京底陷落，尤其是敍二帝底北狩，實在極其悽愴。但作者不能明知，只末尾有

世之儒者謂高宗失恢復中原之機會者有二焉：建炎之初，失其機者潛善、伯

彥偷安於目前誤之也。紹興之後，失其機者，秦檜爲虜用間誤之也。中原之境土未復，君父之大仇未報，國家之大恥不能雪，此忠臣義士之所以扼腕，恨不食賊臣之肉而寢其皮也歟！

的話，從憤慨高宗底不得恢復中原看來想是南宋人所作；但又從卷首陳摶列舉卜都之地而說是一汴、二杭、三閩、四廣看來，覺得也許是宋之遺臣作的了。那裏所陳列的本子，是民國三年上海掃葉山房底石印本二册，題爲仿宋本，卽黃氏士禮居底藏本底影印，在蕘翁之跋裏有「板刻甚舊，以卷中惇字避諱作悙證之當出宋刊」之語，但究是怎樣，不得而知了。

五代平話有二本，可說是在東京夢華錄中的五代史底稿本。所陳列的是董康氏底誦芬室底新刊，題爲「景宋殘本五代平話」，把梁唐晉漢周五代各分上下，十卷中可惜的，梁史與漢史皆缺下卷。

京本通俗小說六卷二本，這也是缺本，從第十卷至十五卷止，是影寫元人底寫本底影印。其中當時通行的略字俗字之類，用得很多，卻很有趣，雖是缺本，然是極其珍奇的史料。其目錄如左：

第十卷碾玉觀音　第十一卷菩薩蠻　第十二卷西山一窟鬼　第十三卷志誠張主管　第十四卷拗相公　第十五卷錯斬崔寧　第十六卷馮玉梅團圓

都是短篇小說，宋代說話本底面影是歷然可見的。文體也頗用通俗體與宣和遺事、五代平話底文體很有不同。在錢遵王底也是園書目裏有宋人詞話一條，僅舉錯斬崔寧與馮玉梅團圓二種，不知是什麼理由。而在江東老蟫底跋文裏斷言宋人詞話是宋人評話之誤。王國維辨道所謂「詞話」是因有詞有話而名的（大唐三藏取經詩話跋）。眞的，從宣和遺事在也是園書目收入於詞話十六種之中看來，覺得前說似不錯，但依取經詩話想來，後一說好像是對的。到底是怎樣，很難斷定了。還有在江東老蟫底跋文裏：

尙有定州三怪一回，破碎太甚；金主亮荒淫兩卷過於穢褻，未敢傳摹。

有這樣的話，既有所謂定州三怪一本，但不曾刻版實是遺恨。而金主亮荒淫之兩卷其後題爲「金虜海陵王荒淫」一作爲京本通俗小說第二十一卷出版。但這與以前的本子不同，雖說是照宋本刊，然卻是活字排印的，無論怎樣是不滿意的。又文體也全與前異，比較宣和遺事還要更近於古文，那是什麽緣故呢？或是所謂京本通俗小說因爲是湊合的集子，所以文體也就不統一，或者是這一篇經過後人之手，把其面目改變了的呢？又據在後來的醒世恆言中的金海陵縱慾亡身，恐怕是僞作也未可知哩。總之，不得見其原文，這是很可惜的。因之據繆荃孫底跋文說：

京本小說爲虞山錢遵王述古堂藏書。其前碾玉觀音、馮玉梅團圓、拗相公、西

南一窟鬼等七種，已藝風老人影寫刊行。餘此一卷以穢褻棄之。

則前面的江東老蟫即藝風老人繆荃孫已明白了。

唐三藏取經詩話一本，卽有名的西遊記底源流，已早因高桑駒吉君在新聞上介紹過了。在此鈔錄王國維氏底跋文以明這書之傳來。

宋槧本大唐三藏取經詩話三卷，日本高山寺舊藏。今在三浦將軍許。闕卷上第一頁，卷中第二三頁。卷末有「中瓦子張家印」款一行。中瓦子爲宋臨安府街名，倡優劇場之所在也。……此書與五代平話、京本小說及宣和遺事體例略同。三卷之書共分十七節，亦後世小說分章回之祖。其稱詩話，非唐宋士大夫所謂詩話，以其中有詩有話，故得此名。其有詞有話者則謂之詞話。……書中載玄奘取經皆出孫行者之力，卽西游演義所本。又考陶南村輟耕錄所載院本名目，實金人之作，中有唐三藏一本，錄鬼簿載元吳昌齡雜劇，有唐三藏西天取經，其書至國初尚存。也是園書目有吳昌齡西遊記四卷，曹楝亭書目有西游記六卷，無名氏傳奇彙考亦有北西游記云。今用北曲元人作，蓋卽昌齡所撰雜劇也。今金人院本元人雜劇皆佚，而南宋人所撰話本尚存，豈非人間希有之祕笈乎？乙卯（民國四年）春海寧王國維。

王氏極口讚歎，誠非無理的。然而更有足使王氏驚歎的，那就是王氏歎息爲已經佚於人間，終究不能得見的元人雜劇西游記六本，最近卻在我宮內省圖書寮底藏書中發見了。這果眞是吳昌齡所作與否，王氏在其所著曲錄中尙懷疑著，然使王氏實際一閱此書，那想是非常狂喜的罷。又以外還有一本相同的大唐三藏取經記藏於德富蘇峯翁底成簣堂文庫中，更足爲我學界之誇了。這也與前所記三浦氏底本子都是依羅振玉氏之手以付影印的；讀他底雪堂校刊羣書敍錄中的宋槧本三藏取經記殘本跋就很可知道，但因不是我所有的，所以現在單是陳列取經詩話。這不是「取經詩話，」卻是「取經記，」這是非常有興致的。但敍錄中有「名稱雖異而實是一書」的話，且又是殘本，不足以補詩話本之缺，很覺遺恨了。雖都說是高山寺底舊藏，但値得驚異的，就是更調査奈良、京都底古寺，尤其是高野山底舊藏，則覺著什麼也被埋藏了。也許還有如今日喧傳於世的燉煌底發掘以外的珍本出現罷！很希望大家努力，把諸家底舊藏陸續發表。

追溯大唐三藏取經記（宋）——西遊雜劇（元）——西遊記（明）底系統，他日緩緩研究有得，還是要重仰高教的。

其次到了元代，我們都知道元時雜劇非常流行。與雜劇底流行同時諢詞小說也大勃興起來。其一層是因爲蒙古人乘戰勝的餘威，入中原樂土，醉心漢族底文明，而投足於娛樂方面的結果，歡迎雜劇與小說；同時還有一層就是爲知道實際的中國底歷史，故作爲知道人情風俗的捷徑來學的罷。實際讀古典的漢文，在蒙古人已經是很難的了，要是俗語體怎樣能讀呢。後來就是明代賜於西域的詔書，特別也有用俗語的例。就是我們居在東京聽講談，或是看戲的機會殆沒有，要是住在外國的時候，爲知道那裏的風俗和歷史，卻屢次地領略又領略。在元代雜劇與小說底所以勃興的，也就是受了這種的影響罷。於其中爲了名人輩出，故更加增其氣勢了。元代底小說有水滸傳與三國演義稱爲雙璧，就欲知道元代底水滸三國底眞面目，到今日卻極其困難。在流傳的長時間中，不知經過多少人之手，每經過一次，多少必改變其面目，從各種的傳本看來，很可曉然了。即以水滸傳而論，有百回本、百十回本、百十五回與百二十回等諸本，在近來出版的新式標點本之首的胡適氏底考證，詳細地把其來歷說明了。在我內閣文庫底藏本中，也有李卓吾評的百回與百二十回的二種，又有英雄譜的百回本，都是珍本。這樣哪一本是水滸傳底原本，竟完全不知道。實際在元之時產生有施耐菴羅貫中那樣的人，且編纂水滸傳、三國志那樣的小說，然說到哪一種果然是施耐菴底原本或羅貫中底原本，到今日卻無由得知了。元來元這一個時代，文化底程度一般並不高到如此。就是風靡一代的雜劇，如現在無流傳的元曲選頗加入他人之筆是明白的事實，況水滸、三國那樣大部的小說，完全說是成於明人之手，也覺著可以。胡適氏曾把元之文學不留餘地地批難過。明之中葉以後，因文學非常盛行，所以依其時代的人，而加以批評，同時並隨意改竄這事是無可疑的。不必待金聖歎與毛聲山在其前恐怕已由李卓吾或鍾伯敬等很加了一番修正。而且每次少許變改其面目。至聖歎外書而面目遂以一新，呈所謂「李郭易營旌旗改彩」之偉觀。

而且，在那裏列陳的有內閣文庫所藏的全相平話一書，對於認識元朝小說底眞面目，這實是唯一無二的文獻。雖不過是一小說，但在今日小說史底研究上，卻是極重要的史料。可惜的這是破本，全體有多少種不得而知了。有如「參考書目」——

武王伐紂書　三卷
樂毅圖齊七國春秋後集　三卷
秦併六國　三卷
呂后斬韓信前漢書續集　三卷
三國志　三卷

這五本十五卷以外就沒有了，雖是這少許，以片麟亦足以窺龍之全體。其中三國志底封面裏的上欄，用小字橫書「建安虞氏新刊」，其下有繪圖，下半以大字把「新全相三國志平話」分書作縱的兩行，其中間還有「至治新刊」四小字是縱書的。至治是元英宗底年號，在位三年。建安是縣名，今屬福建。虞氏是發行書店底姓。全體始於何代，終於何代，雖不明白，然既說「七國春秋後集」其有前集是無疑的，又有所謂「前漢書續集」想必還有正編，又在前漢書與三國志之間，大概還有後漢書罷。他書姑且不說，茲就三國志說一說。三國是英雄輩出局面旋轉無極，二袁、董卓、呂布等忽起忽滅，曹操之霸業欲成而一蹶於周郎底赤壁，孫權據父兄之資建國於江東，孔明感劉玄德三顧之恩出草廬遂定三分之策雖欲恢復中原再興漢室，然時不利大星空落於五丈原等如走馬燈一樣的局面，實古今爭天下的一大奇局。前後九十七年間如楚漢一樣，而無那麼不滿足的處所，如春秋戰國一樣，而又不那麼複雜，是恰得其當的。三國底說話從早就傳於俗間，在李義山底驕兒詩中有「或謔張飛胡，或笑鄧艾吃」二句看來在唐時已流行關羽、張飛底話而爲一般小孩所摸擬了。據前所引的東坡志林與都城紀勝之文，可知在宋代很盛行。其稿本卽宋之話本，雖已失傳是很可惜，但這全相平話中的三國志實元代三國評話底好標本。文體也並不怎樣是俗語，其中有把史記底文句，照樣寫下的處所，很足以證明元朝底文學底低級了。這卽是羅貫中所編纂的三國演義底源流。

羅貫中之傳不詳。最近謝無量氏著平民文學之兩大文豪雖舉出羅貫中（小說）與馬致遠（雜劇），至在其傳記裏只說「羅貫中名本，其歷史不甚可考，」並無別話。因周亮工底書影作爲洪武初人，所以大概做爲元末明初的人是可以的。其所編纂的三國演義，從第一回宴桃園豪傑三結義、斬黃巾英雄首立功，起至第一百二十回薦杜預老將獻新謀、降孫皓三分歸一統，止全部分爲百二十回，更前後分爲兩段，則可作爲二百四十回，爲全相平話底十倍，實有雲泥之隔。在那裏陳列明版的三國志有四種。

新刊校正古本大字音釋三國志通俗演義

萬歷十二年周氏刊　十卷十二本　內閣文庫藏本

新鍥京本校正通俗演義按鑑三國志傳

萬歷三十三年聯輝堂刊　二十卷八本　同前

重刻京本通俗演義按鑑三國志傳

萬歷三十八年閩楊氏刊　同前

新鍥全像大字通俗演義三國志傳

明刊（萬歷？）　二十卷八本（缺）

其中第一是大本極有莊重之觀。其他三種與閩之楊氏刊「鼎鐫京本全像西遊記」一相同，全相平話同樣在上欄每頁全部都有繪圖。看此很可以窺見萬歷文化底一斑了。在明代三國志大流行而有殿版，余（著者，以下同）在湖南時，聽見葉德輝先生說過，但不幸未曾得見。聽說蘇峯翁底成簣堂藏有那同樣的本子，與唐三藏取經記相同，很切望把其祕笈公布於世。

其次是經毛聲山手定所謂聖歎外書第一才子書三國志。毛宗崗是金聖歎底後輩，在三國志首的聖歎底序，我早就懷疑。依聲山所說，是據古本以校定事實，然所謂古本頗有可疑之點，恰與聖歎底帳中秘書古本水滸傳同樣，恐怕是他自己腹中的東西罷。據其凡例，毛氏曾有增減事實修正字句的事，是很顯著的。別的事姑置不論，我想把全相平話三國志（元）——羅貫中編三國志（明）——毛聲山評三國志（清）三者作爲一系統去研究，可以考知元明清三朝底通俗三國志底沿革，是很有趣的。

總之明之文化在其中葉，因前後七子輩出，至明末而達於爛熟。當是時國勢漸傾，外迫於夷狄，內則流賊橫行，內地非常不安，唯江南一帶，土地比較地安寧，且因爲離了北方底政爭而成爲文人墨客底淵叢。各種文學於是遂發達起來了。恰如從清朝之末到民國之初，上海租界別一天地，脫了北京底政爭，以致新的文學，非常勃興，有同一之感。元來如戲曲小說，不出於國運正盛之時，卻稍盛於衰頹的時期，這無論怎樣，覺得有點不可思議似的。或者文化爛熟了，軟文學一盛，國家就會衰亡罷。所謂文學亡國論，就是從這等處發生的，也未可知哩。要之無論怎樣，都是一種不可思議的因緣。

閑話休題，從此要說本論底「三言」了，但先必得把「三言」底編纂者馮夢龍說一說。馮氏底事蹟，在明史底文苑傳卻不會見，幸從四庫全書提要裏發見了，在提要中馮氏所著春秋衡庫之條裏有

明馮夢龍撰。夢龍字猶龍，吳縣人，崇禎中由貢生官壽寧縣知縣。

這點點的附注。卽明末人。吳縣卽今蘇州。縣之選拔生後在福建壽寧縣作知事，這是他底

官歷。依其著述與其題跋底落款等看來，一稱作龍子猶。大概因字猶龍，所以附會成這名詞的罷。在小說裏不用眞的名字乃戲用猶子龍之號也未可知哩，又有墨憨齋之號。長於詞曲小說。其著書之中有智囊、智囊補、譚槩、牌經、笑府、折梅箋等。小說則增補了那稱爲有名的羅貫中底原撰的平妖傳。其他新列國志、西漢演義、盤古誌傳、有夏誌傳、五朝小說等也說是訂補或鑒定過。而小說「三言」確是他所編纂。他也作過傳奇，在王國維氏底曲錄裏有雙雄記、萬事足、風流夢、新灌園四種。而余所寓目的在宮內省圖書寮所藏「傳奇四十種」中有：

墨憨齋新灌園傳奇——古吳張伯起創業　同郡龍子猶更定

墨憨齋重定量江記——池陽聿雲氏原編　姑蘇龍子猶詳定

墨憨齋詳定酒家傭傳奇——姑蘇陸無從欽虹江二稿　同郡龍子猶更定

這三種，都是八行二十一字的同樣的版式。恐怕都是「墨憨齋傳奇定本十種」中的三種罷。倘能得見原本十種則幸甚。（後從京都帝國大學鈴木豹軒博士處得知藏有馮氏灑雪堂傳奇）而且名其詩集爲七樂齋稿，又於前所引的春秋衡庫之外，還有別本春秋大全、燕都日記、中興實錄、中興偉略等撰述。所謂中興即指明末福王底建國，而中興偉略（正保三年和刻本）底引中有「恭迓唐王監國，固守閩廣一隅」之句，題爲「七十二老臣馮夢龍恭撰。」唐王監國當清順治二年三年時期，假定是順治二年，則從此逆算，至萬曆二年卽其誕生之年。在智囊底自敍裏有「東吳之畸人也」一語，是抱有用之材，而不遇以終其世的人了。一面頗文彩風流，在另一面時際國難，又披瀝着愛國的至情，元是極其多情多感的熱血男子。

所謂「三言」並不是他自己底著述，其家多藏，是從古今小說中編纂而成的。其中宋元以來的說話，大概也留存得不少罷。而「三言」是天啓中所編纂的，並不是一時所作，是在數年間順次發行的。爲便宜起見，把後面卽空觀主人底拍案驚奇兩編與今古奇觀併列表於左。

年			
天啓1	古今小說		
	喻世明言		
4 甲子	警世通言		
5			
6			
7 丁卯	醒世恒言	拍案驚奇(初)	
崇禎1			
2			
3			
4			
5 壬申		拍案驚奇(二)	今古奇觀
17			今古奇觀

這樣，「三言」中最初出的是「明言，」因這是古今小說底改名再版，所以先順序從書目底第三古今小說開始。

三　全像古今小說　四十卷　五冊　內閣文庫所藏

封面的裏面有書店底廣告。

小說如三國志水滸傳稱巨觀矣。其有一人一事可資談笑者，猶雜劇之於傳奇，不可偏廢也。本齋購得古今名人演義一百二十種，先以三之一爲初刻云。

天許齋藏版

據這種說明，則好似以雜劇爲短篇，而傳奇是長篇。在「三言」裏的皆一人一事的短篇小說。從全體一百二十種中先刻了三分之一的四十種。天許齋大概是書店底名罷，是什麼地方底書店，卻不很知道了。且有綠天館主人底序。這綠天館主人是什麼人也不知道。

其序中有云：

按南宋供奉局有說話人，如今說書之流。……茂苑野史氏家藏古今通俗小說甚富因賈人之請抽其可以嘉惠里耳者凡四十種，畀爲一刻。余顧而樂之，因索筆而弁其首。

綠天館主人題

茂苑野史大概就是馮猶龍了。在左太冲底蜀都賦裏有「佩長洲之茂苑」之句，所以茂苑不妨看作長洲底異稱。長洲爲吳縣，卽今之蘇州，又稱爲古吳或姑蘇。馮氏因賈人——恐怕就是天許齋——之請，選了四十種使出版的，卽這書了。精圖每卷一頁，共四十幅，舉於卷首。其目錄如別表。仔細檢點內容，則有關於春秋的二種，漢三種，梁（南朝）二種，唐三種，五代四種，宋金合十九種，元二種，明五種。宋朝特別多的頗值得注意，大概把那時代底說話都保存着了。而喻世明言完全是其改版，這二書都藏於內閣文庫，能明白地知道兩者底關係誠幸事哩。

四 喻世明言 二十四卷 六本 內閣文庫所藏

這書封面底背面也有書店底廣告，天欄外橫題「重刻增補古今小說」數字。

綠天館初刻古今小說 十種，見者侈爲奇觀，聞者爭爲擊節，而流傳未廣，閣置可惜。今板歸本坊，重加校訂，刊誤補遺，題曰「喩世明言」，取其明白顯易，可以開口人心，相勸於善，未必非世道之一助也。 藝林 衍慶堂謹識

據此則這衍慶堂書店是由天許齋轉讓的。但何故不說天許齋而說「綠天館初刻」呢？姑暫存疑好了。所謂藝林，不是地名；想是書林之意。由古今小說四（一字空白）十種減爲二十四種，雖重刻增補，未見相當，但在古今小說裏所無的，卻在醒世恆言裏重出二種，在警世通言裏重出一種。故所以說增補。其目錄後表中不另舉，於古今小說、通言、恆言底標題上附以號碼以示區別。序文是把在古今小說上的綠天館主人之序照原樣錄出，繡像因而也只二十四頁。目錄裏有「可一居士評，墨浪主人校」，但是什麼人都不得而知了。

其次是警世通言，這不見載於內閣文庫底目錄。在魯迅氏底中國小說史略裏斷言

明言通言都「今皆未見」而引王漁洋底香祖筆記底一條，

警世通言有拗相公一篇述王安石罷相歸金陵事極快人意乃因盧多遜謫嶺南事而稍附益之。

從這看來，在京本通俗小說裏的拗相公底話可知是出於通言了。又在本朝奚疑齋主人底小說粹言底封面後面雖是未刊，然見有「拗相公飲恨半山堂」之名，這是採自通言不容疑義了。倘是採自通言，則奚疑齋主人必得已看見這篇，那無論怎樣，通言定是傳到日本的了，然而找尋這期待卻總不曾看見。其後偶然從長澤文學士處得到了，在其圖書室所藏「舶載書目」之中發見了警世通言底目錄的好消息，眞令人喜出望外。「舶載書目」是把當時從清國舶載於長崎的書籍在有司底手邊一一記錄下來的。由現在看來，是一樁極有益的事，因這可以知道是一種怎樣的書傳來日本了。可惜的全部五十八冊，只是從元祿第八乙亥起至寶曆甲戌年（四年）止，以外就未曾記錄。其他不知散逸於何處去了，未曾記錄下來，誠屬遺恨。然而就是僅這少許能殘留着，實是難得，古人底精力很好，是堪佩服的。尤其是第五十八册，全部是小說，有三十種。自然，其他小說類也意外地多，如某年曾到了水滸傳廿四部，金瓶梅十一部，但對此就是求文堂也應退避三舍了。而且「三言」之中不是明言與恆言卻單是通言得鈔錄下來，豈非天幸！其第五十册在寬保三年底點查書目中亥十四號有左記的題言。

警世通言　八本

自昔博洽鴻儒，兼採稗官野史，而通俗演義一種，尤便於下里之耳目，奈射利者而取淫詞，大傷雅道，本坊恥之。茲刻出自平平閣主人手授，非警世勸俗之語不敢濫入，庶幾木鐸老人之遺意，或亦士君子所不棄也。

三桂堂王振華謹識

序　天啓甲子豫章無礙居士題

目　可一主人評

無礙居士校

照他書的例，這題言都在封皮裏面，無礙居士底序文，大概是因其長未曾寫下了。天啓甲子卽天啓四年，明言就是在其二三年前成功的。總之，船載書目底鈔錄，誤字甚多，很覺難讀，然所謂平平閒主人，覺着也不免有脫誤之所。木鐸老人、無礙居士都不明其爲何許人。其目錄詳見另表。據此則「拗相公飮恨半山堂」之外，還有「王荆公三難蘇學士」等數篇，收在小說粹言之中，所以奚疑齋主人曾得見通言的事愈加確實了。後來因便得知佐伯文庫底藏書目錄中，載有「警世通言十本」。但其藏書底一部分，罹了祝融之災，恐怕不能看見了。載在「舶載書目」的是八本，與文庫本底十本，大概不同罷。總之，倘若已經傳來了，則在日本國中總該有什麽地方保存着的。而且中國不必說，倘更伸手向歐洲各處去廣爲搜查，更不是被埋藏在什麽地方，還是有一線的希望的。切望大家底指示。

五　醒世恆言　四十卷　十六本　帝國圖書館所藏

「三言」之中以恆言爲最多，魯迅氏也曾看見過，在內閣文庫藏有二部，帝國圖書館藏有一部。又京都帝國大學圖書館也有一部，法國巴黎底國民圖書館也好像有一部，平山男爵也藏有一部。在內閣文庫底二部之中，甲種乃是明版，每版十行二十字，行間有格，欄外有短評，完全與喻世明言同式，繡像也有，但封皮裏面沒有題言。唯中央大書「醒世恆言」，右上記「繪像古今小說」，左下記「金閶葉敬池梓」。金閶不知是何處地名，或者因蘇州有所謂閶門底城門，恐怕就是蘇州罷。所謂葉敬池書肆即墨憨齋新編的新列國志底發行所，是書底封面裏面記着有：

正史之外，厥有演義，以供俗覽。然亦非庸筆能辦。羅貫中小說高手，故三國志與水滸並稱二絕。列國兩漢僅當具臣。墨憨齋向纂新平妖傳及明言通言恆言諸刻，膾炙人口。今復訂補二書，本坊懇請先鐫列國，次當及兩漢，與凡刻迥別，識者辨之。

金閶葉敬池梓行

等話，想是與墨憨齋極有深緣的書店。然乙種則是廣行的本子，與帝國圖書館底本子完全相同。只這邊的大小要較小，每版十二行，每行廿二字，行間無格，繪圖也沒有，版式看來顯著地劣，無論怎樣，除清版不曾見有此種樣式。但封皮裏附有如下面的題言。

本坊重價購求古今通俗演義一百六十種。初刻爲喻世明言，二刻爲警世通言，海內均奉爲鄴架珍玩矣。茲三刻爲醒世恆言，種種典實，事事奇觀，總取木鐸醒世之意，并前刻共成完璧云。

藏林 衍慶堂謹識

衍慶堂即前喻世明言出版的書店，這既是甲種之版與明言同式，雖無分別，但因甲種是葉敬池所梓行，所以三言底出版所有綠天館與天許齋（以上古今小說）衍慶堂（明言與恆言）三桂堂（通言）葉敬池（恆言）底關係紊亂着，全不可解。或者是同一個書店底別號，或者是改名，他日有暇還當仔細從事調查。無論甲種或乙種都有可一居士底序。但其落款的上部的「可一居士」底篆字則體格不同，尤其是下部的「理學名家」不但不同體，而且一是白字，一是黑字，總之乙種底本子頗壞。茲節錄其序如左。

六經國史而外，凡著述皆小說也。而尚理或病於艱深，修詞或傷於藻繪，則不足以觸里耳而振恆心，此醒世恆言四十種所以繼明言通言而刻也。明者取其可以導愚也，通者取其可以適俗也，恆則習之而不厭，傳之而可久。三刻殊名，其義一耳。

天啓丁卯中秋隴西可一居士題於白下之棲霞山房

其所以名爲「三言」的理由很明白，「三言」完全是同一樣的東西，其把墨憨齋底古今小說百二十種，分爲三回刻出的關係，也很明白了。即是古今小說因天許齋而最初刊行，其經衍慶堂之手，而成爲喻世明言的是天啓初年，其四年通言在三桂堂出版，最後天啓七年丁卯之年，是葉敬池底恆言底梓行。恆言底目錄詳見另表，但把這分類起來是漢二種，隋三種，唐八種，五代一種，宋金十一種，明十五種。本書也與喻世明言同樣是可一居士評墨浪主人校，這樣看來，「三言」都是可一居士所評，恆言且有可一居士底序，可一居士也許是衍慶堂主人底別號，未可知哩。

其次就是拍案驚奇二種，這是即空觀主人所編纂的。

六 拍案驚奇 三十六卷 合五本 帝國圖書館所藏

自序

宋元時有小說家一種，多採閭巷新事，爲宮闈承應談資，語多俚近，意存勸諷。……龍子猶氏所輯，喻世等諸言，頗存雅道，時著良規，一破今時陋習。如宋元舊種，亦被蒐括殆盡。……因取古今來雜碎事可新聽睹佐談諧者，演而暢之得若干卷。

即空觀主人題於浮樽

七　二刻拍案驚奇　三十九卷 附宋公明鬧元宵雜劇一卷　八本　內閣文庫所藏

序文

即空觀主人者，其人奇，其文奇，其遇亦奇，因取其抑塞磊落之才，出緒餘以爲傳奇，又降而爲演義，此拍案驚奇之所以兩刻也。

壬申冬日睡鄉居士題幷書

自序

丁卯之秋……偶戲取古今所聞一二奇局可紀者演而成說聊舒胸中磊塊，……同儕過從者索閱一篇竟，必拍案曰奇哉所聞乎！爲書賈所偵因以梓傳請，遂爲抄撮成編得四十種……其爲柏梁餘材，武昌剩竹，頗亦不少。竟不能恝，聊復綴爲四十。則其間說鬼說夢，亦眞亦誕，然意存勸戒，不爲風雅罪人，後先一指也。

崇禎壬申冬日卽空觀主人題於玉光齋中

右二種底編纂比「三言」稍後，已如前表所揭。序中丁卯之秋，是天啓七年卽恆言發表的時候，崇禎壬申是崇禎五年，二編後於初編五年。然這卽空觀主人是什麽人呢？要確實知道又不是容易的事了。幸據王國維底宋元戲曲史知道就是明之凌濛初，但是與馮夢龍同樣其傳不可考。據四庫全書提要則在其聖門傳詩嫡冢之條裏記道：

明凌濛初撰。凌濛初字稚成，烏程人。

烏程在淸朝是浙江湖州底屬縣，在民國爲吳興縣。凌濛初以外，還有言詩異詩逆國門集等著述，又有世說新語及世說新語補兩書底校訂。

世說新語——宋劉義慶撰，梁劉峻注，明凌濛初訂

世說新語補——何良俊撰補，王世貞刪定，張文柱校註，凌濛初攷訂

前者在欄外有「凌初成曰」底評註，後者在章紱的序中有「惟吳縣凌初成原刻，悉遵古本」之語。吳興與烏程同一地，初成聽說即凌濛初之字。檢查他種文獻在盛明雜劇第二集虬髯翁之撰者即「吳興初成凌濛初」，且在同是烏程人的周中學底鄭堂讀書記卷六十五世說新語補之條裏明註着「吾鄉初成濛初」，所以初成是凌濛初之字，愈加的確了。雖與提要底「凌濛初字稚成」不合，但總之也有 名而二字的。又在丁氏底善本書室藏書志卷二十一的世說新語之條裏有「此更爲凌瀛初校刊耳」底話，這與前面凌濛初所訂之本自然有別，所以瀛初與濛初不是一人。

世說新語——宋劉義慶撰，梁劉孝標注，明王世懋批點，後學凌瀛初校。

在其序文後「吳興凌瀛初識」文中有「嗣後家弟初成」之語，瀛初是濛初之兄已判然了。又在葉先生（德輝）底書林清話卷八裏有——

朱墨套印。明啓禎間有閔齊伋、閔昭明、凌汝亨、凌濛初、凌瀛初皆一家父子兄弟，刻書最多者也。

底話，先生好似是以濛初爲兄瀛初爲弟，不知實際是怎樣哩。總之，話說到原處，我們對於解決卽空觀主人卽凌濛初底問題要是看見了卽空觀主人底落款，就容易知道了。此事曾詢問過古城氏，他說記憶着在閔刻西廂記底卽空觀主人識之下蓋有一印。急翻閱閔刻本，確有印影二顆，上是「濛初之印」下爲「初成氏」。於是卽空觀主人——凌濛初——初成這問題就完全解決了。但劉氏暖紅室彙刻傳奇叢書底第二種西廂十則本，雖是閔刻本底覆刻，但僅有「卽空觀主人識」，卻無印影。故這種的問題，還有待於考證。

西廂十則本中也有曲話，其一條舉出凌初成所論，又前面說過的在盛明雜劇第二集中的虬髯翁雜劇也是他所撰，所以他對雜劇造詣極深，很可知道了。因此繼墨憨齋底「三言」而編纂拍案驚奇，這也容易承認了。拍案驚奇有二刻見於唉花主人底今古奇觀之序。但其字體頗難讀，如後來引用的有「卽空觀主人壺矢代興，爰有拍案驚奇兩刻。」

每刻四十種，兩刻爲八十種，再加「三言」底百二十種，所以說「合之二百種。」在魯迅氏小說史略裏做爲「爰有拍案驚奇之刻」◎這是錯了的。到底怕是因爲看見過二刻拍案驚奇的緣故罷。這拍案驚奇兩編，在我國都現存着，今日能看見，實是藝林底重寶了。

拍案驚奇在帝國圖書館有一部，內閣文庫雖也藏着，但後者是袖珍版，且文字稍有異同。前者是明末之版，有密圖三十六幅。據二刻拍案驚奇底序雖有四十種，但實際只有三十六種。其內容是唐六種，宋六種，元四種，明二十種。「二刻」也雖有四十種。但因最後一種是雜劇所以只有三十九種，繡像也有三十九幅，版式是極美觀的明版。（想料初編也是與這同樣的版本的。）其內容是春秋一種，宋十四種，元三種，明十六種，不明白五種（明？）

在這里拍案驚奇二編都可算完了，然還有一新的發見，且將惹起很困難的問題。說來就是在那「舶載書目」第二十五本享保十一年（當清雍正四年）所傳來的書目之中，有一種完全與前面不同的拍案驚奇。試舉其目錄如左，但誤字多，其中且有不能讀的字，猜讀的字頗不少。縱然明是誤字，也姑且照樣地寫下了。

拍案驚奇　壹部　十本

序末　仲夏孤山夢覺道人漫書

目次

發棺蘇呆壻　女識更無雙　擒兒智借神　因雀引明冤

卷五

八兩殺二命　奇顛淸俗累　血指害無辜　良緣狐作合

一雷誅七兇　仙術動朝廷　金冠雪枉法　伉儷草能偕

卷六

夫妻還假合　藏珠符可護　猴冠欺御史　冤家原自結

明友卻眞緣　貪色檄能誅　皮相顯眞人　兒女債須還

卷七

緣投波浪裏　院裏花空憶　爲傳花月道　修齋邀紫綬

恩向小廳親　湖頭計更奸　賈講差使書　說法騙紅裙

卷八

淫貪皆有報　竊篆心雖巧

僧俗總難逃　完璧計尤神

到這爲止缺八卷底後半和九十兩卷。單看目錄與前面的拍案驚奇已全然不同。因「拍案驚奇」並不是特別的名詞，所以以此用作小說底命名也未可知哩。另外沒有可考的材料，姑照原樣記於此以存疑。

再其次就是今古奇觀。或題爲古今奇觀。爲序文底字體明瞭起見，特別借用了東京外國語學校所藏的本子。版式大概是淸版罷。

八　今古奇觀　四十卷合十二本　東京外國語學校所藏

至有宋孝王以天下養太上，命侍從訪民間奇事，日進一回，謂之說話人。而通俗演義一種乃始盛行。……墨憨齋增補平妖，窮工極變，不失本末，其技在水滸三國之間。至所纂喻世、警世、醒世三言，極摹人情事態之歧，備寫悲歡離合之致。……卽空觀主人壺矢代興，爰有拍案驚奇兩刻，頗費蒐獲，足供談麈，合之二百種。卷帙浩繁，觀覽難周。……而抱甕老人先得我心，選刻四十種，名爲今古奇觀。

姑蘇咲花主人漫題

右序文咲花主人又有題作松禪老人的，但其傳未詳。據此則是從墨憨齋底「三言」，卽窓觀底拍案驚奇兩刻共二百種中抱甕老人選出了四十種這事雖然明白但最重要的抱甕老人是什麽人卻不知道了。然其序文中甚尊禮明朝如「皇明」擡頭，或闕字或說「我明」，從這等處所推來也許確是明末之人或明之遺老。目錄詳見附表其中三十九種各種的出所都判明了，唯「念親恩孝女藏兒」一種不知是出自「三言」「二刻」底哪一篇，卻不甚明白。倘仔細考察內容想必可以發見的。這三十九種出於古今小說的八種，這八種中有在明言的五種，自通言取了十種，恆言十一種，拍案驚奇七種，二刻拍案驚奇二種。又把這依時代分別起來，爲春秋戰國三種，漢一種，唐六種，五代一種，宋九種，元二種，明十八種。「三言」與拍案驚奇兩刻底編纂年代，已如前表所揭，今古奇觀底編成，大概是從崇禎六年至十七年之間。這樣一來，有明一代的文化，受了前後七子底影響，至萬歷而達於爛熟之頂，其餘勢及於天啓崇禎間，墨憨齋卽空觀等並起編纂古今小說、三言拍案驚奇兩刻，抱甕老人最晚出今古奇觀遂以集其粹。當明末國運傾頹之時，文運卻不稍衰，這是非常不可思議的。這到了淸初，且成爲康熙乾隆底文運隆昌之基。

那裏還陳列有長澤文學士所藏的今古奇觀數種，中有數條被删削。恐怕還是禁書的緣故罷。然而因書而異，其所删削的部分，有少許不同的，並不是官廳底檢查怎樣嚴格，恐怕還是因各人底隨意取捨選擇所致。我們看了這點，很可以想像今古奇觀是怎樣地風行於世了。在北京官話也有金國璞氏所譯的數篇。又如目錄裏所有的一樣，作為通俗今古奇觀已在文化中（清嘉慶年間）由淡齋主人譯出了莊子休鼓盆成大道、趙縣君喬送黃柑子、賣油郎獨占花魁三種，以下雖有續刻，但初帙五册之外，遂未出版了。近來名家染筆於是書的不少。更有法德英等各國語底譯本，今古奇觀今已馳名於世界了。

附記——在最近的通報第二十四卷載有法國底東洋學者拍利奧氏關於今古奇觀的研究(Le Kin Kou Ki Kouan, par Peliot) 從神田文學士處得了注意，急取來一閱，見論其源流曾引咲花主人之序，凡論到三言及拍案驚奇，誠佩服之至。其所見的今古奇觀題為喻世名言二刻，且好似是出於「墨憨齋手定」「吳郡寶翰樓」的，今乘宇野博士渡歐的機會，已託其至巴黎訪拍利奧氏，就國民圖書館一調查其原本了。

以上大略從明代底小說「三言」起，至拍案驚奇兩編，今古奇觀止，可算說完了，以下就把這等書傳到本邦（指日本）以來，在小說界受了一種怎樣的影響撮要說一說。

在日本所謂小說「三言」是指岡白駒譯的小說精言，小說奇言及奚疑主人譯的小說粹言，然通稱爲岡白駒底「三言」。岡白駒播磨人，字千里，又稱太仲，號龍洲。少年時徙居攝津西之宮，以醫爲業，後赴京都，改醫爲儒，下帷教授。爲人英邁而有大志，不欲以詩人出發，專作經史底傳註，以經學者自任，明和四年（當清乾隆三十二年）以七十六歲沒。又通小說俗語，所謂「三言」卽是其手譯的「三言」底目錄如次。

九　小說精言　四卷五册

裏面封皮

小說亦一家已，葑菲胡累於下體，海舶攸貢年以百佳，俚言駴人，微直愛居之鐘鼓也。龍洲先生所譯，意義渙釋，宛乎如面聽西人謦欬，粤壽梨棗，以廣其傳。据此斬之，三隅其庶矣。風月堂主人譯文拱識。

自序

小說者史之裂也。……南宋孝宗以天下養太上皇，倦勤之餘，牽黄臂蒼，不足以娛其心，迺命侍從，日訪民間奇事，以給逍遙之具。於是通俗演義一種乃始盛行。夫小事不足以動聽，卽衍而廣之，引而偉之，機抒緣飾，遂成一場奇聞矣。或快人情所欲，或洩衆心所憤，無聊之極思，其閒彰善癉惡，勸戒與奪，樹之風聲，實良史之遺意也。……獨至乎平常俚言，不啻耳之侏離，卽載之筆，亦謂之鴃舌，惟攻諸象胥，學者不講。夫國音自資用，奚必華音，而至讀不能句，實學人之大闕也。……屬者有小說者，余譯以付之，又別爲之譯義。

寛保癸亥春三月望西播岡白駒序

目錄

一、十五貫戲言成巧禍（醒）　二、喬太守亂點鴛鴦譜（醒、今）
三、張淑兒巧智引楊生（醒）　四、陳多壽生死夫妻（醒）

卷末

寛保三癸亥歲七月發行　京師書坊風月堂莊左衛門刊

十　小說奇言　五卷五册

目錄

一、唐解元玩世出奇（警、今）　二、劉小官雌雄兄弟（醒）
三、滕大尹鬼斷家私（喻、今）　四、錢秀才錯占鳳凰儔（醒、今）
五、梅嶼恨蹟（西湖佳話）

卷末

寶歷三癸酉歲春二月發行　京師風月堂莊左衛門

十一　小說粹言　五卷五册

自序

余誦習暇日，耽小說家書，賞心觸感，隨抄隨譯，裝爲十回，舊藏帳中，以其汰淫媟猥褻，題曰粹言，頃日命剞劂以廣其傳。

寳暦丁丑三月既望奚疑齋主人書

目錄

一、王荊公三難蘇學士（警）　二、轉運漢巧遇洞庭紅（拍、今）

三、呂大郎還金完骨肉（警、今）　四、包龍圖智賺合同文（拍）

五、懷私怨狠僕告主翁（拍、今）　（以上既刊）

六、拗相公飲恨半山堂（警）　七、兩縣令競義婚孤女（醒、今）

八、樂小舍拚生覓佳偶（警）　九、杜十娘怒沉百寶箱（警、今）

十、白娘子永鎮雷峯塔(警)　　　(以上未刊)

卷末

寶曆八年戊寅春二月發行　京師書坊風月堂莊左衛門梓

卽是精言刊行於寬保三年(當清乾隆八年)經十年至寶曆三年(乾隆十八年)而奇言刊出更後五年至寶曆八年(乾隆二十三年)出粹言前半,後半終至未曾出版了。以此與明之「三言」和今古奇觀比較,恰隔百年就傳到了日本。精言有白駒底自序,據此刊行的旨趣很明白了。其「南宋孝宗云云」是照原樣祖述古今小說並今古奇觀底序的。總之白駒底染指於當時,前人殆未曾着手的小說底翻譯的事,誠是破天荒的快舉。到現在我們譯出二三篇戲曲小說就裝出自我作古的面孔,眞是可笑之至。精言與奇言是西播岡白駒譯無疑。精言僅四篇每篇之終附有「譯義」卽熟語底解釋一二頁,但奇言卻沒有序,譯義也沒有。而在精言底封面裏面作爲嗣刻,並舉小說選言,小說奇言,小說恆言小說英言之名,又奇言底卷末也載有嗣刻小說小說粹言,小說選言,小說恆言,小說奇觀等書目。按照這豫告以奇言與粹言底順次刊行看來，覺着是同一人底手做成的。但粹言卻著爲「平安奚疑主人譯，」且載奚疑齋主人底自序於其首。奚疑主人是什麽人就是疑問了。一般好似作爲白駒底號而說作岡白駒底「三言，」但讀其序文，卻有別是一人之感。雖是同在一個書店出版，然前二編是「西播岡白駒譯，」後一編是「平安奚疑主人譯，」不知是怎樣了，很不覺得是同一人。但因白駒是播州人，寓居京都，所以沒有不能說是「平安」的理由。又從其所譯的訓點與假名等看來，也沒有特別差異在那裏。果然是別一人罷。漸漸調查的結果，知道所謂奚疑齋主人就是發行書店裏的風月堂主人。這在精言底封面裏面有「風月堂主人譯文拱識，」又在粹言底奚疑齋主人底自序落款裏有「重淵之印」可以知道了。譯文拱諱重淵，字文拱，號一齋，又叫奚疑齋，通稱風月堂，天明二年（當清乾隆四十七年）以八十二歲沒。雖是書店底主人，但爲風月堂中興之祖，且以漢學者知名，爲岡白駒底門人，以中國小說底譯述著稱。大概是因繼白駒底「三言」故自己把粹言譯出的罷。這也是與前面卽空觀主人同樣據印影以確認其人的。在這種研究中實際是和漢二幅相對的好話柄。後以此語於長澤君，他急忙把慶長以來書賈集覽調查，在風月莊左衛門之條裏，因明舉其傳的，因而兩人相見大笑。總之，所謂研究是窮而始進的，決不是開首就那樣容易能成功的。記着宕陰先生底聯語有所謂「研經貫史山重水複疑無路，格物致知柳暗花明又一村。」這是怎樣地意味深長呵。

看了三言底目錄，其出所甚爲明瞭，精言四篇，都是出自醒世恆言，奇言四篇從恆言出的二篇，從警世通言出的一篇，從喻世明言或古今小說出的一篇。而粹言底十篇從通言六篇，從恆言一篇，從拍案驚奇三篇。全三言出於今古奇觀的恰不過半數。因此譯出這三言僅看見一部今古奇觀還是不夠的。無論怎樣不能不具備明代底三言與拍案驚奇，只明言中一篇是重出於今古奇觀的，雖然沒有也能譯出，但據天明甲辰（當清乾隆四十九年）的序言裏的秋水園底畫引小說字彙，其所引書目中，已載有拍案驚奇，醒世恆言，警世通言，古今小說（但不見喻世明言與二刻拍案驚奇）所以以上各書，流行日本是確實的。恐怕白駒與奚疑齋主人就是從這等書中譯出的罷。然而粹言底後半五篇與嗣出的廣告所載選言恆言英言奇觀等竟未曾出版，是非常可惜的佐伯藏書目錄（武藤文學士藏）之中有小說選言五册，這自然是另一種本子哩。小說字彙裏也見有小說選言之名，這仍然是舶來的東西無疑。

十二　勸懲繡像奇談　二卷二册

目錄

一、三孝廉讓產立高名（醒、今）　二、杜十娘怒沈百寶箱（警、今）

三、李汧公窮邸遇俠客（醒、今）　四、王嬌鸞百年長恨（警、今）

本書是長澤文學士所藏。卷首有明治十六年（清光緒九年）譯者服部誠一自序。服部氏號撫松，二本松底藩士儒臣之家。著東京新繁昌記，又刊行東京雜誌，以豔麗的漢文與成島柳北等馳名。後在仙臺底中學校執教鞭，晚年在東京過活，明治四十一年歿，享年六十八歲。本書完全出自今古奇觀，於原文施以返點及送假名，在假名施以傍訓之點，雖不如「三言」那樣深切，但篇末有評語。余還藏有此君所譯的五色石也是在原文附以訓點的。

以上雖說作譯，然只是於原文加以訓點，還有通俗的譯著，卽今日所謂「國譯」類的大略介紹於左。

十三　通俗醒世恆言　四卷四册

目錄

一、小水灣妖狐貽書　二、吳衙內鄰舟赴約

三、一文錢小隙造奇寃　四、施潤澤灘闕遇友

這就是簡直地從醒世恆言中譯了四篇，譯文是直譯體，卷首有太田南畝底序。

寬政庚戌孟春　南畝子題於牛門之杏花園

寬政庚戌卽寬政二年（淸乾隆五十五年）後於前面的「三言」四五十年。其跋

文道：

醒世恆言，本多磨滅不可讀者，今略讀其可讀者而譯以國字。先是西播岡氏譯載奇言精言諸書者，不復載也。

寬政乙酉初秋書伯樂橋南蛾術齋 石川雅

乙酉想是己酉之誤。石川雅即雅望之略稱。本書一說「東都逆旅主人譯」，或「東都六樹園譯」，一都是石川雅望之號。雅望字子相，又號五老齋、蛾術齋，通稱石川五郎兵衞，爲江戶小傳馬町底旅館糖屋七兵衞之子。壯年時行爲放逸，但從父歿後起悛行好學，能和歌俳句，又學狂歌於蜀山人，狂名爲宿屋飯盛。文政十三年（清道光十年）以七十八歲歿。著書有源注餘滴，雅言集覽及戲曲小說數種。那裏所陳列的是借用宮原民平君底藏本，大坂書林加賀屋彌助所刊行，有「後編通俗醒世恆言」三十六種近刻的廣告。可惜原本底版本燒失，豫告之書不曾全部刊行。余之藏書是美濃板，有「通俗小說奇事」的題簽，內容同是通俗醒世恆言，爲六樹園譯。但與「逆旅主人譯」本不知何者居先。但缺最後的一篇，卻是很可惜的。

十四　通俗古今奇觀　五卷五册

前已說過，「古今奇觀」與「今古奇觀」同樣。這恐怕是據題爲「古今奇觀」的本而以爲名的。首有棣園主人底漢文序，次有譯者淡齋主人底自序。

古今奇觀四十卷抱甕老人從醒世恆言喻世明言等中輯其雋永的刊行，卷帙頗多，輒難開板，今出於通俗，但從卷中不太長的開始，登高必自卑之意，餘俟續刻云。

文化甲戌仲秋　淡齋主人

文化甲戌是十一年（淸嘉慶十九年），是年尾陽書房風月堂孫助所刊行。後於原本的今古奇觀的百七八十年。棣園主人卽尾張人松田棣園，名照裕，字君綽，通稱三藏。細井平洲底弟子，爲尾州藩儒，歿於文政十二年，年六十歲。淡齋主人不辨是何人，大概是名古屋底人罷。這書也是抄譯，是漢文眞譯體出版的僅有下列的三篇，嗣刻的三十七篇未曾出，誠爲遺憾。

一、莊子休鼓盆成大道　二、趙縣君喬送黃柑子上下

三、賣油郎獨占花魁上下

十五　通俗赤繩奇緣　四卷二册

這就是今古奇觀底賣油郎獨占花魁底抄譯。有寶歷辛巳無懷散人底序。辛巳是寶歷十一年（淸乾隆二十六年），即是年京都錢屋三郎兵衞所刊行的。譯者近江贅世子不明是何人，然據東條琴臺底近世名家著述目錄後編在西田維則底著述中發見了「通俗赤繩奇緣」之目，或者就是他罷。這書與前面的通俗古今奇觀譯的方面，繁簡稍有不同，文體稍軟而易讀，其目錄如左：

目錄

一、莘瑤琴誤落烟花　二、劉四媽演說從良
三、油大郎始坐癡想　四、王九媽周旋費計
五、王美娘醉謝幫襯　六、朱十老再收螟蛉
七、吳公子大鬧柳巷　八、賣油郎終占花魁

本書也是長澤君所藏。還在靜嘉堂文庫裏藏有所謂通俗繡像新裁綺史底寫本。江東睡雲菴主譯，是什麼人也無從考證了。同是賣油郎底譯本與赤繩奇緣全然另是一種譯法。其封皮裏面題有「可一居士輯」「月池睡雲菴發演」「新裁綺史」三行字跡，所謂「可一居士輯」恐怕就是從醒世恆言直接抄取來的。並有繡像及題詞五枚，其目錄如次。

第一囘　靈曜蝕萬姓喪塗
　　　　兩國剖四海颶波

第二囘　揣白金弓弩頭卜喬占釁
　　　　慁紅粉坑里瑤琴受窟

第三回　女隨何盟天曲說鴛鴦會
　　　　賽西施斷心猛開蛺蝶案

第四回　衆安橋情郎湊情
　　　　湧金門玉女炊玉

第五回　王媽家馳名動錢塘門
　　　　秦小官經紀避照慶寺

第六回　盡鍾酒油郎面前說夢
　　　　擲錠銀美娘身上離垢

第七回　踏青小娘湖心亭決生死
　　　　掃墓孝子清波門得伉儷

第八回　玉壘轉莘女遇爺娘
　　　　天運環秦郎計香火

譯文也是直譯體多摻假名，文悠軟可讀。末有「月池十橋睡雲菴祕帳新裁綺史終」「寬政十一年己未九月二十二夕一發謄寫畢」這恰位於通俗赤繩奇緣底寶歷辛巳與通俗古今奇觀底文化甲戌底中間。總之賣油郎一篇特別在日本有聲譽，不但有名的繪本賣油的卽其翻案，就是在最近中國文學大觀第十一卷今古奇觀之中，因佐藤春夫氏底靈筆題爲如願以償而以流麗的口語體譯出來了。且在這書中並收入佐藤氏底植花翁——卽灌園叟晚遇仙女，伊藤貴磨氏底長恨——卽王嬌鸞百年長恨，與李汧公——卽李汧公窮邸遇俠客及今東光氏底拋珠——卽杜十娘怒沈百寶箱底四篇。因都是用現代語譯，且成於現代名家之手，所以與古人譯的一比較，誠不勝今昔之感。

日本小說三言——通俗醒世恆言、通俗古今奇觀——通俗赤繩奇緣中
國文學大觀今古奇觀

以上可算把在日本的「三言」底影響略述過了。此次講演已如前所說，從內閣文庫、宮

內省圖書室、帝國圖書館以及大學、斯文會、漢學會等受了非常的厚意，給與以種種的便宜，實是很感謝的。尤其是豫先關於這種問題得文學士長澤規矩也君與大學生辛島驍君傾注心血，爲手爲足，同心協力給以種種的援助，使在余之學究生涯中，能成功這最可紀念的演講，這實在是非常感激的了。其次是切望長澤君等，把關於西廂記水滸傳等諸種的傳本底研究發表。倘能知道第五才子書和第六才子書底源流，眞是無比的幸福。好在現在杉圖書頭和池田印刷局長都到了會，請其注意參攷書目，在學界把祕閣珍貴的書籍解放，付以影印，那受嘉惠的決不止我們，相信在東亞文藝史上也必增添燦爛的光彩的。

宋明通俗小說傳流表

京本通俗小說

古今小說	今古奇觀
4 蔣興哥重會珍珠衫	蔣興哥重會珍珠衫
2 陳御史巧勘金釵鈿	陳御史巧勘金釵鈿
6 新橋市韓五賣春情	
7 閒雲菴阮三償冤債	
11 窮馬周遭際賣䭔媼	
葛令公生遣弄珠兒	
羊角哀捨命全交 一本作羊角哀 一死戰荊軻	羊角哀捨命全交
21 吳保安棄家贖友	吳保安棄家贖友

13 裴晉公義還原配	裴晉公義還原配	
3 滕大尹鬼斷家私	滕大尹鬼斷家私	滕大尹鬼斷私家(奇)
10 趙伯昇茶肆遇仁宗		
衆名姬春風吊柳七		
張道陵七試趙昇		
9 陳希夷四辭朝命		
20 史弘肇龍虎君臣會		
范巨卿雞黍死生交		
單符郎全州佳偶		
24 楊八老越國奇逢		
14 楊謙之客舫遇俠僧		
22 陳從華梅嶺失渾家		

臨安里錢婆留發積	
木綿菴鄭虎臣報冤	
張舜美元宵得麗女	
楊思溫燕山逢故人	
晏平仲二桃殺三士	
8 沈小官一鳥害七命	
金玉奴棒打薄情郎	金玉奴棒打薄情郎
李秀卿義結黃貞女	
月明和尚度柳翠	
明悟禪師趕五戒	
15 鬧陰司司馬貌斷獄	
17 遊酆都胡母迪吟詩	

張古老種瓜娶文女
18 李公子救蛇獲稱心
簡帖僧巧騙皇甫妻
12 宋四公大鬧禁魂張
梁武帝累修歸極樂
歸極樂獄作成佛
16 任孝子烈性爲神
19 汪信之一死救全家
沈小霞相會出師表
警世通言
俞伯牙摔琴謝知音
莊子休鼓盆成大道

沈小霞相會出師表
俞伯牙摔琴謝知音
莊子休鼓盆成大道

莊子休鼓盆成大道(古)

	王安石三難蘇學士		王荊公三難蘇學士（粹）
拗相公	拗相公恨飲半山堂		拗相公飲恨半山堂（粹）
	呂大郎還金完骨肉	呂大郎還金完骨肉	呂大郎還金完骨肉（粹）
	俞仲舉題詩遇上皇		
菩薩蠻	陳可常端陽僊化		
碾玉觀音	崔待詔生死寃家 宋人小說題作碾玉觀音		
	李謫仙醉草嚇蠻書	李謫仙醉草嚇蠻書	
	錢舍人題詩燕子樓		
	蘇知縣羅衫再合		
馮玉梅團圓	范鰍兒雙鏡重圓		
	三現身包龍圖斷寃		

西山一鬼窟	一窟鬼癩道人除怪（宋人小說舊名西山一窟鬼）	
	金令史美婢酬秀童	
志誠張主管	張主管志誠脫奇禍（尾州本本文作小夫人金錢贈少年）	
	鈍秀才一朝交泰	鈍秀才一朝交泰
	老門生三世報恩	老門生三世報恩
定山三怪	崔衙內白鷂招妖（古本作定山三怪又云新羅白鷂）	
	計押番金鰻產禍（舊名金鰻記）	
	趙太祖千里送京娘	

宋小官團圓破氈笠	宋金郎團圓破氈笠	
樂小舍拚生覓喜順（一名喜樂和順記）		樂小舍拚生覓佳偶〔粹〕
卓文君慧眼識相如		
桂員外途窮懺悔		
唐解元出奇玩世（尾州本本文作唐解元一笑姻緣）	唐解元玩世出奇	唐解元玩世出奇〔奇〕
23 假神僊大鬧華光廟		
白娘子永鎮雷峯塔		白娘子永鎮雷峯塔〔粹〕
宿香亭張浩遇鶯鶯		
金明池吳清逢愛愛		
趙春兒重旺曹家莊		

杜十娘怒沈百寶箱	杜十娘怒沈百寶箱	杜十娘怒沈百寶箱（粹） 杜十娘怒沈百寶箱（談）
喬彥傑一旁破家		
王嬌鸞百年長恨	王嬌鸞百年長恨	王嬌鸞百年長恨（談）
况太守路斷死孩兒		
趙知縣火燒皂角林（尾州本本文作皁角林大王假形）		
萬秀娘仇報山亭兒		
蔣淑貞刎頸鴛鴦會		
福祿壽三星度世		
葉法師符石鎮妖		
醒世恆言		
兩縣令競義婚孤女	兩縣令競義婚孤女	兩縣令競義婚孤女（粹）

三孝廉讓產立高名	三孝廉讓產立高名	三孝廉讓產立高名（談）（通俗赤繩奇緣）
賣油郎獨占花魁	賣油郎獨占花魁	賣油郎獨占花魁（古）（通俗新裁綺史）
灌園叟晚逢仙女	灌園叟晚逢仙女	
大樹坡義虎送親		
小水灣妖狐詒書		小水灣妖狐詒書（醒）
錢秀才錯占鳳凰儔	錢秀才錯占鳳凰儔	錢秀才錯占鳳凰儔（奇）
喬太守亂點鴛鴦譜	喬太守亂點鴛鴦譜	喬太守亂點鴛鴦譜（精）
陳多壽生死夫妻		陳多壽生死夫妻（精）
劉小官雌雄兄弟		劉小官雌雄兄弟（奇）
蘇小妹三難新郎	蘇小妹三難新郎	
佛印師四調琴娘		
勘皮靴單證二郎神		

金主亮荒淫

鬧樊樓多情周勝仙
赫大卿遺恨鴛鴦縧
陸五漢硬留合色鞋
張孝基陳留認舅
施潤澤灘闕遇友
5 白玉娘忍苦成夫
1 張廷秀逃生救父
張淑兒巧智脫楊生
呂洞賓飛劍斬黃龍
金海陵縱欲亡身
隋煬帝逸遊召譴
獨孤生歸途鬧夢

施潤澤灘闕遇友（醒）
張淑兒巧智脫楊生（精）

	薛錄事魚服證仙		
	李玉英監中訟冤		
	吳衙內鄰舟赴約		吳衙內鄰舟赴約（醒）
	盧太學詩酒傲公侯（通行本公作王）	盧太學詩酒傲公侯	
	李汧公窮邸遇俠客	李汧公窮邸遇俠客	李汧公窮邸遇俠客（談）
	鄭節使立功神臂弓		
	黃秀才徼靈玉馬墜		
錯斬崔寧	十五貫戲言成巧禍（宋本作錯斬崔寧）		十五貫戲言成巧禍（精）
	一文錢小隙造奇冤		一文錢小隙造奇冤（醒）
	徐老僕義憤成家	徐老僕義憤成家	

蔡瑞虹忍辱報仇	蔡小姐忍辱報仇	
杜子春三入長安		
李道人獨步雲門		
汪大尹火焚寶蓮寺		
馬當神風送滕王閣		
拍案驚奇		
（轉運漢遇巧洞庭紅 波斯胡指破鼉龍殼	轉運漢巧遇洞庭紅	轉運漢巧遇洞庭紅（粹）
（姚滴珠避羞惹羞 鄭月娥得錯就錯		
（劉東山誇技順城門 十八兄奇蹤村酒肆		

程元玉店肆代償錢
十一娘雲岡縱譚俠

感神明張德容遇虎
湊吉日裴越客乘龍

酒下酒趙尼媼迷花
機中機賈秀才報怨

唐明皇好道集奇人
武惠妃崇禪鬬異法

烏將軍一飯必酬
陳大郎三人重會

宣徽院仕女鞦韆會
清安寺夫婦笑啼緣

韓秀士乘亂聘嬌妻		
吳太守憐才主姻簿		
惡船家計賺假屍銀		
狠僕人誤投眞命狀	懷私怨狠僕告主	懷私怨狠僕告主翁（粹）
陶家翁大雨留賓		
蔣震卿片言得婦		
趙六老舐犢喪殘生		
張知縣誅梟成鐵案		
酒謀財于郊肆惡		
鬼對案楊化借屍		
衛朝奉狠心盤貴產		
陳秀才巧計賺原房		

張溜兒熟布迷魂局 陸蕙娘立決到頭緣	
西山觀設籙度亡魂 開封府備棺追活命	
丹客半黍九還 富翁千金一笑	誇妙術丹客提金
李公佐巧解夢中言 謝小娥智擒船上盜	
李克讓竟達空函 劉元普雙生貴子	劉元普雙生貴子
袁尚寶相術動名卿 鄭舍人陰功叨世爵	

錢多處白丁橫帶 運退時刺史當梢	逞多才白丁橫帶
大姊魂游完宿願 小妹病起續前緣	
鹽官邑老魔魅色 會骸山大士誅邪	
趙司戶千里遺音 蘇小娟一詩正果	
誓風情村婦捐軀 假天語幕僚斷獄	
顧阿秀喜捨檀那物 崔俊臣巧會芙蓉屏	崔俊臣巧會芙蓉屏

包龍圖智賺合同文（粹）

聞人生野戰翠浮菴

靜觀尼晝錦共沙衖

訴窮漢暫掌別人錢

看財奴刁買冤家主

東廊僧怠招魔

黑衣盜奸生殺

二刻拍案驚奇

進香客莽看金剛經

出獄僧巧完法會分

小道人一着饒大下

女棋童兩局註終身

看財奴刁買冤家主

權學士權認遠鄉姑　白孺人白嫁親生女

青樓市探人踪　紅花場假鬼鬧

襄敏公元宵失子　十三郎五歲朝天

李將軍錯認舅　劉氏女詭從夫

呂使君情媾官家妻　吳太守義配儒門女

沈將士三千買笑錢　王朝議一夜迷魂陣

十三郎五歲朝天

（莽兒郎驚散新鶯燕
㑳梅香認合玉蟾蜍 㑳梅香舊作合香女
（趙五虎合計挑家釁
莫大郎立地敬神奸
（滿少卿飢附飽颺
焦文姬生讎死報
（硬勘案大儒爭閒氣
甘受刑俠女著芳名
（鹿胎菴客人作寺主
剡溪里舊鬼借新屍
（趙縣君喬送黃柑
吳宣教乾償白鏹

趙縣君喬送黃柑子

趙縣君喬送黃柑子（古）

女秀才移花接木

許察院感夢擒僧
王氏子因風獲盜

癡公子狠使噪脾錢
賢丈人巧賺回頭壻

大姊魂游完宿願（見前）
小姨病起續前緣

菴內看惡鬼善神
井中談前因後果

徐茶酒乘鬧劫新人
鄭蕊珠鳴冤完舊案

懵教官愛女不受報
窮庠生助師得令終

楊抽馬甘請杖
富家郎浪受驚

任君用恣樂深閨
楊太尉戲宫館客

錯調情賈母詈女
誤告狀孫郎得妻

王漁翁搶鏡崇三寶
白水僧盜物喪雙生

疊居奇程客得助
三救厄海神顯靈

兩錯認莫大姊私奔
再成交楊二郎正本

神偷寄與一枝梅（俠盜慣行三昧戲）

宋公明鬧元宵雜劇　念親恩孝女藏兒

？

〔備考〕

一 喻世明言所收凡二十四篇，二十一篇出於古今小說，其餘三篇亦見於警世通言，和醒世恆言故不復列目，冠三書目錄以喻世明言卷數字碼明之。警世通言則尾州本大谷本恐俱非原刻本故仍以舶載書目爲主，但改其謬字。

二 各書目錄與卷首異其題目者多，今擇其一。

三 傳流到日本的訓譯的書名用符號如下：

（精） 小說精言既刊　（奇） 小說奇言既刊

（粹） 小說粹言既刊　（繹） 小說粹言未刻

（醒） 通俗醒世恆言既刊　（古） 通俗古今奇觀既刊

（談） 勸懲繡像奇談既刊

四 小說奇言有梅嶼恨蹟一篇出於西湖佳話。

五 日本飜案小說亦甚夥今概不列。